VARIÉTÉS
HISTORIQUES
ET LITTÉRAIRES.

Paris, imp. Guiraudet et Jouaust, 338, rue S.-Honoré.

VARIÉTÉS HISTORIQUES ET LITTÉRAIRES

Recueil de pièces volantes rares et curieuses
en prose et en vers

Revues et annotées

PAR

M. ÉDOUARD FOURNIER

Tome II

A PARIS
Chez P. Jannet, Libraire
—
MDCCLV

Mémoire sur l'état de l'Académie françoise, remis à Louis XIV vers l'an 1696[1].

La bonté avec laquelle le roy a bien voulu se déclarer protecteur de l'Académie françoise semble engager S. M. à lui donner quelque moment de son attention pour la tirer du mespris et de l'avilissement dans lequel elle est tombée depuis quelque temps. Cette compagnie a toujours esté et est encore composée de plusieurs personnes d'un mérite distingué dans les lettres; mais quelques petits esprits qui s'y sont introduits s'en sont, pour ainsy dire, rendus les maistres par l'absence des autres, que leurs différentes fonctions empeschent d'assister régulièrement aux assemblées, et ont escarté ceux qui auroient pû s'y trouver assidûment, en sorte que les honnestes se sont piquez à l'envy l'un l'autre de n'y point aller, et s'en sont même faict une espèce d'honneur dans

---

1. Nous trouvons ce mémoire, dont nous ignorons l'auteur, dans le *Bulletin des sciences historiques*, que dirigeoit M. Champollion-Figeac, et qui forme la VIIe section du *Bulletin universel* fondé par M. le baron de Ferussac. Il se trouve dans le tome 18, p. 98-100, et il y est dit qu'on l'a transcrit textuellement d'après un manuscrit du temps.

le monde [1]. Cela, joint au petit nombre d'ouvrages que cette compagnie a produit et au peu d'attention que le roy semble y donner, faict croire au public qu'elle est entièrement inutile puisqu'elle ne faict rien, et encor plus, puisque S. M., à la pénétration de laquelle rien n'eschappe, semble l'abandonner. Il est cependant vray de dire que le soin de faire fleurir les lettres n'est point indigne du prince, car on remarque que de tous les temps la politesse dans les nations a esté une marque presque infaillible de supériorité sur les autres nations, et l'on a veu que les siècles et les pays fertiles en héros l'ont esté en hommes de lettres, et que la pureté du langage a toujours esgallé la prospérité de la nation.

L'Académie françoise avoit jusque icy assez remply cette idée, plus encore par raport aux pays estrangers qu'à la France mesme. Ils regardoient cette compagnie comme un tribunal souverain pour la langue, comme un corps toujours subsistant pour la conserver dans sa pureté, et luy donner en mesme temps l'avantage des langues mortes, qui est de n'estre

---

[1]. Pavillon, dans sa lettre à Furetière du mois de juin 1679, rend témoignage de cette inexactitude de la plupart des académiciens et de l'inutilité de la présence des autres aux séances. « J'ai été introduit, dit-il, *incognito*, il y a trois jours, à l'Académie, par M. Racine, etc... La scène qui s'y est passée en ma présence n'a pas été fort utile à l'enregistrement des décisions que l'on y a faites, puisque l'on n'a rien arrêté à cette assemblée. J'y ai vu onze personnes. Une écoutoit, une autre dormoit, trois autres se sont querellées, et les trois autres sont sorties sans dire mot. »

point sujettes au changement, et celuy de la langue vivante, qui est de se perfectionner.

Il n'en est plus de mesme à présent, et l'Académie est également descriée et en France et chez les étrangers.

Cependant rien ne seroit plus aisé que de rétablir ce corps dans son premier lustre. Je sçay que le roy est à présent occupé à de plus grandes et plus importantes affaires; comme je l'ay remarqué, celle-cy n'est point à négliger, et la moindre marque que le roy voudra donner de sa bienveillance pour l'Académie suffira pour la restablir.

Une chose qui a le plus contribué à faire ignorer au public l'utilité de cette compagnie est le choix des ouvrages qui luy ont esté donnez : un Dictionnaire, une Grammaire[1], une Poétique, une Rhétorique[2]. Qu'y a-t-il de plus difficile, de plus long, de plus ingrat, et, si j'ose dire, de plus impossible à faire par quarante personnes ensemble? Des ouvrages

1. Les six années qui s'écoulèrent entre la publication du Dictionnaire en 1694 et sa révision en 1700 furent employées, dit Pellisson, « à recueillir et à résoudre des doutes sur la langue, dans la vue que cela serviroit de matériaux à une grammaire, ouvrage qui devoit immédiatement suivre le Dictionnaire, selon le plan du cardinal de Richelieu. » *Hist. de l'Acad. franç.*, t. 2, p. 66.

2. « Porter notre langue à sa perfection et nous épurer le goût, soit pour l'éloquence, soit pour la poésie, c'est ce que l'Académie se proposa d'abord, selon les vues du cardinal de Richelieu; et, pour y parvenir, elle résolut de travailler activement à un Dictionnaire, à une grammaire, à une Rhétorique et à une Poétique. » *Id.*, p. 42.

qui devroient estre composez par deux ou trois personnes au plus ne peuvent estre entrepris par une compagnie aussy nombreuse et dont les sentiments sont si partagez.

A la vérité, le Dictionnaire pourroit estre destaché en plusieurs parties différentes, et seroit par conséquent plus susceptible de ce travail. Cependant, après soixante ans et plus d'une application continuelle, ce Dictionnaire si attendu et tant célébré avant sa naissance a enfin paru au public [1], qui a lu d'abord toutes les imperfections et les fautes dont il est remply [2]; que doit-on espérer du reste? Une

---

1. Commencé en 1637, le Dictionnaire ne fut achevé qu'en 1694. V. notre article *Dictionnaire* dans l'Encyclopédie du XIXe siècle.

2. Les académiciens eux-mêmes reconnoissoient l'imperfection de leur œuvre, et, bien plus, l'impossibilité de faire mieux, si la méthode suivie pour le premier travail, et maintenue pour les éditions qui se succédèrent jusque vers 1740, n'étoit pas abandonnée. Un mémoire adressé à l'abbé Bignon par l'abbé d'Olivet en janvier 1727, et publié, d'après le manuscrit, dans *l'Athenæum* du 10 septembre 1853, prouve assez la mauvaise opinion qu'on avoit du Dictionnaire dans la partie saine de l'Académie. « Le Dictionnaire, dit donc d'Olivet, ne vaut rien dans l'état où il est, et, quand on y travailleroit cent ans, on ne le rendra jamais meilleur, à moins qu'on n'y travaille d'une manière toute contraire à celle qu'on a suivie jusqu'à présent. On s'assemble dix ou douze, sans savoir de quoi il doit s'agir; on y propose au hasard, selon l'ordre d'alphabet, deux ou trois mots à quoi personne n'a pensé. Il faut faire la définition de ces mots, faire entendre leur signification et leur étendue, et donner des exemples ou des phrases qui fassent voir les diverses

grammaire que deux académiciens pourroient achever en deux ans sera l'ouvrage d'un siècle pour l'Académie, et encore aura-t-elle moins de succès que le Dictionnaire. Pour remédier à ces inconvenients, il faudroit distribuer à cette compagnie des matières qui, pour estre plus parfaictes, demanderoient le travail et l'application de plusieurs personnes ensemble. Les occupations que l'Académie avoit dans les premiers temps nous en fournissent l'exemple. L'Examen du Cid a passé en justice pour un chef-d'œuvre, et l'on voit ce qu'en escrit M. Pélisson, que le premier dessein de l'establissement de l'Académie estoit de perfectionner la langue en donnant des modelles dans leurs ouvrages, et en faisant voir le bon et le mauvais des autres ouvrages par les examens qu'ils en feroient ensemble.

Si S. M. vouloit bien les rappeler à ce qu'ils faisoient pour lors, et leur marquer quelques autheurs latins ou françois sur lesquels ils donnassent leur jugement, cela seroit également curieux et utile. Ils pourroient de temps en temps en imprimer de nouveaux ; leurs conférences deviendroient plus agréables, et tous les académiciens ne manqueroient pas d'y assister le plus souvent qu'ils pourroient, pour peu que S. M. parût s'y intéresser.

manières dont ils peuvent être employés. Ces définitions se font à la hâte et sur-le-champ, quoique ce soit la chose du monde qui demande le plus d'attention. Les phrases ou les exemples se font de même ; aussi sont-ils pour la plupart si ridicules et si impertinents, que nous en avons honte quand on les relit de sang-froid. »

Cela n'empescheroit pas, si elle le jugeoit à propos, qu'ils ne fissent une grammaire et les autres ouvrages dont ils sont chargez par leurs statuts. Trois ou quatre personnes y travailleroient, et rendroient compte ensuite à l'Académie de ce qu'ils auroient faict [1].

Le roy pourroit aussy régler que tous les mois ou tous les deux mois un académicien fist une action publique, et donner des sujets de prix [2], ce qui pourroit se faire sans augmentation de dépense, en donnant trois mois de vacation à cette compagnie,

[1]. Le travail pour la grammaire se fit d'abord par toute l'Académie assemblée. « On arrêta, dit Pellisson, qu'à l'un des bureaux M. l'abbé de Choisy tiendroit la plume, à l'autre M. l'abbé Tallemant. » Puis on se départit de cette méthode de travail collectif, parcequ'on jugea qu'un ouvrage de ce genre « ne pouvoit être conduit que par une personne. » On se décida donc à procéder comme il est dit ici, c'est-à-dire à charger de cette grammaire quelque académicien, « qui, écrit Pellisson, communiquant ensuite son travail à la compagnie, profitât si bien des avis qu'il en recevroit, que par ce moyen son ouvrage, quoique d'un particulier, pût avoir dans le public l'autorité de tout le corps. » *Id.*, p. 68. — C'est l'abbé Regnier qui fut choisi.

[2]. Il y avoit déjà un prix d'éloquence, dont la fondation étoit due à Balzac, mais qui ne fut distribué pour la première fois qu'en 1671, c'est-à-dire quinze ans seulement après la mort du fondateur. « Comme son fonds avoit profité, lit-on encore dans l'*Histoire de l'Académie*, ce prix, qu'il avoit fixé à deux cents livres, fut porté à trois cents. » *Id.*, p. 18. — Quelques années après, on destina une somme pareille pour un prix de poésie. Pellisson, Conrart et M. de Bezons, tous trois académiciens, en firent d'abord les frais;

et en employant pour le prix le quartier de jetons [1] qui ne seroit point distribué.

Je n'entre point icy dans le détail de la manière dont il faudroit travailler, ny dans les règles qu'il faudroit establir par raport à ce que je viens de dire, puisque cela seroit inutile et mesme ennuyeux; je me contenteray seulement de dire qu'il me paroist que ce sont là les seuls moyens de restablir l'Académie françoise dans son premier lustre, et qu'il est de la grandeur du roy de donner cette marque d'attention aux lettres, pendant que S. M. semble n'en donner qu'à la guerre et au bien de ses peuples.

puis, après la mort de Pellisson, l'Académie en corps les prit trois fois de suite à sa charge ; enfin M. de Clermont-Tonnerre, évêque de Clermont, constitua ce prix à perpétuité, en 1699, moyennant une somme de 3,000 francs, placée sur l'Hôtel-de-Ville de Paris. Le donateur prononça, à cette occasion, un discours qui se lit dans *le Mercure galant* du mois de juin de cette année-là.

1. C'est à Colbert qu'on devoit ces jetons de présence. « Afin d'engager encore davantage les académiciens à être assidus aux assemblées, il établit qu'il leur seroit donné quarante jetons par chaque jour qu'ils s'assembleroient, afin qu'il y en eût un pour chacun, en cas qu'ils s'y trouveroient tous (ce qui n'est jamais arrivé), ou plutôt pour être partagés entre ceux qui s'y trouveroient, et que, s'il se rencontroit quelques jetons qui ne pussent pas être partagés, ils accroîtroient à la distribution de l'assemblée suivante. Ces jetons ont, d'un côté, la tête du roi, avec ces mots : *Louis le Grand*, et, de l'autre côté, une couronne de laurier avec ces mots : *A l'immortalité*, et autour : *Protecteur de l'Académie françoise.* » *Mémoires* de Charles Perrault, liv. 3. Avignon, 1759, in-8°, p. 137-138.

*Le Miroir de contentement, baillé pour estrenne
à tous les gens mariez.*
A Paris, chez Nicolas Rousset, en l'isle du Palais, devant les Augustins.

CIC IC XIX.

In-8°.

PREMIÈRE PARTIE.

Je veux chanter dessus ma lyre
Ce que j'ay eu peine d'escrire,
Et ramasser de tous mes sens
Les plus melodieux accens.
Je veux, à quatre escus pour teste,
Faire une solennelle feste
A tous les enfans d'Apollon ;
Je veux le luth, le violon,
La harpe et la douce pandore,
La flutte et le tambour ancore,
Les perles des musiciens,
Jeunes, vieux, nouveaux, anciens ;

Je veux le concert plus habile
De la veille Sainte-Cécile [1],
Les chantres du roy journaliers
Et les orgues des Cordeliers [2],
Pour chanter en note amoureuse
De Jean la vie bien heureuse,
Jean tousjours gay, roy des contens,
Jean tout confit en passe-temps,
Jean qu'on ne verra tant qu'il vive
Jamais que porter la lessive,
Jean qui ne voudroit s'obliger,
Pour tout l'or du monde, à changer
Son port de lessive en office
Qui lui donnast autre exercice.

O Muse, eslite du trouppeau
Qui habite sur le couppeau [3]
Du mont Parnasse, je te prie,
Dy-moy de Jean l'estre et la vie.

Le temps de sa nativité
Fut un jour de Sainct-Jean d'esté.
Aussi, neuf mois devant, la lune
Avoit monstré sa face brune,
Quand sa mère en songeant croyoit
Que de son flanc issir voyoit
Un chat qui, d'une course brève,

1. Ce concert se donnoit aux Grands-Augustins par la confrérie des musiciens de Sainte-Cécile. V. Lebeuf, *Hist. du dioc. de Paris*, t. 2, p. 464; *Merc. gal.*, juin 1679, p. 184.

2. C'étoient les plus belles de Paris. Daquin et Marchant furent, au XVIIe siècle, organistes aux Cordeliers.

3. Ce vieux mot signifioit colline, monticule. Le nom de la rue *Copeau*, très montante, comme on sait, vient de là.

Monta au feu Sainct-Jean en Grève[1] ;
Mais le feu, ne l'espargnant pas,
Le fit sauter du haut en bas,
Si que, pour attiedir sa peine,
Il se relança dans la Seine,
Où Neptune au festin estoit
D'une Nymphe qui le traictoit.
Ce fut un asseuré presage
Que Jean aymeroit ce rivage,
Et que ses exploits les plus beaux
Il feroit aux rives des eaux ;
Bref, sa retraite journalière
Seroit au bord de la rivière.
  Or, le jour que ce pauvre oizon
Parut dessus nostre orizon,
Et que l'estoile matinière
Descouvrit son heure première,
Sa mère estoit en un grenier
Logée près d'un menestrier,
Qui faict que Jean sçait la practique
De toute sorte de musique,
De rondeaux, ballades, chansons,
Les voltes[2] de toutes façons,
Les courantes, la sarabande,
Et des branles toute la bande,
Mesmes celuy des bons maris,
Qu'on souloit danser à Paris,

1. V. pour ce feu de la Saint-Jean sur la place de Grève, et sur les auto-da-fé de chats qu'on y faisoit, une longue note de notre édition des *Caquets de l'Accouchée*.

2. Les *voltes*, dont la plus fameuse étoit celle de Provence,

Des Bretons la druë carole[1],
Et la pavane à l'Espagnole[2].
S'il faut danser les Matassins[3],

avoient été, depuis Charles IX et Henri III, danses fort à la mode. Guil. du Sable a dit dans son *Coc à l'âne*, l'une des pièces de sa *Muse chasseresse*, Paris, 1611, in-12 :

> Considerant le temps qui court,
> Il faut, pour estre aimé en cour,
> Bien basler et danser la volte.

1. Cette danse, qui s'exécutoit en rond, et que Jacques Yver appelle pour cela « la ronde carole » (*Printemps d'Yver*, journ. 3), avoit donné naissance au mot *caroleur*, qui se trouve dans le roman de la Rose, et à *caroter*, qui se lit dans les poésies de Froissart. Elle n'étoit point particulière aux Bretons, qui même lui préferoient de beaucoup leur trihori. On la dansoit beaucoup à Paris, où se trouvoit même un carrefour qui lui devoit son nom de *Notre-Dame-de-la-Carole*.

2. Ce vers confirme l'opinion de Furetière, qui veut, en dépit de Ménage et d'un passage d'Antonio Massa Gallesi (*De exercitatione jurisperitorum*, liv. 3), que la pavane vienne d'Espagne, et non pas de Padoue. Elle étoit depuis longtemps à la mode. Marguerite de Valois fut l'une des dernières qui la dansèrent bien. (V. *Mél. d'une gr. biblioth.*, t. 30.)

3. Encore une danse espagnole, mais plus vive que la pavane. C'étoit une imitation de la pyrrhique antique, et, comme elle, elle se dansoit avec des épées. « L'on voyoit, lit-on au livre VII de *Francion*, qu'ils se battoient de la même façon que s'ils eussent dansé le ballet des *Matassins*, où l'on fait cliqueter les épées les unes contre les autres, ce qui est une abrégée de la danse armée des anciens. » Molière, en la plaçant dans le ballet de *Pourceaugnac*, lui fit singulièrement perdre de son caractère.

Il n'a les pieds dans des bassins ;
Dispos pour danser la fissaigne [1]
Autant qu'une chèvre brehaigne.
    Quand Jean fut un peu grandelet,
On luy apprit son chappelet ;
Car Jean a la mine trop bonne
Pour estre un docteur de Sorbonne.
Il sçait son Pater, son Ave,
Son Confiteor, son Salve ;
Il sçait un peu son nom escrire.
Du reste, il ne s'en faict que rire,
Parce qu'on dit à tout propos :
Les plus sages sont les plus sots.

LA SECONDE PARTIE.

Jean, petit mignon de l'Aurore,
Chante la beauté qu'il adore
En se levant de grand matin ;
Puis, d'une chanson bien gentille
Qu'il dit des sergens de la ville,
Passe en musique l'Arétin [2].

1. Nous ne savons quelle est cette danse. Peut-être faut-il lire la sissaigne, et alors j'y reconnoîtrois facilement la *sissonne*, qui commençoit à être célèbre alors, et dont le pas principal se danse encore sous le nom altéré de pas de *six sols*.

2. C'est Guy, l'inventeur de la gamme, qu'on appeloit l'Arétin, à cause d'Arezzo, sa patrie.

Le dos recouvert de sa hotte
D'une mine qui n'est point sotte,
Semble un orgueilleux limaçon
Qui, de sa coquille les bornes
Outrepassant, monstre ses cornes
Au soleil de brave façon.

Ceste hotte, pour des bretelles,
A deux lizières assez belles,
L'une rouge, l'autre de gris;
Car la corde à la longue affole,
Et lui avoit sié l'espaule
Et son pourpoint de petit gris.

Jean n'est curieux de la mode,
Mais, vestu comme un antipode
D'un haut de chausse plein de trous,
Plus large en bas qu'à la ceinture,
Ne craint point que la ligature
Luy face mal sur les genoux.

Haut de chausse fait d'une cotte
Qu'Urgande portoit à la crotte
L'espace de neuf ou dix ans,
Frangé par bas, et si honeste
Que jamais n'eut coup de vergette,
Faict en despit des courtisans.

Je pense avoir leu dans l'histoire,
Si j'ay encor bonne memoire,
Ce fut en l'an cinquante-neuf
Qu'on osta les chausses bourrées [1]
Où les armes estoyent fourées;

---

1. Il est parlé ici de ces chausses d'*avanturiers*, habillés à la pendarde, dont Brantôme a dit : « D'autres plus propres

Lors ce haut de chausse estoit neuf.
  Si vous le voyez plein de tailles,
C'est qu'il a veu maintes batailles
A Dreux, Jarnac et Moncontour;
A Sainct-Denys fut sa deffaicte :
Un goujat l'eut pour sa conqueste,
Qui ne le portoit qu'au bon jour.
  Il estoit aux troupes des reistres
Lors que deux ou trois cens belistres
Furent deffaits dedans Auneau[1];
Puis il vint à la Fripperie,
Où Jean, qui hait la braverie
L'eut en eschange d'un moyneau.
  C'est son compagnon plus fidèle :
Soit qu'il travaille à la Tournelle,
Soit qu'il ballie sa maison,
Soit que par fois il aille au Louvre,
De ce haut de chausse il se couvre,
Qui est propre en toute saison.
  Pour conserver ceste relique,
Qui sert tant à la republique,
Jean, qui sçait bien son entregent [2],

avoient du taffetas en telle quantité, qu'ils doubloient ces chausses et les appeloient *Chausses bouffantes*. » *Edit. du Panthéon littéraire*, t. 1, 578-580.

1. En 1587, le duc de Guise, qui avoit déjà battu les reîtres à Vimory le 26 octobre, les défit encore à Auneau, en Gatinais, le 11 novembre, et amena ainsi leur capitulation à Lancy.

2. Expression déjà depuis long-temps à la mode (V. de La Noue, *Dict. de rimes* (1596), p. 299), et dont Beroalde se moque ainsi : « Je m'étonne, fait-il dire à Ramus par-

Porte une soutane de toile
Faicte du reste d'un gros voile
Dont un nocher luy fit present.

 On prendroit Jean, en ceste guise,
Pour un senateur de Venise,
Ou pour un jeune Pantalon [1],
Ou pour un bachat en Turquie,
Car sans orgueil sa sequenie [2]
Lui bat presque sur le talon.

 Jean vient au bord de la rivière,
Trouve une troupe lavandière
De femmes battans les drappeaux :
Il baise l'une, et s'escarmouche
Avec l'autre un peu plus farouche,
Luy baisant ses tetins jumeaux.

 Cupidon, aux rives de Seine,
Rid de ceste amour incertaine,
Car Jean n'est en place arresté ;

---

lant à César sur cette expression : *Qu'est-ce que faire la pauvreté?* je m'étonne que vous, qui êtes latin, ne le savez ; et surtout vous qui, entre les galants, savez mieux votre cour. J'ai pensé dire; comme nos docteurs, votre *entregent;* mais il me sembleroit dire *entrejambe*, tant cela est fat. » *Le Moyen de parvenir*, édit. Charpentier, 1841, p. 39.)

1. C'est-à-dire encore un jeune seigneur de Venise, car on sait que le *Pantalon*, qui devint plus tard un des types burlesques de la comédie italienne, fut d'abord la personnification du riche vénitien.

2. *Souquenille*. Ce mot, que Nicot abrége encore davantage, puisqu'il écrit simplement *squenie*, se trouve orthographié comme il est ici au liv. 1er, chap. 49, de Rabelais. Ronsard l'écrit *souquenie*.

Et de vray, qui voit la caresse
De Jean, il n'y a point d'adresse;
Jean se loue de tout costé.
  Jean n'eust jamais l'ame captive,
Jean rid tousjours, pourveu qu'il vive,
Il ne voudroit pas estre un roy ;
Jean n'offence jamais personne,
Jean ne craint point qu'on l'emprisonne,
Jean ne faussa jamais sa foy.
  Après le bonjour ordinaire,
Jean, chargé comme un dromadaire,
Le linge encore degoutant,
S'en va par la plus courte voye
A la maison où on l'envoye
Se descharger, tousjours chantant.
  Poussé d'une mesme alegresse,
Jean s'en retourne de vitesse,
Du fromage et du pain portant,
Et de vin nouveau la choppine
Pour le desjuner de Bertine;
Mais Jean en est participant.
  O Dieu! quels bons mots ils se dient
Quant à desjeuner se convient!
Si nous les avions tous escrits,
Ils nous feroient crever de rire.
Relisez les Fleurs de bien dire[1] :

---

1. *Fleurs de bien dire, recueillies des cabinets des plus rares esprits de ce temps, pour exprimer les passions amoureuses de l'un comme de l'autre sexe.* Paris, Guillemot, 1598, pet. in-12. — V., sur une autre édition de ce livre de François Desrues, une note de notre édition du *Roman bourgeois*, p. 88.

L'auteur de Jean les a appris.
    Ainsi Jean passe la journée,
Jean passe ainsi toute l'année,
Sans un seul grain d'ambition.
Que le monde coure ou qu'il trotte,
Que Jean ne perde point sa hotte,
Il est exempt de passion.
    Hotte qui luy vaut un empire,
Hotte que Jean seule respire,
Hotte coulante de fin or
Plus que le Tage en abondance,
Hotte l'espoir et l'asseurance,
Et de Jean l'unique thresor.
    Sçachez Platon et Aristote;
Qui ne cognoit Jean et sa hotte
Ignore la perfection,
Et la plus belle intelligence
De tout le bonheur de la France,
Qu'il faut chercher d'affection.
    Aussi, pour tant de grands services
Et quantité de bons offices,
Elle avoit le cul tout percé;
Mais Jupiter, très favorable,
Pour un signe au ciel remarquable
Entre les astres l'a placé.
    Jean heureux, heureuse ta hotte
Qui te fait chanter gaye notte!
Certes, je ne m'estonne pas
Si tant de Jeans font bonne vie,
Gays, joyeux, et auroit envie
Tel d'estre Jean qui ne l'est pas.

Continuation du bonheur et contentement de Jean sur le subject de son mariage avec Jeanne la Grise.

Qu'est-ce que j'entend par la ville
Du mariage d'une fille
Si heureuse, qu'à ceste fois
Pas ne voudroit faire un eschange
De Jean contre le pont au Change [1]
Ny tous les thresors des grands roys?
   Ceste fille fut caressée
Autrefois et fort pourchassée
Par gens qui ne font que causer :
Chacun l'appeloit son cœur gauche,
Chacun vouloit faire desbauche,
Chacun promettoit l'espouzer.
   Cela s'appeloit par leurs signes
Mariages de Jean des Vignes [2],
Quand chacun trousse son pacquet
Le lendemain des espousailles,
Qui precèdent les fiançailles.
Tout cela n'estoit que caquet.
   Jean, le jour d'une bonne feste,
Vestu d'habit assez honneste
Alloit prendre son passetemps.
Il rencontre Jeanne la Grise,

---

1. Les *forges* d'orfèvres et les boutiques de changeurs qui s'y trouvoient faisoient de ce pont la rue la plus riche de Paris.

2. Le proverbe dit : *Mariage de Jean des Vignes, tant tenu, tant payé;* c'étoit ce que nous appelons une passade. Quitard, *Dict. des Prov.*, p. 475.

Il cause avec elle, il devise :
Il la cognoissoit dès long-temps.

Jean luy presente son service,
Tournant son chapeau, puis luy glisse
L'une des mains sur son devant.
Jeanne, qui estoit amoureuse
De Jean, s'estimoit trop heureuse
De ce qu'il parloit si avant.

Jean, pour n'encourir vitupère,
En fit la demande à son père,
Un maistre juré chiffonnier :
Car la mère estoit en service,
Ou, ce me semble, estoit nourrice
Chez la fille d'un cordonnier.

Jean le Gris se nommoit le père,
Philippote Maucreux la mère,
Qui prindrent à fort grand honneur
D'avoir, pour marier leur fille,
Si noblement en ceste ville
Fait rencontre d'un tel seigneur.

Pour contracter ce mariage,
Jean n'y voulut point de langage,
Car le conseil en estoit pris.
On n'apporta papier ne plumes :
Il fut faict aux uz et coustumes
De la prevosté de Paris.

Huict jours après, sur les quatre heures,
Ils partirent de leurs demeures
Pour s'en aller à Sainct-Merry.
Poussez de mesme cœur et d'ame,
Là Jean prist Jeanne pour sa femme,
Jeanne prist Jean pour son mary.

Sortis de la messe nopcière,
Jean s'en va chez une trippière
Prendre une teste de mouton.
La langue on avoit jà ostée
Pour une jeune desgoutée
Qui avoit mal à son ploton [1].

Outre un pied de bœuf, il achette
Un plat de trippes, dont il traitte
Les parents de chasque costé ;
Et, pour faire la nopce entière,
Il eust douze grands pots de bière,
Car le vin luy eust trop cousté.

Après la pance vint la dance,
Et Jean, qui entend la cadence
Plus que s'il estoit de mestier,
Leur fournit des chansons si belles
Que jamais il n'en fut de telles,
Et se passa de menestrier.

Suivit, pour clorre la journée,
La collation ordonnée
De fromage et deux plats de fruict.
Par ainsi, la nopce achevée,
Jean emmeine son espousée,
Se retirant sans faire bruict.

Arrivé qu'il fut en sa ruë,
Tout le voisinage il salue
D'une chanson, comme il souloit.
Aussi, pour son nouveau mesnage,

---

1. V., sur le sens de ce mot, le *Dictionnaire comique* de Le Roux, qui ne l'emploie que pour le sexe masculin. Il cite à l'appui un vers du *Parnasse satyrique*.

Il eut de tout le voisinage
Plus de bonsoirs qu'il ne vouloit.
   Je laisse à part la mignardise
Dont Jean flattoit Jeanne la Grise,
Les caresses, les doux propos,
Les baisers, le geste folastre,
Pour amoureusement combattre
Avant que prendre leur repos.
   Ce sont les secrets d'hymenée,
Cachez dessous la cheminée,
Qu'il ne faut jamais publier.
Publier les faicts de la couche
En ceste mignarde escarmouche,
Ce seroit par trop s'oublier.
   Vivez contens, couple fidelle,
Car vostre lignée immortelle
Par tout le monde s'estendra :
Juppiter vous a fait la grace,
Entre autres, que jamais la race
Des Jeans et Jeannes ne faudra.

L'Historiographe au Lecteur.

Ces vers je composois pour esgayer mon ame
Comblée de l'ennuy d'une grand fluxion
Qui me causa la fiebvre, et la fiebvre une flamme
Qui de vivre longtemps m'osta l'affection.
La Muse en eust pitié, qui de l'eau d'Hippocrène
Estaignit ce brazier, et me rendit l'esprit
Pour chanter le bonheur de Jean en bonne estrène,
Que j'ay reduit en vers, comme elle me l'apprit.

Le Patissier de Madrigal en Espaigne, estimé estre Dom Carles, fils du roy Philippe.

A Paris, par Jean Le Blanc, ruë Sainct-Victor, au Soleil d'or. 1596[1]. In-8.

Histoire d'un Patissier de Madrigal en Espaigue, estimé estre Dom Carles, fils du roy Philippe.

C'est un certain rapport faict à un homme notable, estant à Bayonne, par plusieurs et divers hommes dignes de foy venans d'Espaigne.

Il y a dix-huict mois qu'un homme incognu, aagé de quarante-cinq ans ou environ, ayant barbe noire

---

1. M. Leber possédoit un exemplaire de ce curieux livret, et le croyoit unique. « M. Brunet même, dit-il, ne dut de pouvoir le décrire qu'à la communication qu'il lui fit de cet exemplaire. » (Catal. Leber, t. 2, p. 254-255, n° 4182.) Nous en avons pourtant trouvé un second, et d'une autre édition, ce qui est plus singulier, mais ce qui est aussi une preuve de la popularité de cette pièce. Notre exemplaire est de Paris, 1596 ; celui de M. Leber, aujourd'hui à la Bibliothèque de Rouen, indique, sous la même date, qu'il fut publié à Poitiers par Blanchet. Le premier titre y est omis ; on n'y trouve que le second : *Histoire d'un pâtissier de Madrigal*, etc. M. Leber voit dans ce livret une anecdote singulière

commençant à grisonner, se logea et habita dedans
le bourg de Madrigal, lequel n'est guères loing de

« d'où il résulteroit, dit-il, que D. Carlos auroit vécu long-
temps après l'époque où l'on suppose que son père le fit assassiner... Elle prouve au moins, ajoute-t-il, que le sort de
ce prince fut toujours un problème, même du temps de Philippe II, qui ne mourut qu'en 1598. » Malheureusement,
encore d'après M. Leber, comme témoignage historique,
cette pièce ne peut rien, puisque c'est « tout simplement,
dit-il, un conte renouvelé des Arabes ou des fabliers du
moyen âge. » En ce dernier point, le savant bibliophile se
trompe. Ni les Arabes, ni les fabliers du moyen âge n'ont
affaire ici ; notre livret ne leur doit rien : il ne remonte pas
si haut. C'est tout bonnement un conte de 1596, *renouvelé*
d'une histoire de 1594. Cette année-là, un nommé Gabriel
Spinosa, pâtissier du bourg de Madrigal, en Castille, s'étoit,
à l'instigation du moine portugais Michel Los Santos, partisan zélé du prieur de Crato et confesseur au couvent de
Madrigal, s'étoit, dis-je, donné comme étant le roi D. Sébastien de Portugal, qu'il disoit n'avoir pas été tué dans
son expédition contre les Maures d'Afrique. Son aventure
n'avoit pas duré long-temps, moins même que celle du potier d'Alrasova, et celle d'Alvarès, tailleur de pierres à l'île
de Terceyre, qui l'un et l'autre avoient aussi tenté de se
faire passer pour D. Sébastien. (V. la trad. de l'*Histoire de
Portugal*, par N. H. Schœfer, 1845, in-8º, p. 620.) Spinosa
fut pendu avec le moine son complice avant la fin de cette
même année 1594, après avoir passé par toutes les vicis-
situdes et fait toutes les tentatives dont il va être parlé dans
ce livret. L'auteur, en effet, ne change presque rien à l'histoire, si ce n'est le personnage qu'y joua le pâtissier. La
mort de D. Sébastien ne lui importoit guère ; le drame de
D. Carlos l'intéressoit davantage, comme aventure plus récente d'abord, puis comme étant de nature à rendre plus

Medine [1], l'une des plus celèbres et fameuses villes d'Espaigne. Cest homme commença en iceluy bourg à faire faire par deux de ses domestiques certaines patisseries et semblables delicatesses, et en vendre aux personnes qui en vouloient avoir ; et les filles religieuses d'un couvent qui est dedans ledict bourg de Madrigal usoyent souventes fois de la patisserie qu'on faisoit en la maison dudit personnage. Et nonobstant qu'il fust estranger et homme incognu, il acquist en peu de jours grande familiarité avec donna Anne d'Autriche, religieuse en iceluy couvent, laquelle estoit fille bastarde de don Jean d'Autriche, frère du roy d'Espaigne à present regnant [2]. Iceluy patissier commença à frequenter le service de ladicte dame, et par chacun jour luy envoyer par ses serviteurs de la patisserie et autres semblables delicatesses, laquelle manière de faire continua plusieurs mois ; et les serviteurs d'iceluy patissier, s'esmerveillans de l'abondance et de la prodigalité dont il usoit et des deniers qu'il employoit à faire faire telles delicatesses, et aussi qu'il ne demandoit aucun compte de l'argent qu'il leur bailloit, commen-

---

odieuse la conduite de Philippe II, contre qui la haine étoit encore très vivace en France. Voilà pourquoi, sans doute, il dérangea les rôles et mit D. Carlos à la place de D. Sébastien.

1. La ville de Medina-del-Campo.

2. Elle étoit, en effet, nièce de Philippe II. Dans un drame du XVIe siècle, composé sur cette aventure et encore célèbre en Espagne, D. Anna est donnée comme étant une nièce de D. Sébastien. Il faut bien se garder de la confondre avec Anne d'Autriche, fille de Maximilien, qui plus tard épousa Philippe II.

cèrent à avoir diverses opinions de leur dict maistre, ne cognoissant quel homme il pouvoit estre[1]; et, sur ces propos, lesdicts deux cuisiniers qui faisoient la patisserie, et aussi une servante, estans ensemble, observent et espient en un certain jour par les fentes d'une paroy leur dict maistre, et veirent qu'il comptoit et mettoit en des sacs grande somme de deniers. Pour laquelle occasion, eux estans tentez du peché d'avarice, font si finement, qu'ils luy en desrobent et volent une grande partie, et se mettent en chemin pour aller à Medine. En allant, ils pensèrent à leurs consciences, et comment ils estoient en danger d'estre apprehendez comme voleurs et punis par justice. Pour eviter laquelle peine, ils s'advisent d'aller trouver le juge de Medine, et luy

[1]. Dans le drame dont nous venons de parler, et qui est l'œuvre très remarquable d'un poète qui n'a pas voulu se faire connoître, le faux D. Sébastien, pâtissier, joue son rôle à peu près de la même manière. M. Louis de Viel-Castel, qui a donné de cette pièce une très bonne analyse dans son article *Théâtre espagnol — Le drame historique* (Revue des Deux-Mondes, 1er novembre 1840, p. 340-343), détaille ainsi ses premières manœuvres : « Gabriel d'Espinosa (c'est le véritable nom du faux Sébastien) n'est, il faut bien prononcer le mot, qu'un simple *pâtissier*; mais, abandonnant à des valets les occupations de cette vulgaire industrie, il a soin de se répandre dans le peuple, de se montrer généreux, désintéressé, de donner, toutes les fois que l'occasion s'en présente, des témoignages de sa bravoure, de sa force prodigieuse, de son adresse, et il ne manque pas de manifester de préférence ces qualités, si séduisantes pour le vulgaire, dans certains exercices où l'on sait qu'excelloit le roi dont il veut prendre la place. »

annoncer et declarer les mauvaises conjectures et suspicions qu'ils avoient dudict patissier, et comment ils estimoient qu'il avoit volé quelque part de grandes richesses, dont il estoit encores saisi. Et quelque peu de temps après qu'iceux serviteurs eurent ainsi accusé leur maistre, il advint qu'il alla à Medine, et y arresta quelque peu de temps pour faire reffaire et enrichir une paire de lunettes de christal, lesquelles luy avoient esté baillées par la susdicte donna Anne d'Autriche à ceste fin et pour les causes cy-dessus declarées [1]. Il estoit suspect d'estre voleur, joinct aussi qu'on luy avoit veu à son col, en une hostellerie de Medine, une riche chaine d'or cachée, laquelle estoit garnie de fort belles perles. Par quoy les conjectures susdictes, avec l'accusation qu'en avoient faict ses serviteurs qui l'avoient volé, furent cause qu'il fut encores plus recommandé, en qualité de voleur, au juge de ladicte ville de Medine, lequel le feist chercher en toute diligence, et, l'ayant rencontré, il l'interroge par parolles douces; et, iceluy ne voulant pas respondre, le juge l'interroge avec menaces, en luy commandant de dire qui il estoit et de quel estat il se mesloit, dont iceluy juge ne peut oncques tirer autre responce sinon qu'il estoit le patissier de Madrigal; et quant aux joyaux qu'il portoit, il dist qu'ils estoient à donna Anne d'Autriche, fille

---

[1]. Dans l'histoire, c'est aussi pour des bijoux que lui avoit donnés D. Anna, puis pour d'autres qu'elle lui avoit dit d'aller vendre à Valladolid, que le pâtissier fut inquiété, puis arrêté par les ordres du prévôt de cette dernière ville.

du seigneur dom Jean d'Autriche, laquelle les luy avoit baillez. Après laquelle responce le juge le met en arrest et en seure garde, et se transporte à Madrigal, afin de sçavoir si la responce à luy faicte par ledict personnage estoit veritable.

La donna Anne, ayant ouy les propos que luy tint iceluy juge, se mist en cholère contre luy jusques à luy vouloir donner de sa pantoufle sus la jouë, comme l'on dit, disant qu'il ne devoit pas mettre la main sur un tel homme, et qu'il ne le cognoissoit pas, dont le juge s'esmerveilla; et luy, estant de retour à Medine, il interrogea de rechef iceluy patissier, qui ne feist aucune reverence et ne porta aucun honneur audit juge, lequel luy demanda encores, par douces parolles, qui il estoit, avec plusieurs autres circonstances, ausquelles il respondit seulement qu'il estoit patissier de Madrigal; et à la parfin il dit au juge : Le roy me cognoist bien, et sçaura bien qui je suis quand vous luy presenterez une lettre que je veux adresser à Sa Majesté. Alors il donna au juge une lettre escrite et signée de sa main, afin qu'il la feist tenir au roy d'Espaigne. Ledit juge, ayant icelle lettre, monte à cheval et s'en va à Madrid, et baille la lettre en main du roy, lequel, l'ayant leuë, fut assez long-temps en doute et pensif; puis après, il appella un sien secretaire, des quatre qu'ils appellent de la clef dorée, nommé dom Christofle de Moura, lequel vint audict patissier de la part du roy promptement[1], et parla separement et en secret

---

1. Dans le drame, c'est un alcade qui arrive secrètement de Madrid à Madrigal pour interroger Spinosa.

avec luy, puis s'en retourna ledict secretaire de Moura au roy, lequel, après avoir entendu le discours dudit secretaire, manda au juge de Medine qu'il enfermast iceluy patissier dedans le chasteau nommé la Motte de Medine, dedans lequel chasteau ledict patissier est gardé par une assez grande compagnie de gens de guerre depuis plusieurs mois, et est traicté somptueusemen et servy en vaisselle d'argent dorée ; et personne ne parle à luy, sinon ceux qui ont charge de le garder ou servir. Le mesme juge qui l'a premièrement mis en arrest a fait surseance des autres affaires publiques pour garder plus diligemment et secrettement le dict personnage, avec deux cens hommes de guerre qui sont soubs sa charge. Et il est defendu très expressement par toute l'Espaigne, sur peine de la vie, que personne ne parle du susdict patissier de Madrigal. Les hommes qui nous ont raconté ce que dessus, en venant d'Espaigne et passant par Bayonne, nous ont juré qu'ils aymeroient mieux avoir perdu tout leur bien que d'avoir dit un seul mot de cest affaire estant en Espaigne. Au surplus, donna Anne d'Autriche est tenüe prisonnière avec quatre autres religieuses du mesme couvent, lesquelles avoient accointance avec le dit patissier. Pareillement, le confesseur des religieuses d'iceluy couvent, nommé frère Michel de Sanctis, de l'ordre des Augustins, docte et grand personnage, a esté mis à la question ; et luy, ayant eu la torture jusques à la mort, a dit (selon le bruit qui court secrettement)[1] semblables parolles que celles qui ensuyvent :

1. Dans le drame, l'agent du prieur de Crato, qui est

Si j'ay admis iceluy personnage qu'on estime patissier, si j'ay parlé à luy, si je l'ay favorisé, je confesse que j'ay tousjours estimé, jusques à present, qu'il estoit dom Carles, prince d'Espaigne, lequel le roy son père avoit commandé (il y a desjà plusieurs annèes passées) estre faict mourir en prison, et luy-mesme m'a racompté comment il avoit esté sauvé et garanty de ce danger de mort : c'est à sçavoir que le roy son père avoit commandé à quatre seigneurs de sa court, ausquels il se fioit plus, qu'iceluy dom Carles fust faict mourir par quelque façon qu'ils adviseroient.

Iceux quatre seigneurs ayant ceste mortelle commission estoient le prince d'Ebuli[1], nommé Roderic de Gomes de Silva, Portugais[2], le comte de Chinchon et deux autres des noms desquels nous n'avons cognoissance. Touchant lequel affaire le prince d'Ebuli Silva remonstra aux trois autres qu'il ne falloit pas faire mourir ce prince pour la cholère du roy son père, laquelle se pourroit appaiser en brief temps, leur remonstrant pareillement que le roy n'avoit point d'autre fils, ny femme pour avoir des enfans qui succedassent à son royaume, estant ledit

le conseiller de Spinosa, tâche d'échapper au supplice en faisant des aveux complets; mais il n'en est pas moins pendu avec son complice.

1. Ici, comme on le voit, nous sortons de l'histoire du véritable pâtissier de Madrigal, le faux D. Sébastien, pour entrer dans celle de D. Carlos. C'est du prince d'Eboli, qui, ainsi que la princesse sa femme, y jouèrent un si grand rôle, qu'il est ici question.

2. Il étoit seulement d'une famille portugaise.

dom Carles unique fils ; pour lesquelles considerations, lesdicts quatre seigneurs conclurent qu'ils ne feroient point mourir iceluy prince, par les moyens qu'il leur promettroit soubs sa foy de changer son nom, de mener vie privée, et se tenir caché et incognu autant de temps que le roy son père vivroit, ou bien jusques à tant que tous lesdicts quatre seigneurs qui avoyent commandement du roy de le faire mourir fussent decedez, afin qu'iceux n'eussent part en la cholère du roy. Suyvant laquelle promesse, iceluy dom Carles s'est tenu caché et incognu jusques au temps que le dernier desdicts seigneurs est decedé, il y a environ deux ans; depuis lequel temps iceluy prince s'est fait cognoistre au marquis de Penr-hafiel (ainsi qu'on dit secrettement en Espaigne), et à donna Anna d'Autriche, et audict confesseur, lequel a esté contrainct par la torture de reveler ce que dessus est ecrit. Pareillement, le bruit secret qui court en Espaigne tient pour certain que ledict personnage est dom Carles, fils du roy d'Espaigne, ou quelque bien grand imposteur, pour autant qu'on le garde si long temps en un fort chasteau, avec grande despence et grande compagnie de gens de guerre. Les hommes qui l'ont veu dient que son aage, sa corporence et son regard font estimer que c'est iceluy dom Carles, fils du roy d'Espaigne ; et mesmement il cloche comme faisoit iceluy prince, à cause qu'estant jeune il s'estoit blessé une jambe en un escalier de la court[1] ; semblablement il a la barbe

1. C'est étant à l'université d'Alcala que D. Carlos fit cette chute, dont il resta boiteux.

noire qui commence à grisonner, comme pourroit avoir à present ledict dom Carles s'il estoit encores vivant. Iceluy personnage a aussi la lèvre de dessoubs eminente et avancée, comme ont tous les princes qui sont de la generation d'Autriche.

Discours sur l'apparition et faits pretendus de l'effroyable Tasteur[1], *dedié à mesdames les poissonnières, harengères, fruitières et autres qui se lèvent du matin d'auprès de leurs maris, par d'Angoulevent.*
A Paris, pour Nicolas Martinant, demeurant rüe de la Harpe, au Mouton-Rouge. 1613.

La devise du Tasteur.

Plus seur est dans le lict taster une pucelle
Et faire de son luth les accords retentir,
Que de s'armer les mains d'une forte rudelle
Pour se porter aux coups et puis s'en repentir.

Armé de gantelets à la façon de ceux qui dauboient sur Chicanous, vous voyez maintenant ce tasteur au guet après les femmes comme le chat après les souris ; elles en sont toutes en rumeur, pour ce qu'il emporte la pièce ; vous diriez que c'est une malediction tombée

---

1. Il est très vrai qu'au commencement de cette année 1613, on fit grand bruit à Paris de l'apparition d'une espèce de moine bourru, qu'on appeloit le *Tasteur* à cause de ses

sur elles comme le tacon sur un vignoble au préjudice des ogres. On ne parle plus ny du Filou[1], ny de la vache à Colas[2]; Robinette est censurée[3]. On ne

habitudes plus que galantes, et dont les femmes avoient la plus grande peur. Malherbe en parle à Peiresc dans sa lettre du 8 janvier 1613, à un moment où les esprits se rassuroient un peu, car on disoit que le Tasteur étoit pris : « Nous avions ici, écrit-il, un compagnon du moine Bourru, à qui l'on avoit donné le nom du *Tasteur*; l'on dit que c'estoit un bon compagnon qui avoit des gantelets de fer, et au bout des doigts des ergots de fer, de quoi il fouilloit les femmes, et qu'il y en avoit à tous les quartiers. Depuis quelques jours, les femmes se sont rassurées, car on dit que le Tasteur est prisonnier. Il s'est fait là-dessus de bons contes, mais ce sont toutes inventions. »

1. Ce mot de *filou* n'étoit pas encore le nom d'une espèce : c'étoit celui d'un type de bandit à la mode, dont la barbe épaisse et hérissée avoit mis en vogue ce qu'on appeloit les *barbes à la filouse*. Dix ans après, le nom s'est étendu à l'espèce tout entière. Dans un arrêt du Parlement du 7 août 1623, il est parlé des hommes hardis se *disant filous*. Toutefois, Filou se maintient comme type jusqu'en 1634. V. notre tome 1er, p. 138.

2. De l'histoire de la vache à Colas, le paysan du faubourg Bourgogne à Orléans, histoire si fameuse au temps des guerres de religion, on avoit fait, au commencement du XVIIe siècle, une chanson qui sentoit bien fort son huguenot. Le clergé, contre qui elle étoit surtout injurieuse, avoit fini par la faire brûler de la main du bourreau, et par faire ordonner qu'on eût à n'en plus parler, ce qui fut cause que, pendant plusieurs années, on la chanta de plus belle.

3. Allusion aux chansons et pasquils assez licencieux de *Robinette et Guéridon*, de *Filou et Robinette*, etc., sur lesquels nous aurons à revenir souvent dans ce recueil.

dit plus mot du Charbonnier[1], mais seullement du Tasteur, le capital ennemy du sexe fœminin, ainsy qu'il appert par un livre qu'on dit qu'il a composé. *De garrulitate muliebri*, qui est encore à la presse, attendant le privilége.

Diverses opinions sont intervenues sur l'advenement d'iceluy Tasteur : *primo*, que ce peut estre l'esprit de quelque verolé quy, se ressentant encore des mauvais traictemens qu'il auroit receus en amour, revient icy pour en tirer quelque raison, punissant par ces terreurs paniques ce sexe quy fut le premier instrument de nostre misère ; d'autres tiennent que ce peut estre quelque argousin [2] privé de tous ses cinq sens de nature, excepté l'attouchement, auquel ne restant que cette faculté tastatique, ne sauroit par autre exercice dispenser son loisir que par le tastement ; ce que je ne croy pas, car d'autres disent qu'il ne laisse pas de monter dessus pour courir après

---

1. Il est, je crois, mention ici d'une autre histoire de ce temps-là : « Le diable, déguisé en docteur de Sorbonne, entra un jour dans la cabane d'un charbonnier, qu'il vouloit tenter, et lui dit : Que crois-tu ? — Je crois ce que croit la sainte Eglise. — Et que croit la sainte Eglise ? — Elle croit ce que je crois. L'esprit malin vit échouer toutes ses ruses contre de telles réponses, et fut obligé de renoncer à son projet. De ce conte est venu, dit-on, l'expression de la foi du charbonnier, pour signifier une foi simple et sans examen. » Quitard, *Dict. des proverbes*, p. 207.

2. Argousin est ici fort bien employé, s'il est vrai, comme le croit Ménage et comme le soutient Millin (*Voy. dans le Midi*, t. 2, p. 406), que ce mot dérive d'*alguazil*, et se prît alors dans le même sens en françois.

les autres. Je ferois une Iliade des discours que l'on faict de ce Tasteur et des grands exploits qu'il a desjà faicts, tant deçà que delà les ponts ; mais pour ce que c'est chose que vous pourrez plus particulierement apprendre de vos femmes, quy en sont les plus interessées, je reserve le surplus à leurs passions, et dis que c'est grand pitié de voir une multitude affligée pour la mechanceté d'une seule ; car, à ce que je voy, ce maistre Tasteur ne laisse pas de les mettre *ablativo* tout à un tas : en cependant telle en patira quy n'en pourra mais. J'ay interet en la cause aussy bien comme un autre, et ne veux point, si je puis, estre de la grand confrairie : c'est pourquoy, *antequam veterius provehar*, je me porte partie contre luy, et m'asseure bien qu'il vous sera permis d'en faire autant, eslisant domicile. Il n'en est parlé dans les *Centuries* de Nostradamus non plus que s'il n'estoit point au monde. Il est venu tout en une nuit, tel que les potirons, et neantmoins usant et jouissant des droicts qu'on appelle conjugaux, nonobstant sa minorité, sans demander congé, placet, visa ne *pareatis*. Pensez-vous que cela ne fasche pas ces pauvres femmes, quy sont de si bonne volonté, que d'estre sujettes à la force ? Il nous en pend autant à l'œil, car il y en a quy prennent plus souvent le masculin que le fœminin genre. Pour mon regard, si je sçavois quel homme c'est, je cognois un poète quy luy feroit un petit satyre quy le ruineroit de reputation, et quy luy diroit plus d'injures qu'une harengère de la place Maubert. Mais quoy ! le mal est qu'on ne le cognoit point. Les uns disent que c'est un grand homme de pareille stature que les colosses

SUR L'APPARITION DU TASTEUR.   41

du pont de Nostre-Dame[1], habillé justement à la façon de l'enfant de quinze mois quy porte son chapeau enfoncé dans la teste comme un homme quy crainct les sergens. Mort don bleu ! je n'y vay pas, et que tantost il est fisché contre une muraille comme un espouvantail à chenevières, et tantost campé justement comme un gentilhomme de la Beauce quy attend un lièvre à l'affût, armé, comme dict est, de gantelets de fer, au rapport d'une jardinière d'auprès la porte de Montmartre, quy serrent, dit-elle, les affaires de si près que le mal qu'on en ressent passe toute imagination. Si bien que, pour dire la vérité, voilà une affaire bien intriguée, car chacun en parle diversement. O ma foy ! c'est un pagnote, puis qu'il ne va que de nuict, comme les chauves-souris. Il luy faut tendre des piéges comme au renard quy mange les poules. Nous autres avons bien à faire qu'il vienne effaroucher nostre gibier. Il y a des femmes quy sont desjà assez mal aisées à serrer d'elles-mesmes. Au diable donc soit donné le Tasteur ! Encores s'il s'y prenoit de bonnes façons, on ne s'en plaindroit pas, et telle auroit esté tastée quy seroit si secrette qu'elle n'en ouvriroit point la bouche, encores que l'on die du sexe que *id solum potest tacere quod nescit.*

Je parle latin pour ce que j'ay peur qu'elles l'entendent, et que, jugeant de mon intention selon les

---

[1]. L'auteur veut parler « des grands Termes d'hommes et de femmes », comme dit Germain Brice, qui ornoient le devant des trente-quatre maisons du pont Notre-Dame. G. Brice, *Descript. de la ville de Paris*, 1752, in-8, t. 4, p. 328-329.

caprices de leurs testes, elles me fissent ressembler la jument à Godart, quy ne s'en retournoit jamais sans frotter : car l'on dit qu'il n'y a rien de plus vindicatif que l'esprit d'une femme. Voilà pourquoy je parle ainsy, non par ironie, ains pour me condouloir avec elles sur cette nouvelle disgrâce, n'y ayant homme qui participe plus sensiblement à leurs mesadvantures que moy, qui le tirerois volontiers de mon ventre pour le leur donner. Mais quoy ! c'est entreprendre les travaux d'Hercule de le leur vouloir persuader si leur creance y contrarie. Elles ont l'imagination trop forte, et toute rhetorique semblera tousjours defectueuse en persuasions au prejudice d'icelle. Les Nestors et les Cicerons y perdroient leur latin. Il faut que l'opinion des femmes ait son cours, comme la rivière de Loire; mais Dieu me garde pourtant de leur haine! Et toy pauvre farfouilleux, que fay-tu ? Quelle particulière animosité as-tu contre ce sexe? quy te fait bander les yeux à toutes ces considerations? Vraiment, je parie ta perte. N'ouis-tu jamais parler de ces femmes de Nevers quy feirent rendre Perpignan[1]? Elles t'attraperont, comme ce meunier quy tournoit cest action en risée. Si tu es-

---

1. Je n'ai pu retrouver à quel fait ceci se rapporte. Peut-être est-ce une allusion à quelque événement de la capitulation de Perpignan en 1475, après une famine horrible où l'on vit une femme nourrir son second enfant de la chair du premier qui étoit mort de faim (Henry, *Hist. du Roussillon*, t. 2, p. 134). Je ne vois rien là, toutefois, qui pût se rapporter à des femmes de Nevers et qui pût exciter la risée d'un meunier.

SUR L'APPARITION DU TASTEUR. 43

tois encore quelque Narcis ou quelque Ganymède, au lieu de vomir tant d'imprécations contre toy comme elles font, elles te reserveroient quelque part en leurs bonnes grâces. Si tu estois beau comme un Adonis, je m'asseure qu'il n'y en a pas une quy ne te voulust cacher entre sa chair et sa chemise. Tu me feras peut-estre des contes de Pasiphaé, amoureuse d'un taureau; tu m'allegueras des Seminares, amoureuses de chevaux; mais tout cela n'est rien. On leur dit que tu es laid comme un Thersite ou comme OEsope, et, quy pis est encores, que tu es *de frigidis et maleficiatis*. C'est ce quy fait qu'elles t'abhorrent tant et qu'elles se resserrent ainsy dans leurs maisons, et neantmoins, animées comme elles sont contre toy, tu ne laisses pas de continuer tes cavalcades. On te vid encores hier passer par dessous le petit Chastelet[1]. Ne te fies pas tant en tes forces, et pense que, comme un autre Samson, il n'en faut qu'une seule pour te livrer aux Philistins. Je sçay bien comme il m'en a pris. Les ruses des femmes sont grandes, et neantmoins tu ne te defies non plus qu'un mouton qu'on meine à l'escorcherie. Va, va, retire-toy, tu fais peur aux petits enfans. Gardes-toy d'estre mis à Montfaucon en sentinelle perdue; enfonces-toy plus tost dans la terre comme un mulot, ou va-t'en trouver Proserpine, quy a la matrice alterée, *sicut terra sine aqua*. Elle te fera lieute-

---

1. On sait que jusqu'à la complète démolition du petit Châtelet, en 1782, la rue S.-Jacques n'avoit pas d'autre entrée du côté du quai que l'étroit passage pratiqué sous ce lourd édifice.

nant de Pluton; tu auras charge et commanderas cinquante mille legions de grands et petits diables. Cela vaut mieux encores que d'estre à Paris à disner avec les rois. Mais, à propos de disner, le discours m'emporte de telle sorte que je ferois volontiers comme le peintre Nicias, quy se delectoit si fort en son ouvrage, qu'il demandoit le plus souvent s'il avoit disné. Je ne desire pas que l'on dise de moy que j'ay la memoire si courte. C'est pourquoy je mis ma robbe sur les moulins; je ne sçay plus que tout devint.

Chanson nouvelle sur le Tasteur.

Messieurs, je vous prie d'ecouter
Ce qu'est advenu à ma femme
Qu'un Tasteur a osé taster [1]
Son bas. Merite-t-il pas blasme?
Je croy que c'est un corps sans asme
De donner du tourment ainsy

---

1. A la fin du XVIIIe siècle, le *Tasteur* reparut, à la grande terreur des femmes, dans les promenades de Paris. « Un chevalier de S.-Louis, dit Dulaure dans son *Histoire de Paris (Etat civil* sous Louis XVI), acquit alors un sobriquet fameux, celui de chevalier *Tape-Cul*. Son occupation journalière étoit de parcourir les rues, places et jardins de Paris, et de frapper furtivement le derrière de chaque femme qu'il rencontroit. Sa rouge trogne, ses cheveux blancs, sa gibbosité, sa croix de S.-Louis qui se dessinoit sur un ha-

A ceux quy ont une bonne asme.
Je m'esbahy fort de cecy.
    L'on n'entend parler dans Paris
Rien que du Tasteur (chose horrible!);
Chacun en baille son devis
D'une façon quy est terrible.
L'un dit : Seroit-il bien possible
Qu'il y eust à Paris un tasteur ?
L'autre dit : Il est impossible
Que ce ne soit quelque voleur.
    Je croy qu'il contrefait le fol
Pour tourmenter ainsy le monde,
Et puis, pour mieux faire son vol
(Vie quy est trop vagabonde),
Que d'une rage tant félonne
(Luy refusant si peu d'argent)
Il massacre ainsy les personnes,
N'ayant pitié de leur tourment.

bit blanc couvert de taches, le faisoient reconnoître de loin. Une de ses mains étoit armée d'une canne qu'il agitoit, et l'autre, placée derrière son dos, étoit destinée à l'exécution de ses coups inattendus. Au milieu de la grande allée du jardin du Palais-Royal, vous eussiez vu toutes les femmes, dont il étoit fort connu, se ranger, s'éloigner au devant du chevalier Tape-Cul, et laisser un espace de plusieurs toises entre elles et lui... La femme frappée par ce chevalier ne manquoit point de se plaindre ou de lui adresser des injures. Quelquefois, sur ses larges épaules tomboient des coups de canne lancés par l'homme qui accompagnoit la femme insultée. Le chevalier recevoit les injures et les coups avec une résignation exemplaire, et s'éloignoit paisiblement sans détourner la tête. »

Dernierement il rencontra
Dans les ruës ma femme seule ;
Subtillement il luy fouilla
Au devantier, ferrant la mulle.
Elle refusant, tout à l'heure
Il la battit si fermement,
Que de vray j'ay peur qu'elle en meure,
Tant elle endure de tourment.

Elle est maintenant dans un lict
Quy tant soupire et se lamente,
Là où souvent elle me dict :
Je ne seray demain vivante,
Car cela par trop me tourmente,
Quy faict qu'en un lieu je ne puis
Durer : il faut que je m'absente
De ce bas monde où je suis.

Je te vay dire adieu, mon fils ;
N'en aie point la face blesme :
Je m'en iray en paradis
Voir la face du Dieu supresme,
Dont luy requiers, à toy de mesme,
Que, quand tu finiras tes jours,
Tu puisses voir son diadesme.
Je te dis adieu pour tousjours.

Ne le sçauroit-on pas trouver
Ce larron qu'est si excecrable,
Qu'est cause qu'au lieu de chanter
Je fay des regrets lamentables?
N'est-il donc pas bien miserable?
Je croy, c'est un loup ravissant,
Ou un corps que pris a le diable
Pour nous donner tant de tourment

Messieurs de Paris, gardez bien
De laisser tard sortir vos femmes;
Comme moy n'y gaigneriez rien
Si vous n'estes avec des armes.
Helas! j'en pleure à chaudes larmes.
Je voudrois bien de luy jouir;
Il faudroit bien qu'il eust des charmes
Si je ne le faisois mourir.

La Destruction du nouveau Moulin à barbe, histoire tragique [1].
A Paris, chez Merigot, quay des Augustins, près la rue Gist-le-Cœur.

M.DCC.XLIX.

In-8°.

Le célèbre Hellezius, mécanicien anglois, inventa il y a quelques mois une machine, aussi singulière que folle, par laquelle il trouvoit le moyen de raser cent personnes en une minute. Il en avoit présenté le dessin à l'Académie, et en commençoit la construction, lors-

---

1. L'idée de cette facétie, que Grandville renouvela pour sa jolie caricature *Six barbes en trois secondes*, ou les barbes à la vapeur (*Magasin pittoresque*, t. 3, p. 249, 1835), étoit déjà bien vieille, en 1749, quand parut la brochure que nous reproduisons ici. On en trouve, en effet, une trace dans l'historiette du maréchal de Grammont (Tallemant, édit. Paris Paulin, t. 3, p. 180) : « Un jour qu'on disoit des menteries, il (le maréchal) dit qu'à une de ses terres il avoit un moulin à razoirs, où ses vassaux se faisoient faire la barbe à la roue, en deux coups, en mettant la joue contre. »

que le Parlement reçut une représentation du corps des perruquiers, qui supplioient qu'on supprimât cette invention fatale à leur repos, et qu'on défendît désormais aux machinistes de donner aucunes productions qui tendissent à la ruine d'un corps d'artisans. En conséquence, le Parlement donna ordre au sieur Hellezius de suspendre la construction de son moulin. L'inventeur présenta aussi un mémoire pour prouver l'utilité de sa machine ; mais, voyant traîner l'affaire en longueur, et ne doutant pas que le Parlement ne fût sensible à la requête d'un millier d'ames qu'il alloit réduire à la mandicité, il prit le parti de vendre un bien fort honnête qu'il possédoit, et en employa les deniers à satisfaire le désir qu'il avoit de voir éclore son projet. Il en vint à bout, et la machine fut faite avant que qui que ce soit en eût eu vent. Plusieurs personnes avides de nouveauté, à qui il en avoit fait part, se rendirent tacitement à quatre lieues de Londres, dans une maison de campagne où avoit été construite cette fatale invention. Quelques uns furent assez hardis pour tenter l'avanture. Elle réussit. Le bruit s'en répandit, et, avant que le Parlement en eût pris fait et cause, cinq cens personnes en firent l'essai fort heureusement ; mais, hélas ! le serpent se cache sous les fleurs. Cent autres curieux se présentent, se placent ; le cheval donne mouvement à la machine... mais, quel affreux moment ! les ressorts manquent ; cent têtes tombent d'un côté, cent cadavres de l'autre. Quel horrible spectacle pour les témoins ! Hellezius se sauve, et au bout de deux heures toute la ville de Londres est imbue de cet accident. Le Parlement envoya sur-le-champ ordre de donner la sépulture à ces malheureuses victimes de leur curiosité et de réduire en poudre le moulin. Sa destruction ne tarda guères : tous les perruquiers, acharnés à sa démolition, n'en laissèrent aucun vestige.

Rassurez-vous, barbiers de l'Europe; que vos allarmes cessent : cette affreuse catastrophe assure à jamais la nécessité où l'on est de se servir de vos mains. A l'imitation de vos confrères anglois, faites des feux de joie, et faites passer à vos neveux le nom de l'insensé Hellezius, qui s'est donné la mort de désespoir de s'être ruiné pour satisfaire sa folle vanité.

Dissertation sur la veritable origine des Moulins à barbe, contre l'opinion erronée, repandue depuis peu dans le public, quy en attribue l'invention à un mechanicien anglois, quoyque sa veritable origine constante soit de France, et méme dans l'un des plus fameux fauxbourgs de Paris [1].

La nouveauté plait extremement en France; mais de quelque genre qu'elle soit, tant dans les sciences, les arts, les machines, que les spectacles, etc., elle plait infiniment davantage quand elle prend ou qu'elle est supposée prendre son origine chez l'etranger. C'est ce quy faict que dans une infinité de choses, et surtout dans les modes et les adjustemens d'hommes et de femmes, les artisans sont obligés d'emprunter les noms etrangers. Une femme ne voudroit pas porter une capote si elle n'estoit à l'angloise, ny un mantelet de gase s'il n'estoit de gase d'Italie; un menetrier des Porcherons se feroit battre comme plâtre si on luy disputoit que son violon n'est pas

[1] Faubourg Saint–Marceau.

un vrai Cremonne ; un cocher de fiacre ne porteroit pas une montre qu'elle ne fust angloise [1] : celle quy seroit des plus fameux maistres de France, fust-elle du fameux Nourrisson de Lyon, ne seroit pas digne de luy ; enfin, tout enfin, devient estrange en France s'il n'est pas etranger [2].

Cette digression, quoyqu'un peu longue, n'est faicte que pour parvenir à detruire l'erreur où l'on est du pretendu moulin à barbe comme nouvelle invention angloise.

[1]. Ceci est dit principalement pour l'horloger anglois Henry Sally, établi depuis long-temps à Paris, et dont les montres étoient les seules qui eussent fait fortune auprès du public, et même à l'Académie des sciences. En 1716, il en avoit fait approuver une du plus ingénieux mécanisme (*Hist. de l'Académie des sciences*, année 1716, p. 77), et à peu de temps de là il avoit soumis à la même académie, une montre marine qui n'avoit pas eu moins de succès. (*Mém. et invent. approuvées par l'Académie des sciences*, t. 3, p. 93.) Nous avons, au contraire, vainement cherché dans les mémoires de l'académie le nom de M. Nourrisson, le Lyonnois, pour quelque invention approuvée.

[2]. L'anglomanie fut bien plus forte encore trente ans plus tard. Voici ce qu'on lit sur ce ridicule anti-national dans un article de l'*Esprit des journaux* (nov. 1786, p. 197) analysant l'*Anti-Radoteur*, qui venoit de paroître : « L'auteur, revenant il y a quelque temps à Paris, fut étonné de trouver une ville angloise. Chevaux, cavaliers, piétons, carrosses, laquais, boutiques, boissons, habits, chaussures, chapeaux, tout étoit anglois. Il y vit une troupe de gens qui revenoient des courses comme on retourne de *Neumarket* (sic) ; mais la mode de se tuer lui parut la plus ridicule de outes celles qu'on avoit empruntées de nos voisins. »

DES MOULINS A BARBE. 55

L'origine du moulin à barbe est d'autant plus ancienne que nous avons des monumens respectables quy nous le prouvent.

Un celèbre mathematicien, homme extremement versé dans la cognoissance des physionomies et de toutes les sciences occultes, lequel estoit ayeul au 2480e degré du quadruple ayeul de Michel Nostradamus, du costé de sa mère, en estoit autheur. L'esloignement du temps nous a osté la cognoissance de son nom : les anciens fragmens de marbre sur lesquels ont en lit encore les lettres finales ne laissent plus entrevoir que ….gruel [1] ; encore faut-il un lancetier d'un foyer enorme. Quoy qu'il en soit, ce mage estoit possesseur d'un jardin situé dans la partie superieure de la rivière de Bièvre, autrement dit des Goblins, dans un temps où cette rivière estoit très peuplée de bièvres [2], quy sont les mêmes animaux que ceux dont on nous apporte les peaux du Canada soûs le nom de castors ; et comme on voyoit aussy sur cette même rivière quantité de goblins, quy sont de ces feux que le vulgaire appelle esprits follets [3], elle a retenu les deux noms, rivière de Bièvre ou des Goblins, et non pas du nom d'un homme quy s'appeloit Gobin [4]

1. Sans doute Pantagruel.
2. Le *bièvre* est en effet une espèce de loutre ou de castor, mais qui ne se trouve qu'en Afrique.
3. « Le mot *gobelin*, dit La Monnoye, dans une remarque sur un conte de Desperriers, est usité de toute ancienneté en Normandie dans la signification d'*esprit follet*. » *Contes de Desperriers*, Amst., 1735, in-12, t. 1, p. 90.
4. Une pièce que nous donnerons dans ce volume prou-

Nostre mathematicien, piqué de l'industrie des castors, dont les ouvrages sont infiniment remplis d'adresse, voulut faire voir à la posterité que, si la nature donne aux animaux une industrie quy paroit plus que surnaturelle, les hommes, lorsqu'ils s'attachent à quelque chose avec application, aydez par la force du raisonnement, sont capables de faire des travaux quy peuvent surprendre les hommes, même jusqu'à les rendre interdits d'admiration.

Occupé de ces reflexions qu'il faisoit à la lueur de ces goblins, car il n'y avoit point là de lanternes, il fit alors le projet d'un moulin à barbe, et l'executa, non dans la vue d'un gain mercenaire, mais pour s'immortaliser seulement. Comme il estoit parfaict mathematicien, et par consequent dans la possession de toute la mechanique en general, ce fut peu de chose pour luy que de disposer les mouvemens dont il avoit besoin pour son moulin : ce fut là le moindre objet. Un autre de plus de consequence l'arrêta quelque temps ; mais la parfaicte cognoissance de son art luy feit vaincre l'obstacle fort facilement : c'estoit la difference des physionomies, dont les unes sont plus alongées ou plus raccourcies, ou plus grosses ou plus grasses, quy ont les lèvres plus plates ou plus enflées, les mantons plus petits ou plus grands, etc. Cest obstacle, quelque grand qu'il fust, ne cousta presque rien à nostre mathematicien : il feit avec de la terre glaise, quy ne manque pas dans ce pays-là, autant de physionomies differentes comme il pou-

vera combien l'auteur, qui a dit, tout à l'heure, la vérité en riant, se trompe au contraire ici.

voit y avoir alors dans tout le monde; en sorte que, si un Ethiopien se fust venu presenter, il eust trouvé forme à son minois aussy bien qu'un blanc, chaque physionomie etant numerotée et characterisée [1] selon l'objet auquel elle avoit rapport. On n'avoit qu'à prendre place dès qu'on arrivoit. L'operation se faisoit avec toute la delicatesse possible, sans craincte d'aucune estafilade, et même sans froisser les moustaches, car on en portoit alors.

Cet ouvrage mis en la perfection où il falloit qu'il fust pour rouler, il le mit à execution ; mais, au lieu d'un cheval dont nostre pretendu inventeur anglois se sert, il se servit du secours de la rivière, dont le mouvement tousjours egal est le seul quy convienne à une operation de ceste espèce, et non pas un cheval, dont les allures ne peuvent jamais estre aussy reglées qu'il faudroit qu'elles le fussent, son trot ou son gallop occasionnant des secousses quy derangent toute l'economie de la machine.

Son œuvre estant à son point de perfection, il se mit à faire des barbes, tant et tant qu'il en faisoit des ballots pour envoyer dans toutes les contrées où l'on

---

1. Les coiffeurs faisoient alors sérieusement ce qui est dit ici en plaisanterie : s'ils avoient affaire à une pratique d'importance, ils emmenoient avec eux leur physionomiste. Dutens raconte que le prince Lanti étant à Paris et ayant demandé le coiffeur, vit arriver deux individus, dont l'un, après lui avoir pris la tête et l'avoir bien examineé dans tous les sens, dit à l'autre, qui étoit le praticien : « Visage à *marrons; marronnez* Monsieur. » *Dutensiana*, p. 42. Vous *marronner*, en style de perruquier, c'étoit vous friser à grosses boucles.

barbifie : de sorte que, la rivière quy servoit à son moulin n'estant plus qu'une eau de savon, les estrangers quy venoient à Paris la prenoient pour un fleuve de laict et se croyoient dans la terre promise ; mais les habitans de ce fauxbourg, quy prenoient plaisir à se divertir de leur erreur, les en tiroient enfin et leur apprenoient que c'estoit une eau de barbe quy couloit incessamment, ce quy fit qu'on nomma cet endroict Coule-Barbe [1], et qu'on le nomme encore actuellement de même, et qu'il est toujours dans sa même situation, proche le clos Payen et le champ de l'Alouette, derrière la manufacture royale des Goblins.

Voilà precisement l'origine du moulin à barbe, quy n'est point du tout de l'invention de ce mathematicien anglois, quy n'est qu'un miserable plagiaire, un copiste maladroict et un mathematicien ideal.

Les revolutions arrivées dans le royaume les siècles passés furent cause que ce pauvre moulin fut detruict et devint moulin à bled au lieu de moulin à barbe qu'il estoit.

Quelques traditions quy ne sont pas des mieux fondées disent que l'auteur de nostre moulin à barbe eut le même sort que celuy quy feit l'horloge de Strasbourg, et que celuy quy avoit trouvé le moyen

---

1. C'est *Croule-barbe* qu'il faut dire, mais on doit pardonner à l'auteur d'avoir fait cette petite altération pour les besoins de sa facétie. Il existe encore, près du boulevart des Gobelins et de la Bièvre, la barrière et la *rue Croulebarbe*. Un moulin de ce nom s'y trouvoit vers 1214. Notre auteur, on le voit, est bien renseigné.

de rendre le verre ductile. Le premier eut les yeux crevez ; le second perdit la vie par la cruauté de Neron. Il faut avouer que la craincte d'un sort pareil a bien arresté la fougue de ces ouvriers du temps passé quy se mesloient d'estre inventeurs, et qu'elle s'est communicquée si fort à nostre siècle, que l'on n'y invente rien du tout, par la raison qu'on veut se conserver la vue, ce quy faict un grand tort aux marchands de lunettes et quy enrichira les hopitaux où on reçoit les aveugles.

Les cruels et horribles tormens de Balthazar Gerard, Bourguignon, vrai martyr, souffertz en l'execution de sa glorieuse et memorable mort, pour avoir tué Guillaume de Nassau, prince d'Orenge, ennemy de son roy et de l'Eglise catholique; mis en françois d'un discours latin envoyé de la ville de Delft au comté de Hollande.
A Paris, chez Jean du Carroy, imprimeur, au mont Saint-Hylaire, ruë d'Ecosse. 1584.

In-8° de 14 pages[1].

my lecteur, pour veoir de quelle volonté envers Dieu et son Eglise estoit poussé ce Balthazar Gerard tirannicide, tu le pourras congnoistre à l'œil par les vers subsequens, tirez d'un celèbre poëte de nostre temps :

Gerard, c'est à ce coup (disoit-il) que ton bras
Doibt delivrer la Belge. — Hé ! non, ne le fais pas

---

1. C'est une des pièces trop nombreuses qui furent faites en l'honneur de ce régicide; mais il faut dire aussi, à la gloire de l'imprimerie parisienne de cette époque, que c'est

Si, fais-le. — Mais non fay. — Voy, laisse cette crainte.
— Tu veux donc profaner l'hospitalité saincte?
— Ce n'est la profaner; plus saincte elle sera,
Quant par elle ma main les saincts garantira.
— Mais sans honte jamais le traiste ne peut vivre !
— Traiste est cil qui trahit, non qui ses murs delivre.
— Mais contre les meurtriers le ciel est irrité !
— Tout homme qui meurtrit n'est meurtrier reputé.
— Hé ! n'est-il pas meurtrier cil qui meurtrit son prince ?
— Ce Guillaume est tyran, non roy de ma province.
— Mais quoy! Dieu maintenant nous le donne pour roy.
— Celuy n'est point de Dieu qui guerroye sa loy.

la seule qui, à notre connoissance, ait été publiée à Paris. M. Leber, qui la possédoit (V. son Catalogue, n° 5625), fait un vif reproche de cette publication à Jean du Carroy. Il y voit une excitation funeste, dont le crime de Jacques Clément et les écrits qui le glorifièrent ne montrèrent que trop bien les effets. « C'étoit en 1583, dit-il, avant la toute-puissance de la Ligue, que Jean du Carroy, imprimeur au Mont-Saint-Hilaire, la providence des libellistes, se proclamoit éditeur d'une première apologie du régicide qui devoit frayer la voie à Jacques Clément. C'étoit sous sa responsabilité personnelle qu'il imprimoit et annonçoit publiquement : « *Les cruels et horribles torments de Balthazar Gerard Bourguignon...* » (Leber, *De l'état réel de la presse et des pamphlets depuis François I*er *jusqu'à Louis XIV*, Paris, 1834, p. 65). Dans une note, M. Leber donne à penser que cet imprimeur est le même que celui dont il parle à la page 63, et qui, nommé par L'Estoile Gilles du Carroy, fut, ainsi que son correcteur, « *fustigé et banni* » en 1586. (*Journal de Henri III*, 1744; in-8, t. 1, p. 496-497.) — La pièce que nous reproduisons ici est tellement rare, qu'elle a échappé à M. Weiss pour son article Gérard de la *Biographie univer-*

— Tous peuvent estre doncq des tyrans homicides?
— Jahel, Abod, Jehu, furent tyrannicides,
— Voire; mais il leur fut commandé du Seigneur?
— D'une pareille loy je sens forcer mon cueur.
— Las! pour faire un tel coup ton bras a peu de force.
— Assez fort est celui que l'Eternel enforce.
— Mais, ayant fait le coup, qui te garantira?
— Dieu m'a conduict icy, Dieu me salevera.
— Que si Dieu te delivre ès mains des infidelles?
— Luy mort, je ne crains pas les morts les plus cruelles.
— Mais quoy! tu cognoistras quelle est leur cruauté!
— Mon corps peut estre à eux, et non ma volonté.

selle, et à M. OEttinger pour sa *Bibliographie biographique*. Voici le titre de quelques autres livrets publiés à la même occasion et dans le même but; on ne s'étonnera pas d'en trouver un imprimé à Rome : *Le glorieux et triomphant martyre de Balthazar Gerard, advenu en la ville de Delft*, Douai, 1584, in-12. — *Balth. Gherardi Borgondi morte, costanza, per haver ammazzatto il principe d'Orange*, Roma, 1584, in-8; — *Historie Balth. Gerardt, alias Serach, die den Tyran van't Nederlandt den prins van Orangie doorschoten heeft*, S. l., 1584, in-4. — B... T... G... A...V...) *In honorem inclyti heroes Balth. Gerardi, Tyrannidis Auraicæ fortissimi vindicis, carmen, quo et Gulielmi Nassavii principis Auraici cædes ut percussoris tormenta breviter enarrantur*, Lovan., 1588, in-8. — *Muse Toscane di diversi nobilissimi ingegni per Gherardo Borgogno*, Bergamo, 1594, in-8. Il faut encore ajouter à cette liste l'ode latine que Lævinus Torrentinus, ou vulgairement Van der Becken, évêque d'Anvers, fit pour célébrer le crime de Gérard, et qui se trouve dans ses œuvres.— Cette pièce, que P. Burmann (*Sylloge epistolarum*, t. 1, p. 480) lui reproche très vivement, a pour titre : *In honorem Baltasaris Gherardi fortissimi Tyrannicidæ*.

LES TORMENS

Estant doncq de ce point resoult en son courage,
Vers le pole il eslève et ses mains et visage,
Et puis à basse voix prie ainsi l'Eternel :
O bon Dieu! qui tousjours as eu soin paternel
De tes aimez esleûz, fortifie ma dextre,
Afin qu'à ce midy, d'une vigueur adextre,
Elle puisse atterrer ce prince audacieux,
Qui pour te descepter veut escheller les cieux ;
Et puisque ta bonté, nonobstant mille orages,
A faict veoir à ma nef les hollandois rivages,
Permets-moy d'enfondrer de ce plomb venimeux,
Afin que je redonne à la Belge franchise,
A ton nom son honneur, et sa paix à l'Eglise.

Les cruels et horribles tormens de Balthazar Gerard, Bourguignon, vray martyr, soufferts en l'execution de sa glorieuse et memorable mort, pour avoir tué Guillaume de Nassau, prince d'Orenge, ennemi de son roy et de l'Eglise catholique.

Le plus grand et seul victorieux de tous les martyrs est Christ, et en Christ les martyrs ont mis toute leur esperance. Christ a promis de nous donner et langage et sapience; de Christ les martyrs confessent tenir ce qui est de leur foi pour respondre aux hommes. Balthazar Gerard, Bourguignon de nation[1], sa mère native de Bezanson, aagé, comme il monstroit, de vingt et huict ans ou environ[2], personnage aultant bien instruict que bien disant, et fort habile au maniement et exécution des affaires d'importance, en l'an mil cinq cens quatre-vingts et quatre, et le dixième jour du mois de juillet[3], demi-heure après midi, se mit en deliberation d'executer incontinent, et sans differer d'avantage, la belle entreprise qu'il avoit dès long-temps projetté de faire en son esprit, s'asseurant d'en venir à bout, comme heureusement luy est avenu. Considerant donc Balthazar la perfidie et desloyauté de Guillaume de Nanssau, prince d'Orenge, qui, soubs le faux manteau d'une pretendue franchise, privoit une infinité de personnes de toute liberté aux despens de leurs biens et de leurs corps, et par là frustroit les ames du salut eternel, se proposa, à l'exemple de Christ et suivant les pas et vestiges de ses saincts, de fermer les yeux aux perils et dangers pour le salut de plusieurs et liberté de nostre patrie; qui fut cause que, cognoissant

1. Il étoit né à Villefans, en Franche-Comté.
2. Strada dit vingt-six ans, « *erat enim annorum sex et viginti* ». (De Bello Belgico, *Decadis secundæ liber quintus*, anno 1584.)
3. Le même mois où le duc d'Alençon, compétiteur malheureux du prince d'Orange, étoit mort en France des suites du poison que lui avoient fait prendre les agents de l'Espagne. Philippe II ainsi se seroit délivré en même temps de ses deux rivaux dans les Pays-Bas : du fils de Catherine de Médicis par l'empoisonnement, et de Guillaume de Nassau par la main d'un assassin.

que le puissant et souverain Dieu se vouloit servir de luy pour executer sa volonté divine, après avoir bien examiné l'affaire, il jura la mort de ce malheureux perfide, desjà condemné par sentence de son prince, duquel il s'estoit rebellé. S'offrant donc l'occasion de luy porter des lettres de la mort de Monsieur, frère du roy de France [1], duc d'Alençon, comme il se fut accosté des gentils hommes de sa cour, le dixiesme jour de juillet, demi-heure après midi, sortant Nanssau de sa table, Balthazar luy tira un coup de pistolet chargé de trois balles, qui luy fit un trou soubs la mamelle gauche de deux doigts de largeur [2], dont il mourut [3]; et comme Balthazar le vit tomber du coup qu'il luy donna, se voulant sauver, fut incontinent attrappé auprès des murailles de la ville [4], mais sans s'estonner aucunement. Armé d'un incredible courage jusques au dernier soupir,

---

1. « Atque extincto Alenconio, obtulit se delaturum ad Orangium litteras aliquorum Alenconii familiarum de obitu ejus. » (Strada, *ibid.*)

2. Ceci, à quelques détails près, est encore conforme au récit de Strada. Pour exprimer la manière dont Guillaume de Nassau, sortant de table, fut frappé au cœur par les balles du pistolet de Gerard, le jésuite romain se sert de cette singulière phrase : « Assurgentem ab epulis, exeuntemque in aulam, *fistula in cor explosa trajicit, confecitque.* » Heureusement qu'il met en marge le mot italien *pistola*.

3. Guillaume tomba mort aux pieds de sa femme, fille de l'amiral Coligny, qui avoit vu de même assassiner son père dans la nuit de la Saint-Barthélemy.

4. « Evolantem inde, jamque egressurum urbe, stipatores insecuti retrahunt. » Strada, *ibid.*)

il respond prudemment à tous ceux qui l'interrogeoyent. Les gouverneurs de la cité, voulans sçavoir de luy les causes et motifs de son dessaing, il leur fit cognoistre promptement par un beau langage et par vives raisons qu'il pensoit avoir fait un grand sacrifice à Dieu, et avoir beaucoup merité du roy et du peuple chrestien, ne se souciant point que son corps fust tormenté par les mains des bourreaux, comme il avoit bien presagé qu'il seroit. J'ay, disoit-il, executé ce que je devois faire; parachevez, vous autres, ce qui est de vostre charge. Me voicy tout prest. Parquoy la nuict suivante, ayant esté cruellement par cinq fois fouetté et tormenté de grands coups, il fut oinct de miel, et fit-on venir un bouc pour le leicher, affin que par l'aspreté de sa rude langue il luy emportast avec le miel la peau deschirée, lequel toutefois n'y voulut point toucher. Ce n'est pas tout, car, l'ayant mis à la question, il fut gehenné d'une infinité de sortes; et après, les mains attachées avec les pieds, il fut mis en un van, où il fut miserablement agité et travaillé expressement, affin qu'il ne dormist point [1], ce que neantmoins fut fait sans que le juge l'eust ordonné. Les jours et les nuits suivans, ils desployent tout l'artifice que nature leur avoit enseigné à excogiter nouveaux martyrs, et, pour le tormenter avec plus grand horreur et luy faire descouvrir sa pensée,

---

1. On a renouvelé pour tous les régicides l'histoire de ces tourments raffinés, notamment pour Damiens, que, suivant les bruits populaires encore accrédités dans mon enfance, on avoit ainsi empêché de dormir pendant plusieurs nuits.

estant sur la question guindé en l'air, ils attachèrent au pouce de son pied pesant cent cinquante livres, puis apres luy chaussent des souliers de cuir tout cru, qu'ils frottent et imbibent d'huille, et, ainsi tout rompu et deschiré de coups, le font approcher tout nud d'un grand feu, où, après luy avoir bruslé d'un flambeau le dessoubs des aisselles, le vestissent d'une chemise trempée dans l'eau ardante qu'ils allument sur son corps, luy piquent de poignantes aiguilles l'entre-deux des ongles, et luy mettent profondement des clous dedans. Mais, voyant qu'il ne crioit point et ne monstroit aucun signe de passion, après luy avoir rasé les poils par dessus tout on corps, le baignent et trempent d'un vieux et puant pissat avec de la graisse bouillante; et, pensant qu il eust du charme, ils luy mettent une robe qu'ils prirent d'un pauvre de l'Hostel-Dieu (quelques uns pensent que ce fut la robbe d'un sorcier), cuydans par là rompre la force de l'enchantement en vertu duquel, comme ils s'imaginoient, il s'estoit endurci et rendu insensible contre tant de maux [1]. Pour tout cela, cognoissans qu'ils n'advançoient rien, ils luy demandent plusieurs fois qu'est-ce qu'il pensoit, voyant tous ces tormens. Il respond seulement (Bon Dieu! patience!). Interrogé de rechef

---

[1]. Strada, trop bon historien pour répéter la fable de toutes ces tortures, mais trop vraiment jésuite aussi pour ne pas voir dans Balthazar Gérard une sorte de martyr, ne peut s'empêcher d'admirer le courage du fanatique au milieu des tourments. « *Imperterritum*, dit-il, *tormentisque omnibus majorem.* »

qu'estoit la cause pourquoy il ne s'estonnoit aucunement par tant de passions et martyres : Les prières des saincts, dit-il, en sont cause. Et comme un des consuls de la ville admiroit ceste constance : La constance, monsieur le consul, dit-il, sera considerable en la mort. Il parloit franchement et fort humainement avec tous, estant hors la question, avec un grand estonnement des ministres executeurs, et induisoit chacun à pleurer. Les uns ne pouvans croire qu'il fust humaine créature, les autres portans quelque envie à sa vertu et constance, comme ne croyant rien de Christ ni de son Evangile, tout ainsi que les juifs, luy demandent depuis quel temps il avoit donné son ame au diable. Respond modestement qu'il ne connoissoit point le diable et qu'il n'avoit jamais eu à faire avec luy ; comme aussi il se defendit honnestement contre ceux qui l'appeloient traistre, paricide et autres semblables injures et reproches, donnant temoignage par plusieurs fois, les yeux baissez, qu'il ne se soucioit point de leurs parolles et calomnies. Il respondoit aux juges avec toute humilité et douceur, mesme, ce qui est dur à croire, les remercia de quoy ils l'avoient susteuté en la prison, et leur promit qu'il en prendroit sa revenche. Eux repliquans : Quelle revenche? respond : Je vous serviray d'avocat en paradis. Voulans sçavoir de quel paradis il entendoit parler : Je n'en cognois (dit-il) qu'un seul. Ainsi tirassé par plusieurs demandes et tormenté par tant de façons, ne disant rien pourtant qui ne leur fust agréable, le treizième jour du mois susdict fut adverti de sa prochaine mort; et le lendemain, comme on luy prononçoit sa sentence, dict avec S. Cyprian, d'un visage non troublé et d'une contenance asseurée : *Deo gratias.*

Ayant donc fait toutes les preuves de constance et magnanimité d'un asseuré rencontre, sans se troubler aucunement; ayant les yeux et le visage tout trempés, les piedz tout escorchés, les arteils disloquez et pendillans à cause du feu, il monte sur l'eschafault, et, d'une grande resolution, se laisse attacher au posteau et à la croix, où il ne monstra aucun signe que ces griefs et cruels tormens l'estonassent tant soit peu, quoique le seul souvenir apportast grand horreur et estonnement ; ce qui fut assez tesmoigné par plusieurs des assistans, lesquels, ne pouvant veoir ces cruelles passions, esvanouirent sur-le-champ. Mais tout ainsi que cest invincible Balthazar auroit porté patiemment les gehennes et cruautez precedentes et pris à gré la sentence de mort, ainsi a-t-il, à la veuë de toute la cité, soustenu courageusement les autres assaults, et a benist et consacré de son sang nostre patrie. Il a semé et planté plusieurs martyrs qui, suivans son exemple, viendront après lui. Et ceux-là se trompent lourdement, lesquels, ne pouvans oster la racine des martyrs, qui est Christ, coupent souvent les rejectons, ne s'avisans pas qu'estans ainsi coupez ils renaissent et multiplient plus que jamais. Estant doncq ainsi lié et garotté sur le supplice, cependant que les executeurs bourreaux s'amusoien à rompre à grands coups de marteaux le pistolet duquel il avoit despesché Nanssau, ne le pouvans à peine briser, on despouille le pauvre patient, tout confit en devotion et ravi en prières ; on luy avalle ses chausses jusques sur les piedz, on luy trousse la chemise à l'entour de ses parties honteuses, et tout aussi tost l'un des bourreaux l'empoigne par la main dextre, laquelle il luy met entre deux ardentes platines de fer faictes en forme de gaufrier qu'un autre tenoit, la luy serrent estroictement, et la bruslent tellement que toute la place estoit remplie de fumée et de mauvaise odeur. Après cela, on a des chaines de fer exprès toutes chaudes, desquelles estroitement on luy lie l'extremité de ce mesme bras; chacun des bourreaux à mesme suitte prend une chaine ainsi chaude et bruslante que dessus, et le lient par le haut des bras, le serrent, le tirent, le navrent, le persent cruellement et luy bruslent le reste des cuisses et des jambes. On remarqua une grande playe en l'estomach, qu'on ne sçavoit dire si à ceste heure il la receut, estant adonc Balthazar, comme dict est, du tout reduict en prière et oraison, car on l'entendoit intelligiblement proferer les psalmes de David sans changer de couleur et sans remuer ni pieds, ni mains, ni espaule, sinon en tant que le pieu auquel il estoit attaché se remuoit devant la main dextre, que d'adventure pour lors il eut à delivre, d'une fervente devotion fit le signe de la croix; et, avant qu'il fust de rechef du tout attaché sur le supplice, il secoua luy-mesme ses chausses bas, et, levant les pieds du mieux qu'il peut, monta volontairement sur le banc qu'on avoit preparé tout exprès pour luy tirer les entrailles. Alors on commença à luy couper premierement la partie honteuse, et, après lui avoir fendu le ventre en croix d'un cousteau, aux plus longues reprises qu'ils pouvoient, affin que par là il sentist plus de mal, luy tirent dehors les intestins, et, non contens de cela, lui arrachent cruellement le cœur de son siége et le luy jettent en la bouche, laquelle ils voyoient encore remuer, tant ses lèvres estoient accoutumées à prier Dieu. Il ne jetta aucun soupir, et monstra lors qu'il ne s'estoit servi ni de langue ni de voix que pour faire preuve de sa vertu. Ainsi, Gerard, vray martyr et père de la patrie, sans aucune alteration de coleur en son visage, rendit à Dieu ceste belle ame, invincible et glorieuse, qui le fera triompher heureusement par dessus tous les martyrs en tousjours florissantes et immortelles années. Ce fut le samedy devant l'octave de la Feste-Dieu, après l'octave de la Pentecoste, quatorzième jour de juillet, demy-heure avant midy, au mesme jour et un peu devant que j'eusse descrit la présente histoire. On luy separa la teste du corps, laquelle on voit encore aujourdh'uy sur les murailles de la ville au bout d'une lance, où elle se manifeste plus belle que jamais; le corps fut divisé en quatre parties [1], pendues à des paux attachez aux quatre principalles portes de la ville [2].

---

1. « *Postremo sectum in partes quatuor, per totidem urbis loca distraxere.* »

2. M. Weiss, à l'article Gérard (Balthazar) de la *Biographie universelle*, dit que Philippe II récompensa la famille du meurtrier, et lui donna même des lettres de noblesse, ce qui est vrai; mais il eût dû ajouter que par ces lettres, semblables à celles que Charles VII avoit accordées à Jeanne d'Arc, le ventre anoblissoit. Les descendants d'une sœur

de Gérard jouissoient encore, au milieu du XVIIe siècle, des priviléges de cet anoblissement. Quand Louis XIV s'empara de la Franche-Comté, on les supprima. La famille de l'assassin de Guillaume fut remise à la taille. Elle osa réclamer et présenter ses lettres de noblesse à M. de Vanolles, intendant de la province. Il les foula aux pieds; ce fut toute sa réponse pour cette réclamation effrontée.

Histoire des insignes faulsetez et suppositions de Francesco Fava, medecin italien, extraicte du procez qui luy a esté faict par Monsieur le grand Prevost de la connestablie de France.
A Paris, chez Pierre Pautonnier, ruë Sainct-Jean-de-Latran, à la Bonne-Foy; et Lucas Bruneau, rue Sainct-Jean-de-Latran, à la Salemandre. 1608.

Avec privilége du Roy[1].

On ne sçait certainement pas le nom, le païs et la profession de l'homme dont cette histoire fait mention : tantost il a pris le nom de Cesare Fiori et tantost de Francesco Fava; ore il s'est dit medecin, ore marchand, maintenant de S.-Severin, près de Naples, et maintenant de Capriola, sur les confins de la Ligu-

1. L'histoire de Fava est aussi racontée au long dans le *Supplément au Journal du règne de Henri IV*, par P. de l'Estoille (1736, in-8º, t. 2, p. 165—170), sous la date du 24 mars 1608. Ce récit, qu'il ne faut chercher que dans ce

rie. Ceux qui le pensent avoir mieux cognu disent qu'il est d'une honneste famille de Finale, près de Gennes [1]. Quoy que ce soit, d'autant qu'en justice il a dit se nommer Francesco Fava, docteur en medecine, natif de Capriola, il sera ainsi nommé et designé.

Francesco Fava donc, medecin natif de Capriola, au printemps de son age, courut une partie des provinces d'Italie, ès quelles il exerça la medecine, et fut recommandé principalement pour estre sçavant et expert en la cognoissance et cure des venins. En l'age de trente-quatre à trente-cinq ans, il se ferma à Orta, au comté de Novarre, où, faisant sa profession de medecine, il s'enamoura de Catherine Oliva, fille d'un Oliva, marchand d'huiles, y demeurant. Il la demanda en mariage, se nommant Cesare Fiori, de S.-Severin, près de Naples; et parce que Oliva ne le cognoissoit que par sa renommée et ne sçavoit de quel lieu ny de quelle extraction il estoit, ny mesme s'il estoit à marier, il desira s'en instruire et

---

Supplément, d'après M. Champollion (*Journal de l'Estoile*, coll. *Michaud*, gr. in-8°, p. 454), ne diffère de la relation reproduite ici que par quelques détails que nous signalerons au passage. Dans l'*Esprit du Mercure*, publié par Merle en 1810, in-8°, se trouve aussi, t. 1, p. 7-24, sous ce titre : (1608) *Cause célèbre*, un exposé très détaillé de cette curieuse affaire, emprunté sans doute à un numéro de l'ancien *Mercure*, que nous n'avons, toutefois, pas pu retrouver. Sauf quelques faits dont nous montrerons la différence, c'est en abrégé ce qu'on va lire ici *in extenso*.

1. Dans le *Supplément au Journal de l'Estoille*, t. 2, p. 165, on s'en tient à cette dernière opinion.

en avoir quelque tesmoignage. Fava, pour satisfaire à ce desir, fait luy-mesme un acte du juge de S.-Severin, qu'il escrivit et scella authentiquement, par lequel il estoit certiffié de sa preud'hommie, qu'il estoit de la maison des Fiori S.-Severin, et n'estoit point marié. Oliva, sur ceste asseurance, luy donna sa fille pour femme, et a ce mariage duré dix ou onze années, pendant lesquelles Fava a eu plusieurs enfans de sa femme, dont ne sont restez que trois a present vivans, l'aisné qui est un fils agé de neuf à dix ans seulement. Après avoir quelque tems demeuré à Orta, Fava change son habitation et son nom, transporte son domicile à Castelarca, distant de sept à huit lieuës de Plaisance, sur le Plaisentin mesme, et se fait nommer Francesco Fava [1].

Au commencement de l'an mil six cens sept, Fava, se voyant, comme il a dit (soit par excuse ou en verité), chargé de femme et d'enfans, et qu'il ne pouvoit de son art de medecine survenir à la despense de sa maison, se resolut, par un coup perilleux, de se mettre en repos le reste de sa vie, et sur ceste resolution prit cinquante escus qu'il avoit chez luy, partit de Castelarca vers le tems de Pasques, et s'en alla à Naples, où estant il s'enquiert des banquiers qui avoient plus de reputation, entre lesquels il fit eslite d'un nommé Alexandre Bossa, auquel il s'adressa, feignant d'estre abbé et d'avoir affaire d'une lettre de change de cinquante escus pour faire tenir à Ve-

---

[1]. Tout ce paragraphe est reproduit textuellement, à quelques mots près, dans la relation de l'*Esprit du Mercure*.

nise à un sien nepveu, estudiant à Rome, mais que, pour lors, il disoit avoir envoyé à Venise pour quelques affaires; baille les cinquante escus à Alexandre Bossa, et prend de luy lettre de change de pareille somme. Il garde ceste lettre quinze jours, pendant lesquels luy, qui avoit la main fort instruite et hardie à l'escriture, s'estudie à imiter et contrefaire la lettre d'Alexandre Bossa [1]. Au bout des quinze jours, il reporte la lettre à Alexandre Bossa et retire ses cinquante escus, luy faisant entendre que ses affaires estoient faites à Venise, et qu'il n'avoit plus de besoin de s'y faire remettre aucuns deniers.

En pratiquant en la maison d'Alexandre Bossa pour prendre ceste lettre de change et la rendre, Fava avoit pris en l'estude quelques missives de neant, mais qui pouvoient autant servir à son dessein que papiers de consequence, d'autant qu'elles estoient escrites de la main d'Alexandre Bossa et de Francesco Bordenali, son complimentaire; et mesme un jour, ayant espié le tems qu'il n'y avoit en l'estude d'Alexandre Bossa qu'un jeune garçon, il feignit d'avoir affaire à Alexandre Bossa et de vouloir attendre qu'il fust de retour de la ville, et pria ce jeune garçon de l'accommoder de papier, plume, ancre, cire et cachet, pour faire une couple de missives à quelques uns de ses amis, en attendant que son maistre retourneroit. Cela ayant esté permis à

---

1. « La dexterité qu'il avoit à imiter et contrefaire toutes sortes d'escritures luy donna bientost le moyen de contrefaire celle de Bossa, et de descouvrir les correspondances qu'il avoit à Venise. » *Suppl. au Journ. de l'Estoille.*

Fava, il fit cinq ou six missives, chacune desquelles il cacheta et enferma dans une couverture de papier aussi cachetée.

De ces missives il s'en servit à deux fins : l'une pour voir la marque du papier sur lequel escrivoit ordinairement Alexandre Bossa et en achepter de pareil, comme il fit, non pas à Naples, où il n'en peut trouver, mais en la ville d'Ancone, allant de Naples à Padouë ; l'autre pour cacheter ses lettres du cachet mesme d'Alexandre Bossa, ce qu'il fit aussi, car, estant au logis, il leva les cachets qu'il avoit apposez tant aux missives qu'aux couvertures, en mouillant un peu le papier du costé où n'estoit pas la marque du cachet. Cela se faisoit assez facilement, d'autant que ce n'estoit pas cire d'Espagne [1], mais molle seulement [2]. Il garda ces cachets pour s'en aider quand il en auroit besoin, soit pour les appliquer sur les lettres qu'il vouloit falsi-

---

1-2. Ce passage, écrit en 1608, détruit l'opinion accréditée depuis Pomet (*Hist. générale des drogues*, Paris, 1735, in-4°, t. 1, 28 ; 2, 44) sur l'invention de *la cire d'Espagne*. Il devient évident qu'on la connoissoit de nom avant que le marchand de Paris, nommé Rousseau, à qui l'on en attribue à tort la découverte, l'eût remise en honneur, vers 1620, et lui eut dû, grâce aux encouragements de Mme de Longueville, puis de Louis XIII, une fortune de 50,000 fr. en quelques années. C'est un argument nouveau en faveur de M. Spies, qui soutenoit avoir vu, dans les archives de la cour d'Anspach, où il étoit conseiller, un diplôme de 1574, cacheté en cire d'Espagne rouge. Beckmann, *Beitræge zur Geschichte der Erfindungskunst*, trad. angl. in-8, t. 1, p. 219-223.

fier, ou pour faire un cachet de marque semblable à celle d'Alexandre Bossa.

Outre les quinze jours que Fava avoit sejourné à Naples, il y sejourna encore un mois et demy, pendant lequel il s'instruisit et s'asseura du tout à falsifier l'escriture d'Alexandre Bossa et celle de Bordenali.

Sur le point de son partement, il veid un pauvre miserable condamné à la mort, et que l'on alloit executer pour avoir fait une faulse lettre de change de quarante ou cinquante escus; mais, de bonne rencontre pour ce miserable, passèrent par le lieu du suplice les vice-rois de Naples et de Sicile, et le cardinal d'Aquaviva, qui lui firent grace [1].

Plus encouragé de ceste grâce que retenu de la condemnation de ce faussaire, Fava, au mois de juillet, part pour Naples et vient à Padouë pour executer le stratagème de faulseté qu'il avoit desseigné.

A Padoüe, il s'habille en simple prestre [2], et va, sur le soir, trouver l'evesque de Concordia [3], dont il avoit autrefois oüy parler, suppose et luy fait entendre qu'il estoit l'evesque de Venafry, au royaume de Naples [4]; que quelques seigneurs napolitains, ses

1. Cette particularité est omise dans la relation de l'*Esprit du Mercure*.

2. Selon le *Suppl. au Journ. de l'Estoille*, il auroit fait, sous ce déguisement, tout le voyage de Naples à Padoue.

3. Concordia, qui étoit alors une ville assez importante de la république de Venise, n'est plus qu'un pauvre bourg de 1,400 habitants, qui a toutefois conservé son évêché.

4. C'est une petite ville de la terre de Labour, un peu plus peuplée, mais plus déchue que Concordia, puisqu'elle

ennemis, luy avoient mis sus d'avoir fait l'amour et abusé de la compagnie d'une niepce du duc de Caetan[1]; que ceste accusation l'avoit rendu fugitif de son evesché et fait aller à Rome pour se justifier vers Sa Saincteté, mais qu'y estant, ses ennemis avoient une infinité de fois conspiré contre luy et dressé des attentats à sa personne, tant à force ouverte que clandestinement, ayant voulu corrompre par argent l'un de ses serviteurs afin de l'empoisonner, en telle sorte qu'il avoit esté contraint, pour garantir sa vie, de se deguiser et sortir de Rome, et qu'à grand peine et à grand crainte, ainsi desguisé, il estoit ainsi arrivé à Padoüe en sa maison, où il venoit comme à un sainct asile et au port de son salut, le prioit de lui tendre les bras en son affliction, le recevoir, ayder et favoriser. La faveur qu'il desiroit de luy estoit que, par son moyen et par sa creance (n'osant luy-mesme l'entreprendre de peur d'estre descouvert de ses ennemis), il peut avoir un homme souz le nom et par l'entremise duquel il se peut faire remettre à Venise dix mille ducats qu'il avoit à Naples entre les mains du seigneur Giovan-Baptista de Carracciola, marquis de Sainct-Arme, et frère de l'archevesque de Bary[2], desquels seuls il

---

n'a pas conservé son évêché. Elle dépend aujourd'hui du diocèse d'Isernia.

1. Il faut lire de Gaëtan, comme dans l'*Esprit du Mercure*, ou seulement de Gaëte. Fava donnoit de la vraisemblance à son roman quand il lui choisissoit pour héroïne la nièce du prince dans le duché duquel se trouvoit en effet l'évêché de Venafry, dont il se faisoit le titulaire.

2. Bari, ville archiépiscopale du royaume de Naples.

estoit assisté en son malheur comme de ses amis et alliez, ayant promis une sienne niepce en mariage, avec cent cinquante mil ducats au sieur marquis de Sainct-Arme, dont les nopces se devaient solemniser à Pasques, et que de ceste somme de dix mil ducats il vouloit achetter des diamants, perles et chesnes d'or, pour faire des presens à quelques princes et seigneurs qui pouvoient pacifier son affaire et le remettre en son evesché.

L'evesque de Concordia pleint sa fortune, luy promet toute faveur et assistance, et particulierement de luy aider d'un sien amy et confident, nommé Antonio Bartoloni, marchand banquier, demeurant à Venise, souz le nom et par le moyen duquel il pouvoit facilement se faire faire à Venise la remise des dix mil ducats qu'il avoit à Naples entre les mains du marquis de Sainct-Arme, sans qu'il fust besoin qu'il s'y employast et s'en entremist.

Fava remercia l'evesque de Concordia de la courtoisie de ses offres, et, les acceptant, luy dit qu'il en escriroit promptement au marquis de Sainct-Arme, afin que, suivant cet ordre, il luy fist tenir ses dix mil ducats; prend congé de l'evesque de Concordia, qui le voulut honorer et conduire jusques à la porte de la maison; mais Fava le pria de ne point passer outre, de creinte que ceste ceremonie ne le fist recognoistre pour tel qu'il estoit. Un des anciens et honorables serviteurs de l'evesque de Concordia, nommé dom Martino, arrivant sur ce depart, soit qu'il le dit comme il le pensoit, ou qu'il eût ouï parler Fava, et qu'il fût bien aise d'en conter à son maistre, dit à l'evesque de Concordia qu'il avoit veu cet

homme en la ville de Rome habillé en evesque.
Si l'evesque de Concordia eust eu quelque soupçon
de la qualité de Fava, il l'eust lors perdu par ce tesmoignage que luy en donnoit dom Martino.

Fava, suivant ce qu'il avoit fait entendre à l'evesque de Concordia, feint d'avoir escrit et laissé passer dix jours, qui estoit le temps qu'un courrier pouvoit sejourner pour aller de Padoüe à Naples et retourner de Naples à Venise, et au bout de ce temps baille à Octavio Oliva, l'un des frères de sa femme qu'il avoit mené avec luy, un pacquet de lettres, afin de l'aller porter (comme courrier venant de Naples) à Venise, en la maison d'Angelo Bossa, marchand banquier, oncle et correspondant d'Alexandre Bossa, banquier, demeurant à Naples.

Le pacquet est rendu par Octavio Oliva à Angelo Bossa, qui trouve dedans une lettre à lui adressante de la part d'Alexandre Bossa, et un autre pacquet de trois lettres qui venoient du marquis de Sainct-Arme, et s'adressoient, l'une à l'evesque de Venafry, l'autre à l'evesque de Concordia, et la dernière à Antonio Bertoloni. Ce pacquet de trois lettres est envoyé par Angelo Bossa à l'evesque de Concordia. L'evesque de Concordia, ayant veu sa lettre, manda l'evesque de Venafry, luy rendit la sienne, et fit pareillement tenir à Venise celle d'Antonio Bertoloni, avec un advis qu'il luy donnoit de cet affaire, non pas qu'il luy dist que celuy pour lequel il avoit à recevoir les dix mil ducats fust l'evesque de Venafry, ny la cause pour laquelle le negoce se traittoit de ceste façon, mais simplement le prioit de recevoir ceste somme pour un prelat de ses amis, lorsque l'on luy en envoyeroit lettre de change, pour en faire comme il luy diroit après.

Toutes ces quatre lettres estoient lettres faulses, que Fava avoit escrites, sçavoir : celle d'Alexandre Bossa sur le papier acheté à Ancone, et cachetée du cachet mesme d'Alexandre Bossa, et celles du marquis de Sainct-Arme de papier, escriture et cachet à fantaisie.

La lettre d'Alexandre Bossa à Angelo Bossa portoit : Je vous donne advis que monsieur le marquis de Sainct-Arme, dans deux ou trois jours, au plus, que monsieur l'archevesque de Bary, son frère, sera arrivé à Naples, me doit compter dix mille ducats pour les faire remettre par vous au sieur Antonio Bertoloni, marchand banquier demeurant à Venise, et estre employez en diamans, perles et chesnes d'or.

La lettre qui s'adressoit à l'evesque de Venafry contenoit : J'ay appris par les vostres que vous estes à present refugié près de monsieur l'evesque de Concordia, et qu'il vous a promis de vous favoriser du nom et ministère du sieur Antonio Bertoloni, marchand banquier demeurant à Venise, pour vous faire toucher les dix mille ducats que nous avons à vous. Si tost que monsieur l'archevesque de Bary, mon frère, qui a vos deniers entre les mains, sera retourné à Naples, qui sera dans deux ou trois jours au plus, je vous en envoyerai la lettre de change souz le nom du sieur Bertoloni pour employer en diamans, perles et chesnes d'or, ainsi que le desirez.

La lettre escrite à l'evesque de Concordia estoit en substance : J'ay sceu des lettres de monsieur l'evesque de Venafry la grande courtoisie dont vous avez usé vers luy, et les obligations que luy et moy vous avons. Je ne manqueray pas à luy faire tenir dans deux ou trois jours au plus les dix mille ducats que j'ay icy à luy, et luy en envoyer lettre de change souz le nom du sieur Antonio Bertoloni, du quel vous luy avez promis la confidence, pour estre cette somme employée en diamans, perles et chesnes d'or, ainsi qu'il le desire.

La lettre envoyée à Antonio Bertoloni disoit : J'ay appris de la maison de monsieur l'evesque de Concordia que je vous devois faire payer à Venise dix mil ducats pour employer en diamans, perles et chesnes d'or. J'attends celuy quy a mes deniers, qui doit arriver dans deux ou trois jours au plus. Aussi tost je les compteray au sieur Alexandre Bossa, banquier en ceste ville, et prendray de luy lettre de change que je vous envoyerai [1].

Trois jours après ces lettres rendües, Fava suppose avoir receu un autre pacquet de cinq lettres : la première, la lettre de change qui estoit souscrite de Francesco Bordenali, complimentaire d'Alexandre Bossa [2]; la seconde, une lettre de creance d'Alexandre Bossa à Angelo Bossa; les aultres, du mesme marquis de Sainct-Arme à luy evesque de Venafry, à l'evesque de Concordia et à Bertoloni.

Ces cinq lettres estoient faulses, escrites et cachettées comme les precedentes.

---

1. La relation de l'*Esprit du Mercure* ne reproduit la teneur d'aucune des quatre lettres du faussaire.

2. L'*Esprit du Mercure* dit « correspondant d'Alexandre Bossa ».

La lettre de change estoit en semblables termes : Payez à trois jours de lettre veüe ou plus tost, sans qu'il soit besoin d'autre que la presente, au sieur Antonio Bertoloni, marchand banquier, demeurant à Venise, la somme de neuf mille ducats, pour pareille somme que nous avons icy receüe du sieur marquis de Sainct-Arme, pour estre ceste somme employée en perles, chesnes d'or et diamans. Si le sieur Bertoloni prend des diamans, perles et chesnes d'or de plus grand prix que les neuf mille ducats, ne faites point de difficulté de payer le plus, car le sieur marquis de Sainct-Arme, outre les neuf mille ducats, nous en a baillé autre mil, pour prendre les perles, diamans et chesnes d'or, jusques à la valeur de dix mille ducats, si besoin est.

La lettre de creance contenoit : Suivant l'advis que je vous avois donné y a trois jours, payez au sieur Antonio Bertoloni le contenu en la lettre de change dont je vous envoye la coppie.

La lettre envoyée à l'evesque de Venafry portoit : Conformement à celles que je vous manday y a trois jours, je vous envoye la lettre de change de dix mille ducats souz le nom du sieur Antonio Bertoloni. Vous prendrez garde que vous ayez de telles perles, chesnes d'or et diamans que vous desirez.

La lettre à l'evesque de Concordia estoit en ce sens[1] : C'est pour vous faire entendre que, selon celles que je vous escrivis y a trois jours, j'ay compté les dix mille ducats que j'avois à monsieur l'evesque de Venafry au banquier Alexandre Bossa, duquel j'ay

1. L'*Esprit du Mercure* ne reproduit que cette lettre.

retiré lettre de change souz le nom du sieur Antonio Bertoloni. J'envoye la lettre de change à monsieur l'evesque de Venafry, pour lequel je vous supplie de donner ordre qu'il ayt de tels diamans, perles et chesnes d'or qu'il vous fera entendre.

La lettre adressante à Antonio Bertoloni estoit de telle teneur : Je vous envoye la lettre de change des dix mille ducats dont je vous avois escrit-il y a trois jours; vous la presenterez et vous ferez payer du contenu en icelle, et achetterez de tels diamans, perles et chesnes d'or que vous ordonnera monsieur l'evesque de Concordia, et baillerez le tout à celuy qu'il vous dira.

L'evesque de Concordia ayant veu ces lettres, conseille à Fava de prendre luy-mesme la peine d'aller à Venise pour se faire faire son payement, et que peut-estre un autre ne prendroit pas des diamans, perles, chesnes d'or selon son affection, et qu'entre Padouë et Venise il y avoit fort peu de danger d'estre recogneu, d'autant que le voyage se fait par eau en barque couverte.

Fava n'affectionnoit point autrement d'aller à Venise, non pas de peur qu'il fust recogneu d'estre l'evesque de Venafry, mais bien de ne l'estre pas; et toutes fois, persuadé par l'evesque de Concordia, il se resolut à faire le voyage, et, pour cet effet, prit lettres de creance de l'evesque de Concordia vers Bertoloni. Arrivé qu'il est à Venise, accompagné de Giovan Pietro Oliva, un autre frère de sa femme, qu'il disoit estre son serviteur, et nommoit Giovan Baptista (auquel il avoit dit qu'il feignoit d'estre evesque, et vouloit souz ceste feinte et par une galante invention, s'accommoder d'une somme de deniers), il va saluer Bertoloni et luy présente la lettre de creance de l'evesque de Concordia.

Bertoloni reçoit Fava, le loge en sa maison, le bienvient et honore comme prelat qui luy estoit extremement recommandé par l'evesque de Concordia, prend de luy la lettre de change, la presente à Angelo Bossa, qui l'accepte et promet payer dans le temps. Aussi tost Bertoloni, ayant la parole d'Angelo Bossa, s'embesogne pour le payement de la lettre de change, cherche par toute l'orfévrerie de Venise des plus beaux diamans et des plus belles perles qui se peussent trouver, les fait porter chez luy pour les monstrer à Fava, qui en prend en telle quantité et en choisit en telle qualité qu'il luy plaist, sçavoir [1] :

Un diamant vallant trois cens ducats, mis en œuvre en anneau d'or ;

Un diamant vallant quatre-vingt ducats, aussi mis en œuvre ;

Trois diamans de septante ducats pièce, encore mis en œuvre ;

Cinquante diamans de vingt ducats pièce ;

Un diamant de soixante et cinq ducats, non mis en œuvre ;

Cent vingt-cinq diamans de sept ducats pièce ;

Deux cent vingt-quatre petits diamans de deux ducats et demy pièce ;

---

[1]. Le détail des pierreries et chaînes d'or achetées par Bertoloni ne se trouve pas dans l'*Esprit du Mercure*.

Une chesne de quatre-vingt-seize perles orientales et belles, pesant deux cens quarante-sept carats et demy, de mil six cens cinquante-six ducats.

Quant aux chesnes d'or, il ne s'en trouva point de telles que Fava les desiroit; et pourtant il donna charge à Bertoloni d'en faire faire deux : l'une à trois fils, les annelets torts, l'un d'or net, et l'autre esmaillé de noir, pesant chacun fil dix onces et demy ; l'autre chesne d'or de cinq fils, pesant chacun fil deux onces.

Ces chesnes d'or, perles et diamans sont achettez au gré de Fava par Bertoloni, qui les paye de ses deniers, et fait tous les frais et la despense necessaire pour cet achapt.

Pendant six jours que dura cet affaire à chercher, marchander et acheter les diamans et les perles, et faire faire les chesnes d'or, ce fut une merveille de voir et d'entendre les actions et discours de Fava en la maison de Bertoloni, tousjours quelque mot de l'Evangile à la bouche, et le plus souvent un breviaire à la main, que pourtant il ne sçavoit pas dire. On ne veit jamais un prelat en apparence plus digne, plus religieux et plus devot. Sa modestie, son air et ses depportemens le faisoient respecter d'un chacun, et non seulement ceux qui conversoient avec luy l'honoroient comme evesque, mais encore ceux qui n'y avoient aucun accez. Le capitaine mesme du gallion de la republique, le voyant et le considerant sur le port de Venise, où il estoit allé avec Bertoloni pour voir ce grand vaisseau, luy fit beaucoup d'honneur, et demanda à Bertoloni qui estoit ce grand prelat en la compagnie duquel il l'avoit veu.

Ayant pratiqué Bertoloni, et le jugeant homme d'esprit et du monde, il luy dit que ces considerations le forçoient à luy descouvrir quel il estoit, et, luy ayant fait le mesme discours qu'il avoit tenu à l'evesque de Concordia, il y adjousta que la dernière resolution qu'il prenoit en sa mesadventure estoit d'aller à Turin trouver le marquis d'Est, qui estoit sur le point de faire un voyage en Espagne pour y traiter du mariage du fils du duc de Mantouë avec la fille du duc de Savoye, et le supplier d'obtenir lettres du roy d'Espagne, adressantes au vice-roy de Naples, pour la paciffication de ses affaires et son restablissement en son evesché, et qu'à cette fin il avoit desiré d'avoir nombre de diamans non mis en œuvre pour en faire faire des carquans [1] et enseignes [2], et quelques beaux diamans mis en œuvre, perles et chesnes d'or, pour en faire des presens au sieur marquis d'Est et autres seigneurs et dames qu'il estimeroit pouvoir quelque chose pour luy.

Estant à table (où tousjours il fut servi en vaisselle d'argent), il entretenoit ordinairement Bertoloni des discours des grands, des affaires principales, de

---

1. Le carcan étoit la chaîne de pierreries que les femmes portoient sur la gorge. On l'appeloit déjà *jaseron*, comme aujourd'hui, quand elle étoit d'or, et faite en fines mailles serrées, comme le haubert ou *jaseron* des chevaliers.

2. Les *enseignes de pierreries* étoient des ornements faits de plusieurs pierres enchâssées. Les hommes les portoient comme une aigrette au chapeau. C'étoit un souvenir des modes chevaleresques.

la cour du pape, des forces de la seigneurie[1], et du different qui naguère avoit esté entre ces deux estats, tenant quelquefois le party des Venitiens, et reffutant d'un beau discours et d'une subtile doctrine les raisons qui estoient alléguées par le pape pour la justiffication de son decret, mais revenoit tousjours au cas de conscience, pour lequel il concluoit contre les Venitiens.

Il estoit fort industrieux en ses discours à faire couler à propos quelque traict inventé advenu en son evesché, qu'il ne rapportoit qu'en passant et par occasion. Parlant un jour des miracles, il dit qu'il avoit descouvert quelques impostures et suppositions de gens d'eglise qu'il avoit passées fort doucement, de peur que l'eglise fust scandalisée, et entr'autres il en raconta une dont l'invention fut telle que, en un convent des cordeliers, on entendoit de nuict une voix qui crioit qu'elle estoit l'ame d'un deffunct détenuë en grandes peines pour n'avoir pas accomply les promesses que vivant il avoit faites à l'Eglise ; il fut en ce convent, se mit en bon estat, prit les ornemens, signes et marques de son auctorité, la croix et l'eau beniste, fit allumer une douzaine de torches, et ainsi commanda que l'on le conduisist au lieu où cette voix estoit entenduë; et là, ayant considéré d'où pouvoit sortir cette voix, il fit lever une tombe, et trouva dessouz un petit novice auquel on faisoit jouër la partie. Il s'informa du fait, et sceut que quelques cordeliers faisoient ceste meschanceté parceque le deffunt qui estoit

1. La seigneurie de Venise.

inhumé en ce lieu, pendant sa vie monstroit une très grande devotion vers le convent, et avoit tousjours promis d'y donner tous ses biens quand il mourroit, et que neantmoins, par son testament, il n'avoit donné au convent que dix ducats.

Une autre fois, traictant des actions du feu pape Clément VIII et de ceux qu'il avoit faits grands, il dit qu'il avoit eu l'honneur d'avoir esté son nonce à Pragues vers l'empereur, et que, outre sa pension, il avoit pour la dignité de sa charge et advancement des affaires du Sainct-Siége apostolique fait depense de quinze mille escus, dont il n'avoit point esté recompensé, et que ce service, au jugement de l'archevesque de Bary et autres grands hommes d'Estat (qui pourtant le disoient pour l'obliger), estoit digne d'un chappeau de cardinal au lieu de celuy d'un évesque [1].

Bertoloni, mangeant avec luy, le considerant d'assez près, pensa qu'il l'avoit veu quelque autrefois, et luy dit confidemment : Seigneur illustrissime, me semble avoir eu l'honneur de vous avoir veu en quelque lieu. Fava, prenant la parole et le prevenant subtilement, respondit : Me souvient aussi de vous avoir veu, et je vous diray où : Ce fut, si je ne me trompe, chez monsieur le marquis de Palavisine, en sa maison, sur la rivière de Salo, un jour que nous allasmes pescher des carpillons, et qu'il y avoit avec nous une petite damoiselle sienne parente extremement belle et jolie. Soit par rencontre ou par quel-

---

[1]. Tous les détails qui précèdent manquent dans l'*Esprit du Mercure*.

que cognoissance occulte qu'eust eu Fava de ce qu'il disoit, il estoit vray que Bertoloni avoit esté en la maison du marquis de Palavisine, et que ce qu'il contoit s'y estoit passé ; mais il n'estoit pas vrai que Fava y eust esté, et toutefois il conta si particulièrement et accortement cette entreveuë supposée, que Bertoloni se persuada lors qu'il estoit vray, et fut contraint de dire : Oüy, c'est là où j'ay eu l'honneur d'avoir veu vostre seigneurie illustrissime.

Tel fut l'entretien et le deportement de Fava pendant les six jours qu'il demeura à Venise au logis de Bertoloni. Dededuire les autres particularitez qui firent remarquer son jugement, son esprit et son experience, il seroit trop long : suffit de dire que pendant ce temps on le creut universel, non seulement ès sciences humaines et divines, mais aussi en la cognoissance de toutes les affaires et secrets du monde ; ce qui faisoit que Bertoloni l'honoroit et affectionnoit d'autant plus qu'il voyoit que son merite correspondoit à sa qualité ; et toutefois, quand il fut question bailler à Fava les seguins, diamans, perles et chesnes d'or, Bertoloni, homme fort advisé, et principalement en ce qui regarde la marchandise et la banque, ayant esté nourry vingt ou trente ans parmy les marchands banquiers de Venise, et experimenté au faict de Realte, voyant que la lettre de creance de l'evesque de Concordia portoit seulement qu'il se fist payer du contenu en la lettre de change qui appartenoit au prélat qui en estoit le porteur, et ne portoit pas expressément : Baillez-luy le contenu en la lettre quand vous l'aurez receu, il douta et escrivit à l'evesque de Concordia pour sçavoir s'il bailleroit au porteur de la lettre de change, et afin de ne faire rien qu'asseurément et bien à propos.

Cependant, Fava, qui voyoit que son fait s'advançoit, et qui se souvint qu'un jour, sur l'asseurance que l'evesque de Concordia luy avoit donné de la fidelité et preud'hommie de dom Martino, il le luy avoit demandé pour luy faire compagnie quand il partiroit de Padouë, le dix-neufiesme jour d'aoust il escrivit à l'evesque de Concordia qu'avec beaucoup de contentement il avoit fait l'achapt des diamans, perles et chesnes d'or, et qu'il esperoit partir de Venise le lendemain de bon matin, accompagné du sieur Antonio Bertoloni, et arriver à Padouë avant le disner, et, parce qu'il desiroit faire peu de demeure, et autant seulement qu'il en seroit de besoin pour faire ses complimens vers luy et s'acquitter de son devoir, il le prioit de faire entendre à dom Martino qu'il se tint prest pour aller avec luy et partir aussi tost qu'il seroit arrivé à Padouë. Souscrit sa lettre Carlo Pirotto, evesque de Venafry, lequel nom de Carlo Pirotto n'est pas le nom de l'evesque de Venafry, mais un nom inventé par Fava, ne le sçachant pas.

En ce temps, Bertoloni reçoit responce de l'evesque de Concordia qu'il ne fist aucune difficulté de bailler le tout à celuy qui luy avoit porté la lettre de change. Conformement à cette responce, le vingtiesme d'aoust, Bertoloni baille et met entre mains à Fava les seguins, diamans, perles et chesnes d'or contenus en la lettre de change dont Fava lui fit quittence traduitte en ces termes : J'ay receu, moy Carlo Pirotto, evesque de Venafry, de magnifique

Antonio Bertoloni, trois mil ducats de six livres quatre sols chacun ducat en seguins, et plus j'ay receu six mil trois cens cinquante-six ducats et douze gros en bagues et joyaux, sçavoir: perles, diamans et chesnes d'or, lesquels deniers, bagues et joyaux il m'a comptez et baillez au nom et de l'ordonnance de monsieur l'illustrissime et reverendissime monsieur Mathieu Sanudo, evesque de Concordia. Le tout vaut neuf mil trois cens cinquante-six ducats et douze gros : je dis 9356 duc. 12 gr., et ne sert la presente quittence que pour une seule, avec une autre semblable que j'ay faite sur le livre de quittences dudit sieur Bertoloni. Je susdit, Carlo Pirotto, evesque de Venafry, ay escrit de ma propre main et afferme ce que dessus.

Fava remercie Bertoloni des bons offices et services qu'il avoit receuz de luy, le rembourse de soixante et dix ducats payez aux courratiers [1] pour l'achapt des diamans, perles et chesnes d'or, et de quelques valises et autres petites commoditez que Bertoloni avoit achetées pour luy; et, outre ce, presente à Bertoloni (comme aussi Angelo Bossa l'offrit) la provision d'avoir traité le negoce et acheté les diamans, perles et chesnes d'or, qui montoit environ à deux cens ducats; et encore le voulut gratiffier et recompenser de sa bonne reception et courtoisie; mais Bertoloni, en faveur de la recommendation faite par l'evesque de Concordia, et pensant obliger l'evesque de Venafry, traita noblement et en marchand venitien, et ne voulut ny gratification

---

1. *Courtiers.*

ny payement de la provision qui luy estoit offerte et legitimement deüe.

Avant que de partir de Venise, Fava voulut avoir de quoy faire les fraiz de son voyage. Il y avoit trois ou quatre jours qu'il avoit remarqué qu'au cabinet où il couchoit, Bertoloni tenoit de l'argent en un coffre. Il crocheta la serrure, ouvrit le cofre, prit dedans quatre cens escus en or, et puis le referma de sorte qu'on ne pouvoit recognoistre qu'il eust esté ouvert.

Ainsi, Fava, suivi de son beau-frère Giovan Pietro Oliva, et accompagné de Bertoloni, part de Venise pour retourner à Padouë vers l'evesque de Concordia. Fava depuis a dit qu'il pria Bertoloni de l'assister encore à ce voyage et au remerciement qu'il vouloit faire à l'evesque de Concordia, et Bertoloni, au contraire, qu'il n'en fut point prié, mais que, voyant que l'affaire estoit d'importance et qu'il ne cognoissoit l'homme que par une lettre de creance, il ne désira point le laisser qu'il n'eust parlé à l'evesque de Concordia. Quoy qu'il en soit, ils partirent de Venise et furent ensemble à Padouë au logis de l'evesque de Concordia.

En ce voyage, Fava, considerant les belles maisons des gentilshommes venitiens qui sont situées sur l'une et l'autre rive de la rivière de Brenta, remarquoit les graces et les deffauts de leurs edifices, et discouroit comme architecte de toutes les singularitez de chacun bastiment. C'estoit au mois d'aoust, que la chaleur est extreme en Italie : Fava, voyant que Bertoloni estoit un peu incommodé de son manteau, qui estoit de damas doublé de taffetas (et qui

peut-estre s'en vouloit accommoder), commanda à
Giovan Pietro Oliva, son beau-frère, qu'il le prist et le
serrast en une valise jusques à ce qu'ils fussent arrivez à Padoüe.

Arrivez qu'ils furent à Padoüe, Fava tesmoigne à
l'evesque de Concordia comme l'affaire s'estoit passée selon son desir, se loüe de l'honnesteté et preud'hommie de Bertoloni, du contentement et de la satisfaction qu'il avoit receüe de lui; rend graces à
l'evesque de Concordia du bien fait et de la courtoisie dont il avoit usé en son endroit, et promet de
s'en revenger par tous les bons services qu'il luy
pourroit rendre. L'evesque de Concordia le voulut
retenir à disner, mais il s'en excusa sur ce qu'il dit
qu'il estoit pressé de partir pour aller à Turin trouver le marquis d'Est, afin de donner ordre à ses affaires, et qu'il boiroit une fois seulement en passant
par l'hostellerie où il estoit logé; demande dom
Martino, que l'evesque de Concordia et Bertoloni ne
trouvèrent pas bon de luy bailler pour compagnie,
de crainte que, s'il luy mesadvenoit par le chemin,
il n'eust quelque soupçon de dom Martino, et luy dirent qu'il n'estoit pas au logis. Ainsi congedié, il
part de Padoüe accompagné de Giovan Pietro Oliva,
et fut si hasté qu'il ne se souvint pas et n'eut point
le temps, ou ne le voulut pas prendre, de rendre le
manteau de Bertoloni, qui depuis l'a retrouvé et repris en ceste ville de Paris, en la maison où a logé
Fava [1].

[1]. Il n'est pas parlé de ce petit vol dans la relation de
l'Esprit du Mercure.

Bertoloni retourne à Venise, en sa maison, et, par occasion, recompte l'argent qu'il avoit au cabinet où avoit couché Fava, et trouve faute de quatre cens escus en or. Cela le fit entrer en quelque scrupule, et toutes fois, parce que c'estoit un evesque, il ne l'en osa soupçonner. Sept ou huit jours après son retour, il se fait payer par Angelo Bossa des neuf mil trois cens cinquante-six ducats douze gros contenus en la lettre de change, qu'il avoit advancez et acquitez pour luy. Le lendemain de ce payement vient un courrier exprès de Naples, envoyé par Alexandre Bossa, qui apporte nouvelles que Alexandre Bossa n'avoit baillé aucune lettre de change au sieur marquis de Sainte-Arme, et ne sçavoit que c'estoit de cet affaire. Aussitost Angelo Bossa fait informer à Venise contre Carlo Pirotte, soy-disant evesque de Venafry, obtient decret des sieurs juges de la nuit. L'evesque de Concordia, Bertoloni, Bossa, Bordenali, chacun est en campagne pour trouver Fava et sçavoir quel chemin il a pris. Dom Martino monte à cheval, et le va chercher en Flandre, où il avoit entendu qu'il devoit aller ; mais en vain toutes ces recherches. Ce que l'on peut faire fut d'envoyer par les provinces d'Italie, et hors l'Italie mesme, des memoires contenans le nombre, la qualité, la facture, le prix et le poids des diamans, perles et chesnes d'or qui avoient esté vollez, le bois et la façon des boëttes dans lesquelles estoient les diamans attachez sur cire rouge, avec designation des estoiles, chiffres, lettres et autres remarques qui estoient sur icelles, afin que, si quelqu'un les exposoit en vente l'on s'en saisist ; et, par ce memoire, on promettoit de donner un quart de ce qui seroit recouvré à ceux qui le descouvriroient. Un de ces memoires est envoyé au sieur Lumagnes, marchand banquier en ceste ville de Paris, qui en fait faire des coppies et les baille à quelques orfèvres.

Quant à Fava, au lieu de prendre le chemin de Turin, il estoit retourné à Castelarca, en sa maison, et là donne à entendre à sa femme que ses affaires estoient faites, qu'il avoit receu plusieurs deniers de ses debiteurs, que le temps estoit venu qu'il falloit aller en France pour y faire fortune, la fait resoudre à faire le voyage, et, sur ceste resolution, prend ses seguins, diamans, perles et chesnes d'or, et avec sa femme, ses trois enfans, Octavio Oliva et Giovan Pietro Oliva, frères de sa femme, part de Castelarca. Sur la rive du Po, à quelque neuf ou dix lieües de Plaisence, Octavio Oliva, qui n'avoit point dessein de venir en France, mais seulement qui estoit sorti de Castelarca avec Fava pour le conduire quelques journées, le laisse et va chercher païs et adventure avec trois cens ducats que luy donna Fava. Fava, sa femme, ses enfans, et Giovan Pietro Oliva, son beaufrère, tirent païs, repassent par Venise, traversent les Suisses, joignent la France, et arrivent à Paris au mois de novembre, et se logent en chambre garnie, au logis d'une dame Gobine, près la place Maubert[1].

Lorsque Fava se voit à Paris, en repos, avec sa

---

[1]. Ce qui est dit ici sur le voyage et l'arrivée de Fava manque dans l'*Esprit du Mercure*.

famille, incogneu et esloigné de trois à quatre cens lieuës des lieux où il avoit fait ses faulsetez et tromperies, il creut que sa barque estoit à port, et qu'il estoit à couvert et hors des risques et nauffrages qu'il avoit courus; il pença desormais d'establir et d'arrester sa fortune, non pas à Paris, où il doutoit toujours quelque mauvaise rencontre, à cause de la grande frequence des peuples qui journellement y abordent, mais en quelque ville d'Anjou ou de Poitou [1], où il desseignoit sa retraite et son habitation, après avoir fait argent à Paris de ses diamans, perles et chesnes d'or; et, suivant ce dessein, il escrivit à un sien confident nommé Francesco Corsina, Italien, apothicaire, tenant lors sa boutique en tiers ou à moitié en Flandre, en la ville de Bruxelles, et luy manda que, s'il vouloit venir à Paris, il avoit bonne somme de deniers dont ils s'accommoderoient ensemble, et leveroient une bonne boutique d'apothicairerie, où ils exerceroient la medecine, travaillant l'un et l'autre de leur art, et partageroient par moitié les proffits qui en proviendroient.

Pendant que Fava attendoit des nouvelles de Corsina, il tasche à faire la vente de ses diamans, et, pour cet effet, le samedy douziesme janvier mil six cens huict va sur le Pont-au-Change, où, après avoir quelque temps consideré l'air des marchands et des boutiques où il pouvoit plus à propos faire sa vente et moins estre descouvert, il s'adressa à un orfèvre

---

[1]. Ce détail n'est pas omis dans le *Suppl. au Journal de l'Estoille.*

nommé Bourgoing, tenant une petite boutique contre
l'eglise S.-Leufroy [1], lui faisant entendre au mieux
qu'il peut, moitié italien, moitié françois, qu'il cherchoit un courratier pour luy faire vendre une quantité de diamans qu'il avoit. Sur les offres que luy fit
Bourgoing de luy servir lui-mesme de courratier et
luy faire vendre ses diamans, il en monstra quatre
petites boëttes et les luy laissa, ayant pris recepissé
de luy, et dit qu'il retourneroit dans quatre heures
pour sçavoir s'il avoit trouvé marchand.

En ces quatre heures, Bourgoing cherche marchand et fait la monstre des quatre boëttes de diamans. Un lapidaire nommé Maurice et le sieur Paris
Turquet, marchand joallier, qui avoient veu le memoire envoyé de Venise, se rencontrent à ceste
monstre, et, ayant jugé aux remarques des boëttes
que c'estoient les diamans recommandez et contenus en ce memoire, ils en confèrent avec Bourgoing, et s'associent, eux trois, au quart promis par
le memoire à ceux qui recouvreroient les marchandises perduës, et aussi tost donnent advis de cet affaire à maistre Denis de Quiquebeuf [2], lieutenant en
la grande prevosté de la connestablie de France.

---

1. Cette petite église occupoit une partie de la place actuelle du Châtelet; elle avoit son entrée dans la rue *Trop-va-qui-dure*; disparue lorsque le quai de Gèvres fut construit.
C'est dans cette rue, appelée au XVIe siècle *rue des Bouticles près et joignant Saint-Leufroy*, que devoit loger l'orfèvre à qui Fava s'adressa.

2. Ce nom, ainsi que ceux des orfèvres, manque dans la relation de l'*Esprit du Mercure*.

Le sieur de Quiquebeuf se tient prest à l'heure que Fava devoit retourner pour sçavoir des nouvelles de ces diamans, prend une robbe de chambre, feint d'estre marchand et de vouloir acheter les diamans de Fava, mais qu'il en avoit affaire de plus grande quantité. Cela occasionna Fava d'en monstrer encore dix autres boëttes, lesquelles, comme les quatre premières, furent recogneuës par Turquet et Maurice estre celles designées au memoire envoyé de Venise. Comme Fava consideroit les actions de ces marchands, qui regardoient la forme des boëttes, les lettres et chiffres marquez dessus, il commença d'entrer en cervelle et d'avoir peur, et pour eschiver son malheur, feignit d'avoir une assignation fort pressée, necessaire et importante, avec un homme qui l'attendoit au logis, où il vouloit aller, et promettoit de retourner incontinent, et cependant qu'il laisseroit ses diamans pour estre veus. Le sieur de Quiquebeuf lors luy declara sa qualité, se saisit de luy, et luy dit qu'il estoit adverti qu'il avoit encore d'autres diamans, perles et chesnes d'or, qu'il falloit promptement trouver. Fava recogneut qu'il avoit encore dix boëttes de diamans, des perles et chesnes d'or en son logis, mais qu'il les avoit bien achetées et estoit homme d'honneur et bon marchand; et sur cette recognoissance le sieur de Quiquebeuf, accompagné de Bourgoing et de ses archers, se transporta à la chambre de Fava, où il trouva les dix autres boëttes de diamans, les perles et les chesnes d'or, et tout le contenu au memoire envoyé de Venise, hormis une perle et un petit diamant de deux ducats et demy, qui avoient esté perdus en ouvrant et maniant les boëttes, et outre quelque huit cens seguins d'or ; dresse son procez-verbal et fait faire inventaire, prisée et estimation des diamans, perles et chesnes d'or, par les marchands Turquet, Bourgoing et Maurice.

Quand Fava veit les formes dont on usoit pour faire l'inventaire, prisée et estimation des diamans, perles et chesnes d'or, il dit qu'il ne s'affligeoit pas de l'accident qui lui estoit advenu, puis que son bien et sa personne estoient entre les mains de la justice, où ceux qui ne sont point coupables ne doivent rien craindre ; mais qu'un doute le marteloit, qui estoit de sçavoir si, ayant acheté de bonne foi ces diamans, perles et chesnes d'or, de gens qui les eussent mal pris, ils seroient perdus pour luy, estant revendiquez par celuy auquel le larcin en auroit esté fait.

Le mesme jour de la capture, le sieur de Quiquebœuf procedde à l'interrogatoire de Fava, et, d'autant qu'il n'avoit pas l'intelligence de la langue italienne, il manda et pria maistre Nicolas Fardoïl, advocat en Parlement, versé en ceste langue, pour l'assister en l'instruction de cet affaire. Fava est interrogé, se dit avoir nom Francesco Fava, natif de Capriola, sur les confins de la Ligurie, docteur en medecine, agé de quarante-cinq à quarante-six ans, et respond que, bien que sa profession principale fust la medecine, que toutefois il avoit accoustumé de traffiquer de pierreries, et qu'il avoit acheté les diamans, perles et chesnes d'or qui luy avoient esté trouvées, en la ville de Plaisence, de trois hommes, l'un qu'il cognoissoit, les deux autres à luy incogneus, pour le pris et somme de cinq mille cent cinquante ducats qu'il avoit receus de ses debiteurs, et qu'il avoit fait l'achapt à dessein de venir en France faire marchandise et traffiquer de ces pierreries.

Il estoit minuict : l'interrogatoire est continué au jour suivant, et, ce soir mesme, Giovan Pietro Oliva se sauve, et depuis n'a point esté veu.

Le dimanche, treizieme janvier, continuant l'interrogatoire, Fava se jette à genoux et prie la justice de lui faire misericorde, declare que ce qu'il avoit respondu le jour precedent estoit faux, que c'estoit luy qui avoit fait le vol, et conte l'histoire telle qu'elle a cy-devant esté recitée. Sur ceste confession, Fava est envoyé prisonnier au For-l'Evesque.

Le lendemain de son emprisonnement, Fava, voyant (ainsi que depuis il a respondu par son interrogatoire) que son crime estoit descouvert et qu'il ne pouvoit plus paroistre au monde l'honneur sur le front et sans honte et vergogne, delibera de se faire mourir ; et de fait, s'estant couvert de ses habits et enveloppé de son manteau, afin de se tenir le plus chaudement qu'il pourroit, avec un canif qu'il avoit pris à cet effet lors de son interrogatoire, et caché entre son bras et sa chemise, il se couppa en cinq endroits des deux bras les veines basilique, cephalique et mediane, par lesquelles il perdit quelque trois livres de sang, le surplus ayant esté retenu par l'extrême froid qu'il faisoit alors [1]. Fava, voyant que

---

1. Le froid fut, en effet, extrême pendant les premiers

le sang ne pouvoit plus sortir, qu'en se seignant il avoit espointé son canif, et que d'ailleurs il n'avoit plus la force de lever son bras pour achever de se donner la mort, appella le geolier pour le secourir. Il fut promptement secouru et pensé de ses playes, en telle façon que depuis il s'en portoit bien.

On escrit à Venise de la capture de Fava, et cependant monsieur Morel, grand prevost de la connestablie, assisté de maistre Nicolas Fardoïl, instruit et fait le procez à Fava.

Il est interrogé : on lui demande pourquoy il avoit requis l'evesque de Concordia de luy bailler dom Martino pour l'assister au voyage qu'il disoit aller faire à Turin; il respond qu'il l'avoit demandé pour donner plus de couleur à sa fourbe, et que, si dom Martino fust venu avec luy, il eust bien trouvé moyen de s'en defaire par les chemins et de le r'envoyer à Padoüe.

On luy demande comment il estoit repassé par la ville de Venise pour venir en France, veu que c'estoit le lieu où il avoit fait le vol; il respond qu'exprès il avoit repassé par Venise, jugeant, s'il estoit

---

mois de l'année 1608, ainsi qu'on l'apprend par l'article du *Supplément au Journal de l'Estoille* qui précède celui qui est relatif à Fava. « Le gibier, y est-il dit, les oiseaux, le bétail, meurent de froid dans les campagnes ; plusieurs personnes, hommes et femmes, en sont mortes, et un plus grand nombre sont demeurés perclus, et d'autres ont les pieds et les mains si gelés, qu'on ne peut pas les réchauffer pour faciliter la circulation du sang dans ces parties. »

poursuivi, que l'on estimeroit plus tost qu'il eust pris tout autre chemin que celuy de Venise.

On luy demande si sa femme ne sçait pas cet affaire et s'il luy en a pas communiqué ; il respond que ce n'estoit pas affaire à communiquer à une femme, et principalement à la sienne, qui est une femme simple, innocente, et qui, selon la coustume d'Italie, où les femmes mariées sont plus servantes que maistresses, a creu, obeï et suivi son mary en ce qu'il luy a commandé et partout où il a voulu.

La femme, pareillement, est interrogée et confrontée à son mary. A ceste confrontation, Fava, voyant que d'abord la douleur et le ressentiment de son infortune saisissoit tellement sa femme qu'elle pendoit à son col et ne luy pouvoit parler, il luy dit avec intervalle de temps : Femme, femme, femme, où je vivray, ou je mourray. Si je vis, tu possederas tousjours ce que tu aymes ; si je meurs, tu perdras la cause de ton ennuy.

Reprochant un tesmoin, après qu'il eut fait son reproche, il adjousta qu'outre ce qu'il avoit dit, comme medecin et physionomiste[1] il recognoissoit à l'inspec-

---

1. Jusqu'à la fin du XVIIe siècle, en Italie et en France, les médecins croyoient à la mauvaise influence des physionomies. Quand le chirurgien de Louis XIV saignoit Sa Majesté ou quelqu'un de la famille royale, il avoit le droit de faire sortir de la chambre toute personne dont la physionomie lui déplaisoit. « Félix, dit M. Barrière, usa de ce privilége ; mais Dionis, chirurgien de la reine et des enfants de France, se vante de ne l'avoir jamais réclamé. » *Mémoires de Brienne*, t. 1er, p. 367, éclaircissements.

tion de sa face qu'il estoit traistre, non pas qu'il voulust induire que necessairement il le fust, mais que, naturellement et par inclination, il l'estoit, et pourtant qu'il ne vouloit pas croire à sa depposition.

A la representation qui luy fut faite des diamans, perles et chesnes d'or, pour les recognoistre, considerant qu'il avoit esté si mal advisé que de porter vendre les diamans dans les boëttes mesmes esquelles les marchands venitiens les avoient mis sur cire rouge, marquées de lettres, chiffres et estoiles, il accusa stupidité, et puis, l'excusant, dit que tous hommes estoient hommes, sujets à faillir, et que Gallien disoit que le meilleur medecin estoit celuy qui faisoit le moins de fautes.

Sur ce que particulierement on lui remonstra que seul il n'avoit peu faire toutes ces faulses lettres, et qu'il falloit qu'il se fust servi d'un tiers, d'autant que quand il avoit escrit en evesque et en marquis, ses lettres estoient toutes illustres, reverendes et ceremonieuses ; et, quand il avoit escrit en marchand, ses paroles n'estoient que termes et pratiques de marchand ; d'ailleurs, qu'il avoit falsiffié plusieurs sortes d'escriture et cacheté ses lettres du cachet d'Alexandre Bossa, il respondit qu'il ne s'estoit servi que de lui seul, et que, bien qu'il ne fust evesque, marquis ny marchand, neantmoins il n'ignoroit pas les tiltres, honneurs et creances qui leur appartiennent, et dont ordinairement ils usent en leurs missives ; quant à l'imitation de l'escriture, que sa trop grande science avoit esté la cause de son mal, y estant tellement expert et subtil, qu'en une heure il pouvoit contrefaire cinquante sortes d'escritures, de telle façon qu'il seroit impossible de recognoistre les originaux d'avec les copies; et, pour les cachets, que, en ayant un de cire pour patron, il en pouvoit aussi bien et aussi promptement faire que les graveurs et maistres du mestier.

Pendant que le procez s'instruisoit, sur le commencement du mois de fevrier, Francesco Corsina, auquel Fava avoit escrit, arrivé à Paris, est adverti de la prison de Fava, le va voir, et communique avec luy des remèdes et moyens de son salut, luy promet toute sorte d'assistance. Fava, pour lors, ne le pria d'autre chose sinon qu'il pratiquast quelque accez et cognoissance en la maison de M. l'ambassadeur de Venise, par le moyen de laquelle il fust informé chasque jour de ce qui se passeroit en son affaire, et particulièrement des nouvelles que l'on auroit de Venise. Corsina fait en sorte qu'il sçait ce qui se faisoit et proposoit contre Fava, et journellement luy en donne advis.

Le lundy vingt-cinquiesme fevrier, le courrier de Venise estant arrivé, Corsina en advertit Fava, et luy dit que Antonio Bertoloni venoit ce mesme jour pour luy faire son procez, et devoit arriver le soir; qu'il estoit temps de prendre garde à ses affaires et de tascher à se sauver. Fava, se servant de la bonne volonté de Corsina et des offres qu'il luy faisoit de l'aider à quelque prix que ce fust, luy fait ouverture d'un moyen dont il s'estoit advisé pour sortir des prisons, qui estoit d'entrer en la chambre du geolier, qu'il pouvoit ouvrir avec un crochet, ayant observé que la servante tournoit fort peu la clef pour ouvrir la porte, passer par une des fenestres de la chambre, descendre en la court des prisons, et se sauver par dessus la muraille qui regarde sur le quay de la Megisserie [1]; à ceste fin luy donne ordre de luy faire faire une corde pleine de nœuds de certaine longueur, et une eschelle de cordes de longueur competente avec deux cordes aux deux bouts, au bout de l'une des quelles il y eust un morceau de plomb pour pouvoir plus aisement jetter par dessus la muraille de la prison, et que le lendemain au soir, à six heures sonnantes au Palais (qui est l'heure que les prisonniers sont retirez et qu'il n'y a personne en la cour), il luy jettast l'eschelle par dessus la muraille de sa prison, vis-à-vis du puids qui est en la cour, et luy promist qu'estant hors des prisons, ils retourneroient ensemble en Italie, et qu'il luy donneroit cent escus, avec lesquels il en mettroit encore autres cent, dont ils leveroient une boutique, et exerceroient ensemble la medecine.

Corsina fait faire la corde et l'eschelle, envoye la corde à Fava le lendemain, qui estoit le vingt-sixiesme fevrier; et, quant à l'eschelle, luy manda qu'elle n'estoit pas encore achevée, mais que sans faute le jour suivant, vingt-septiesme fevrier, elle seroit faite, et ne manqueroit pas de la jetter à l'heure

---

1. La relation de *l'Esprit du Mercure* dit le quai de l'Ecole-Saint-Germain, ce qui est une erreur. Le For-l'Evêque donnoit, d'un côté, rue des Fossés-Saint-Germain-l'Auxerrois, où la maison portant le nº 65 occupe une partie de son emplacement; de l'autre, sur le quai de la Mégisserie, à la hauteur du nº 56 ancien. (V. un de nos articles sur l'*Hist. des ponts de Paris*, Moniteur universel, 27 janvier 1853.)

ordonnée. Fava prend la corde, la met en la poche de ses callessons, et sur le soir la cache souz un buffet en la salle commune des prisonniers.

Le vingt-septiesme fevrier, sur les six heures du soir, Fava envoye querir du vin par un valet qui ordinairement sert les prisonniers, et à l'heure mesme sort de sa chambre, va à la chambre du geolier, qu'il ouvre avec un clou chrochué à cet effet, qu'il avoit arraché d'une des fenestres des prisons, entre dans le cabinet de la chambre, à la serrure duquel il trouva la clef, despoüille sa robbe, son pourpoint, ses souliers et son chappeau, attache sa corde à un des verroüils de la porte du cabinet, passe par la fenestre, où n'y avoit point de barreaux, et par le moyen de ceste corde descend en la court des prisons, cherche le plomb et la corde de l'eschelle que Corsina luy avoit jettée. Il faisoit lors grande nuict et grande pluye; d'ailleurs, la corde n'avoit pas esté bien jettée à l'endroit du puids comme il avoit esté ordonné : cela fit que Fava fut un temps sans trouver la corde de l'eschelle, et pensoit mesme qu'elle n'eust pas encore esté jettée ; enfin, l'ayant trouvée, il tire l'eschelle en dedans la court jusques à l'arrest, et attacha le bout de la corde que l'on luy avoit jettée à la potence du puids, afin que, comme en montant l'eschelle seroit arrestée par une des cordes que Corsina avoit attachée à une pierre de taille du costé de la rüe, en descendant elle fust aussi retenüe par l'autre corde qu'il avoit liée à la potence du puids du costé de la prison; monte à l'eschelle, et estant au dernier eschelon ne peut atteindre jusques au haut de la muraille. Lors il descend et dit à Corsina (au travers d'une porte des prisons qui est en ceste muraille) qu'il avoit tenu la corde trop longue, et qu'il la retirast de deux ou trois eschelons, ce que fit Corsina. Mais, sur ces entre-faites, le vallet retourne du vin, ne trouve point le prisonnier en sa chambre, advertit le geolier et ses serviteurs, qui cherchent de tous costez, voyent la chambre du geolier ouverte, les habits de Fava, la corde qui pendoit par la fenestre du cabinet en la court, descendent à la court, et trouvent Fava sur le point de remonter à l'eschelle et se sauver, l'arrestent et le r'enferment, vont voir sur le quay, à l'endroit des prisons, qui y estoit, r'encontrent un jeune homme, l'espée à la main, qui s'enfuit aussi tost. Ils retournent aux prisons, et payent le pauvre prisonnier de leurs peines. Les geoliers sont oüis sur ce bris de prisons, Fava interrogé; on luy represente la corde et l'eschelle qu'il recognoist, et respond du fait comme il a esté cy devant deduit; et toutes fois il dit qu'il ne sçait pas si ce fust Corsina qui luy jetta l'eschelle ou son serviteur, d'autant qu'il ne le veid et ne l'entendit pas parler. Mais il y a quelque apparence que tout ce qu'il a dit de Corsina ne soit qu'une invention et un pretexte pour favoriser et couvrir Giovan Pietro Oliva, son beau frère, ou quelque autre, du ministère et de l'entremise duquel il s'est servi depuis sa prison.

Antonio Bertoloni estoit arrivé à Paris avec lettre de faveur de la republique, avoit salué monsieur l'ambassadeur de Venise, avoit esté presenté au roi par monsieur de Fresne, et sa Majesté luy avoit fait cet honneur que d'entendre entièrement sa plainte, et commander à monsieur le chancelier de luy faire justice, ce que monsieur le chancelier a si religieusement et si soigneusement observé, que tousjours il a eu l'œil à cet affaire, et a voulu estre adverti chaque jour par monsieur le grand prevost de la connestablie de ce qui se passoit au procez. Pour l'expedition de cet affaire, Bertoloni avoit apporté procuration speciale d'Angelo Bossa, partie civile contre Fava, coppie collationnée de l'information et decret emané des sieurs juges de la nuit à Venise, la lettre escrite à Venise et envoyée par Fava à l'evesque de Concordia, et la quittance des neuf mil trois cens cinquante six ducats douze gros contenus en la lettre de change. Sur ces pièces, le procez est instruit, Angelo Bossa receu partie, Bertoloni oüy en tesmoignage contre Fava, Fava interrogé sur sa depposition, qu'il recognoist veritable ; la lettre et la quittance à luy representées et par luy recogneües, les recollemens et confrontations faites.

Depuis l'arrivée de Bertoloni, Fava, voyant que sa fuitte avoit manqué, ayant tousjours la presence de Bertoloni devant les yeux, et sçachant de jour à autre toutes les poursuittes que Angelo Bossa, sa partie, faisoit à l'encontre de luy, se desespera du tout, et de là en avant (sans pourtant en monstrer des signes exterieurs) ne chercha plus que les moyens de mourir, et mesme un jour se porta à une estrange et cruelle deliberation d'empoisonner luy, sa femme et ses enfans.

Le quatriesme jour de mars, il pria le geolier de luy faire venir un barbier pour luy coupper le poil.

Après que son poil fut couppé, il donna de l'argent au barbier et le pria de luy acheter et apporter demie once d'antimoine [1] preparé, des fueilles de roses, des raisins de Corinthe et du sucre, dont il disoit, avec des blancs d'œufs, vouloir faire un onguent pour une inflammation qu'il avoit ès yeux. Le barbier achepta ces drogues ; mais, d'autant que l'antimoine est poison, il en advertit le geolier, en la presence duquel il les bailla à Fava, auquel à l'instant elles furent saisies et ostées. Interrogé sur ce, il recognut qu'il avoit donné charge et argent au barbier pour achetter ces drogues comme medicinales à sa douleur, et que, bien que l'antimoine fust poison, toutefois, temperé et meslé avec sucre, raisins de Corinthe, fueilles de roses et blancs d'œufs, il estoit fort salutaire au mal des yeux, et que tant s'en faut qu'il eust eu volonté de se mefaire depuis qu'il avoit attenté à sa vie en s'ouvrant les veines, qu'au contraire, ayant esté malade et presque tousjours indisposé, il avoit usé de remèdes et de regimes, et apporté toute la peine et le soin qu'il avoit peu pour la conservation de sa santé, et de ce appelloit en tesmoignage tous les prisonniers de sa chambre.

Quelque temps après, Fava fut encore malade, et se mit au lict, où tousjours depuis il a demeuré, et en ses maladies avoit ordinairement de grandes convulsions et des vomissemens, ce qui fait presumer (et par la suitte mesme de ceste histoire) qu'il avoit

---

1. Au sujet des tentatives de Fava pour s'empoisonner, il n'est parlé que d'arsenic, et non d'antimoine, dans le *Supplément au Journal de l'Estoille.*

envoyé querir l'antimoine preparé pour s'empoisonner, et que ses vomissemens estoient le rejet du venin qu'il avoit pris.

Il apprehendoit la condamnation aux gallères, et prioit la justice que, si, par les loix de France, son crime estoit punissable de ceste peine, que plustost on le fist mourir, attendu qu'il avoit un catarre ordinaire et une grande indisposition d'estomac, et mesme qu'il estoit mal propre et inhabile à la rame, à cause des playes qu'il s'estoit faites ès deux bras. Il recommendoit souvent sa femme et ses enfans à la justice.

Est à remarquer que Fava avoit esté soupçonné de plusieurs autres faulsetez faites à Naples, Venise, Milan et Gennes, et fut interrogé sur memoires baillez à cet effet; toutefois il desnia tout, et dit que l'Italie ne manquoit pas de gens d'esprit, et que quand un arbre penchoit chacun s'appuyoit contre. Hors l'interrogatoire, et particulièrement, il recogneut à Bertoloni le vol des quatre cens escus en or qu'il avoit pris en son cabinet, mais le prioit de n'en rien dire, afin de ne point aggraver son crime.

Toutes les choses s'estant ainsi passées, le procez mis en estat, veu par maistre Pierre Forestier, procureur du roy en la grande prevosté de la connestablie, conclusions par luy baillées, le procez distribué à maistre Roland Bignon, advocat en Parlement, pour en faire son rapport, enfin, le samedy vingt-deuxiesme mars, il est mis sur le bureau de la connestablie et mareschaussée, où seoient pour juges messieurs les grand prevost et lieutenant de la connestablie et mareschaussée, messieurs du Hamel, Dogier, Loisel, le Masson, Leschassiers, de Brienne, Mornac, Bignon, rapporteur; Desnoyers et Fardoil, advocats en Parlement. Le procez rapporté et les pièces veuës, le jugement, à cause de l'heure, remis au lundy.

Fava, ayant eu l'advertissement que l'on le jugeoit, se resolut de prevenir la honte de son supplice par un courage malheureux; et, d'autant qu'auparavant il avoit trois ou quatre fois manqué à sa mort, le froid ayant retenu son sang dans ses veines, l'antimoine luy ayant esté osté, le poison qu'il avoit pris sorty de son corps sans luy nuire, il s'advisa de faire en sorte qu'il n'y fallust plus retourner. Sa femme l'estant venu voir le samedy mesme, il luy fit entendre qu'il desiroit manger d'une certaine paste à l'italienne, qu'autrefois elle luy avoit desjà faite, et luy commanda, quand elle seroit de retour en sa chambre, de faire de ceste paste et la luy apporter. Suivant ce commandement, le lendemain, qui estoit le dimanche vingt-troisiesme de mars, la femme de Fava luy envoye par son fils aisné la paste qu'elle avoit faite. Fava, ayant receu ceste paste, en rompt un morceau et met dedans quantité d'arsenic qu'il avoit eu (on n'a peu sçavoir comment par l'information qui en a esté faite [1]), prend le poison et l'avalle. Il prevoyoit sa mort infailliblement, d'autant qu'il avoit pris six fois plus de poison qu'il n'en falloit

1. Les apothicaires avoient ordre de ne vendre d'arsenic à qui que ce fût. On verra, par le passage suivant d'une lettre de Malherbe à Peiresc (17 juillet 1615), qu'ils obser-

pour faire mourir un homme ; et d'ailleurs il savoit bien qu'il ne vuideroit pas ce poison comme les precedens, l'ayant exprès enfermé en une paste, afin que la paste s'attachast à son estomach et y demeurast pour faire son effet. Sa femme arrive ; il se plainct à elle de l'excedz de son mal, dit qu'il va mourir, sans declarer qu'il fust empoisonné, luy dit adieu, donne par diverses fois la benediction à son fils, les renvoye tous deux au logis. Aussitost il demanda un prestre. Un qui estoit prisonnier se presenta, mais il le refusa et en voulut un autre. Pendant que l'on en cherchoit, le poison, qui estoit violent, commence son operation, presse Fava et le travaille extremement. Alors il se fit oster du lict où il estoit couché et mettre sur une paillasse, où il dit qu'il vouloit mourir, et y mourut miserablement peu de temps après, sans que le geolier ny les prisonniers sceussent la cause de sa mort, et eussent le temps et le moyen d'y remedier.

Le lundy matin, vingt-quatriesme mars, les juges, qui estoient assemblez pour le jugement du procez, sont advertis par monsieur le grand prevost de la connestablie de la mort inesperée de Fava. Le corps est ouvert, le poison trouvé dans l'estomach, curateur creé au cadaver, information de la mort, la

---

voient la défense rigoureusement, et même au péril de leur vie : « Un Simon, dit-il, soldat de la citadelle d'Amiens, fut pendu il y a douze ou quinze jours, à Amiens même, pour avoir donné trois coups de poignard à un apothicaire qui lui avoit refusé de l'arsenic. Il fit ce coup-là de la peur qu'il ne le découvrît. »

femme oüie, le procez fait et parfait au cadaver, sentence du mesme jour par laquelle Francesco Fava, accusé, est declaré deüement atteint et conveincu d'avoir mal pris, desrobbé et vollé à Angelo Bossa, par faulsetez et suppositions de nom, qualitez, escritures et cachets, neuf mil trois cens cinquante-six ducats douze gros, monnoye de Venise, tant en diamans, perles et chesnes d'or, que en deniers comptans en espèce de seguins d'or : ensemble d'avoir attenté à sa propre personne, estant en prison, par incision de ses veines, et finalement, le procez estant sur le bureau, s'estre fait mourir par poison ; et pour reparation de ces crimes ordonné que son corps sera traisné, la face contre terre, à la voyrie, par l'executeur de la haute justice, et là pendu par les pieds à une potence qui pour cet effet y sera mise et dressée ; tous et un chacun de ses biens declarez acquis et confisquez à qui il appartiendra, sur iceux prealablement pris la somme de neuf mil trois cens cinquante-six ducats douze gros, monnoye de Venise, et tous les despens, dommages et interests d'Angelo Bossa ; et à ceste fin, et sur et tant moins de ceste somme, seront rendus à Angelo Bossa, ou à son procureur, les diamans, perles, chesnes d'or et seguins dont Francesco Fava a esté trouvé saisi ; Octavio Oliva, Giovan Pietro Oliva et Francesco Corsina, pris au corps partout où ils seront trouvez et amenez prisonniers au For-l'Evesque, pour leur estre fait et parfait leur procez.

Prononcé et executé à Paris le mesme jour, vingt-quatriesme mars mil six cens huict.

N'a rien esté ordonné sur le quart promis aux

marchands qui avoient recouvré les diamans, perles et chesnes d'or, d'autant qu'ils en avoient accordé avec Angelo Bossa pour une somme de six cens escus.

———

Excuse, lecteur, si ceste histoire n'est traictée si dignement qu'elle merite : ce n'est qu'un extrait de procez, que l'autheur a fait afin de contenter la curiosité de ses amis, luy ayant esté plus facile de leur en donner des coppies imprimées qu'escrites à la main.

Extrait du privilege du Roy.

Par grace et privilége du roy, il est permis à Pierre Pautonnier, libraire et imprimeur en l'Université de Paris, d'imprimer ou faire imprimer un livre intitulé : Histoire des insignes faulsetez et suppositions de Francesco Fava, medecin italien, extraite du procez qui luy a esté fait par monsieur le grand prevost de la connestablie de France; *et defences sont faites à tous libraires et imprimeurs, et autres, d'imprimer ou faire imprimer, vendre ne distribuer ledit livre, sans le congé et consentement dudit Pautonnier, et ce jusques au temps et terme de six ans, finis et accomplis, à compter du jour et datte que la première impression sera faite, sur peine de cinq cens escus d'amande et confiscation desdits livres, et de tous despens, dommages et interests. Et outre veut ledit seigneur qu'en mettant au commencement ou à la fin dudit livre un extrait dudit privilége, il soit sans autre forme tenu pour deüement signifié à tous libraires et imprimeurs de ce royaume, ainsi que plus à plain est contenu ès dites lettres. Donné à Paris, le quatriesme jour de may 1608.*

Par le roy, en son conseil,

PAULMIER.

Histoire veritable et divertissante de la naissance de Mie Margot et de ses aventures jusqu'à present. 1735.

Gr. in-4 de 2 feuillets[1].

Le bruit que fait tous les jours la célèbre Mie Margot est trop universellement repandu, tant dans Paris que dans la province, pour qu'on puisse garder le silence sur la naissance et l'origine de cette héroïne moderne. Son arrivée subite à Paris, annoncée d'abord par la plus épaisse populace, pouvoit faire soupçonner la noblesse de son extraction; mais, tous faits bien examinez, on en a fait une exacte découverte. Cette aimable fille naquit à Amboise au mois de février de l'année 1720, dans les jours les plus

---

1. Nous n'avons trouvé cette pièce que dans le recueil factice en 57 volumes formé par Jamet le jeune sous ce titre : *Femmes*. Elle est dans le 38ᵉ volume. Jamet l'attribue à l'abbé de Grécourt, et je serois volontiers de son avis. L'abbé, en effet, qui étoit de Tours, comme on sait, avoit pu connoître Mie Margot, qui étoit d'Amboise, dans un des

licentieux du carnaval. Son père, qu'on appeloit Eustache Dubois, et sa mère, nommée Jacqueline Rognon, ne purent contenir leur joye à la naissance de cet enfant de jubilation. Les songes qu'avoit faits sa mère, et qui avoient servi d'avant-coureurs à cette naissance illustre, les avoient avertis de la haute reputation à laquelle parviendroit leur fille Margot. Sa mère, Jacqueline Rognon, avoit, entr'autres songes, rêvé, quelques jours avant de mettre au monde cette singulière creature, qu'elle accouchoit d'un tambour, et que le bruit eclatant qu'il faisoit frappoit les oreilles de toute la ville. Ce rêve, joint à d'autres de mesme estoffe, engagea son père Eustache à faire tirer son horoscope. A la minute mesme que Margot vit la lumière, le plus fameux sorcier d'Amboise fut mandé. Après avoir fait passer toutes les etoiles par les quatre règles de l'arithmetique, et avoir malicieusement envisagé la gentille Margot, il resta comme en extase, et dit avec un ton de ravissement que cette fille feroit le plaisir du plus grand royaume de l'Europe, et qu'elle passeroit par les mains et par la langue de tout le monde. Comme les oracles

fréquents voyages qu'il faisoit en Touraine pour y reprendre sa joyeuse vie de chanoine de Saint-Martin de Tours, ou pour aider madame d'Aiguillon, la châtelaine de Verret, dans la composition du fameux recueil *le Cosmopolite*. (V. notre article sur l'abbé dans le *Supplément au Dictionnaire de la conversation*, 20ᵉ livraison, p. 258.) Peut-être est-ce l'abbé qui fit l'éducation de Margot. Je le croirois, d'après les détails qui se trouvent ici sur sa famille et sur son enfance. Il étoit, du reste, plus que personne, en état de le faire, et l'écolière, on va le voir, ne fut pas indigne de lui.

sont toujours equivoques[1] ses parens prirent les termes de cette prediction du bon côté.

La petite Margot croissoit de jour en jour, et ses graces se developpoient à vûe d'œil. Il s'agit de vous faire son portrait : c'est l'usage des historiens. Vous n'attendrez pas long-tems, car le voici :

Ses cheveux étoient d'un blond tirant sur le tombac [1], ses yeux assez brillans et d'une fripponnerie à craindre, son nez entre le ziste et le zeste, ses dents inégales, mais d'une olive claire ; sa bouche entre ronde et ovale, et son teint d'un blanc qui, joint avec le roux de sa chevelure et de ses sourcils, representoit un satin blanc de lait broché d'or ; sa gorge sociable ; sa taille etoit haute et menue, et son panier si large, que depuis la ceinture jusqu'à la tête, qu'elle avoit extremement bichonnée, elle ressembloit à un oranger en caisse [2].

Son père, qui n'etoit qu'un simple remouleur de couteaux d'ancienne fabrique, et sa mère, qui n'étoit qu'une tripière en détail, ne lui refusèrent rien de l'education qu'on donne à une fille de son rang. La

---

1. Le *tombac* ou *tombacle* est un métal de composition formé par l'alliage du cuivre et du zinc. Il est blanc quand celui-ci domine, ou jaune, comme ici, quand c'est le cuivre. Il étoit, au dernier siècle, pour les gens du peuple, ce que le chrysocale est aujourd'hui. Chaque faraud vouloit

> De *tombacle* ou d'argent la boucle
> Aussi brillante qu'escarboucle.
> (*Les Porcherons*, chant 1er [*Amusemens rapsodipoétiques*, etc. Stenay, 1783, in-8, p. 132].)

2. On trouve une comparaison à peu près du même genre

petite Margot, qui, grace à ses manières affables et prevenantes pour tout le monde, avoit mérité le nom de ma Mie, fit voir une curiosité sans exemple pour les romans, et surtout pour les grandes histoires où il etoit parlé d'enlevement de filles et de femmes. J'oubliois à vous dire qu'on avoit predit à sa mère qu'elle seroit enlevée plus d'une fois en sa vie. Sa mère voulut la stiler dans les fonctions de son negoce; mais ma Mie Margot, qui n'avoit nulle inclination pour la tripe, sortit un jour de la maison paternelle, et arriva à Paris entre chien et loup; elle se logea dans le faubourg Saint-Germain, et, ayant eu l'indiscretion d'y decliner son nom, ce fut à qui publieroit le premier son arrivée. D'abord les ecosseuses de pois ne repetèrent autre chose au coin des ruës; les polissons furent leur echo : bientôt toute la ville en fut imbue.

Le penchant qu'elle avoit à devenir publique, et qui se manifestoit en elle de jour en jour, la porta bien vite à ne plus faire mystère de son séjour à Paris. Elle s'y fit voir, et la foire la vit avec plaisir et avec profit; les preaux retentirent de son nom; Polichinelle la chanta, et les theâtres la celebrèrent dans des vers que cite La Mésengère à l'article *Tablier* de son *Dictionnaire des proverbes* :

> Quelle grâce, en effet, quels charmes singuliers
> Nos dames présentoient avec leurs grands paniers !
> . . . .
> Sur une base énorme, obélisque nouveau,
> Dans sa gaîne, le corps s'allongeoit en fuseau,
> Et serré fortement, afin d'être plus libre,
> Présentoit sur sa pointe un cône en équilibre.

en chorus. Un jour qu'elle passoit sur le Pont-Neuf, où une douleur de dents la conduisoit pour se faire voir au gros Thomas [1], après quelques civilités materielles que lui fit ce massif esculape, on fut tout surpris de voir qu'il embrassa delicatement ma Mie Margot, et qu'il l'appella sa chère cousine. La reconnoissance se fit avec de vifs transports de part et d'autre, et la vanité de ma Mie Margot ne fut pas peu flattée de se voir parente de si près d'un homme qui faisoit une si grosse figure sur le Pont-Neuf, et qu'on peut appeler le pendant d'oreille du cheval de bronze.

1. Fameux arracheur de dents du Pont-Neuf, dont il est déjà parlé dans les *Nouvelles à la main* de 1728, dans le *Journal* de Barbier, *passim*, etc. Gouriet lui a consacré un article dans son livre *Personnages célèbres dans les rues de Paris*, 1811, in-8, t. 1er, p. 323-325. Une ancienne gravure, reproduite par le *Magasin pittoresque*, t. 9, p. 324-325, le représente sur son échafaud roulant, au bas de la statue de Henri IV. Quand il mourut, on fit en son honneur, sous ce titre : *Apothéose du docteur Gros-Thomas*, une chanson qui se trouve dans le recueil s. l. n. d. paru à la fin du XVIIIe siècle, et intitulé *le Chansonnier françois* (12e recueil, p. 117-122). Des onze couplets nous ne citerons que celui-ci :

> Sur un char ceint de garde-foux,
> Construit d'une forme nouvelle,
> Il y débitoit pour cinq sous
> La médecine universelle.
> Le foie et les reins entrepris
> Par son remède étoient guéris ;
> Et, par une secrette cause
> Qu'il connoissoit dans tous les maux,
> Il ordonnoit la même dose
> Pour les hommes et les chevaux.

Comme elle etoit d'une complexion fort amoureuse, l'air du Pont-Neuf fut favorable à ses inclinations ; les guinguettes furent honorées de sa presence, et Vaugirard entre autres, comme le lieu le plus voisin du faubourg où elle avoit porté ses premiers pas en arrivant à Paris, disputa l'avantage de la preference aux autres tripots bacchiques. Enfin ma Mie Margot devint aussi publique que l'avoit eté la Tanturlurette, dont elle se trouva être la nièce dans une debauche qu'elles firent ensemble au Gros-Caillou.

On parla de la marier, et plusieurs partis se presentèrent. Ses charmes donnoient dans les yeux les plus en garde contre la beauté ; il n'y eut pas un corps de metier dans Paris, un etat libre et mecanique, qui n'attentât sur sa personne ; grands et petits, tout la voulut voir, et les vaudevilistes les plus fameux tinrent à honneur de travailler sur ma Mie Margot. Comme son humeur, aussi coquette que volage, l'empêchoit de se fixer en faveur d'aucun de ses soupirans, chacun resolut de l'enlever ; elle le sçut et n'en fit que rire. Cependant le bruit en courut, et tout le monde en voulut avoir la gloire ; on n'entendit plus que crier à pleine tête, dans tous les carrefours de Paris : La Mie Margot a eté enlevée ! Tantôt c'etoit trois pâtissiers ensemble qui avoient fait ce coup, tantôt c'étoient trois rotisseurs, et tantôt c'étoient trois procureurs[1]. Ses ravisseurs etoient

---

1. C'est un de ces enlèvements, un de ces triomphes de Margot ma Mie (*sic*), qui est représenté sur une gravure du temps, dont un fac-simile très exact a été donné dans la 26e livraison du *Musée de la caricature en France* (1834, in-4´.

toujours au nombre de trois ; on sçavoit que le nombre de trois etoit son nombre favori : elle etoit née le trois fevrier, son père demeuroit aux Trois-Andouilles, elle etoit venue au monde avec trois dents, elle avoit trois trous au menton, elle avoit dejà de la gorge à trois ans; sa mère avoit eu trois maris, et le bruit couroit qu'elle avoit eu trois pères; elle avoit trois guinguettes attitrées, sçavoir : Vaugirard, les Porcherons et la Courtille.

Semblable à la belle Helène, fameuse par son enlevement, ma Mie Margot a eu plus d'un Pâris, et a vu répandre du sang pour l'amour de son nom seul. Les femmes de ceux qui l'entretenoient à tour de rolle conçurent contre elle une si grande jalousie, qu'il y eut trois partis formidables qui conjurèrent

« Admirez le pouvoir de ses charmes! dit M. Jaime, auteur de l'article qui accompagne cette reproduction. Elle a, sans doute, quitté la ruelle parfumée d'un grand seigneur; elle a été trop festoyée chez les gens du bel air : il lui faut des succès nouveaux, et la voilà tombée dans les bras du peuple, ornée de fleurs et de rubans. La courtisane, les rubans et les fleurs, le peuple ramasse tout, comme les miettes d'un banquet royal. On la porte en triomphe : elle inspire l'allégresse en attendant qu'elle inspire la pitié. Crocheteurs, mitrons, rôtisseurs, cabaretiers, se sont tous cotisés pour payer les violons. Il n'y a pas jusqu'au commissaire qui l'escorte avec son greffier, et qui danse au milieu de ses administrés. C'est qu'en effet, tant que Margot n'aura pas attiré le guet, qu'elle n'aura pas cassé les vitres, le commissaire sera l'ami de Margot. » M. Jaime, depuis qu'il a écrit ces lignes, est devenu lui-même commissaire central à Versailles.

contre sa vie. Les Dryades des Champs-Elisées, les Nymphes de la Grenouillère[1] et les Pomônes du Pilory, se distinguèrent entre autres par leur animosité; elles obligèrent la pauvre Mie Margot à songer à retourner dans le sein de sa famille, ou à porter la gloire de ses conquêtes dans les pays étrangers. En attendant l'occasion favorable pour disparoître, qui, je crois, grace à l'inconstance du public, ne tardera guères à se presenter, ma Mie Margot a pris le parti de se montrer moins frequemment. En vain ses ravisseurs entreprendroient de la defendre, ils ne pourroient rien contre l'armée femelle qui lui a declaré la guerre.

On apprendra au public le lieu de sa retraite et la suite de ses avantures au moindre changement qui arrivera. Le lecteur ne sera peut-être pas fâché de trouver à la fin de cette histoire la chanson composée, à ce sujet, par le marchand de bouteilles cassées, l'un de ses plus zelés partisans.

1. Ce lieu, où Vadé fit aussi ses fredaines, étoit situé, comme on sait, sur la rive gauche de la Seine, en face du jardin des Tuileries, à l'extrémité de ce quai, dont l'autre partie portoit déjà le nom de d'Orçay, à cause des travaux que M. Bertrand d'Orçay, prévôt des marchands, y avoit fait commencer en 1708.

Chanson nouvelle sur les aventures de ma Mie Margot, par le Marchand de bouteilles cassées.

Sur l'air courant de *Ma mie Margot*.

n l'honneur de ma mie Margot,
Badauts, faites merveilles,
Faites chacun un bon écot
Et cassez vos bouteilles;
Les morceaux sont mon lot.
Vive, vive ma mie Margot!
Cassez bien des bouteilles.

Son nom fait grand bruit à Paris
Et nous rompt les oreilles;
De son air chacun est épris.
Où trouver ses pareilles?
Chantez tous à gogo :
Vive, vive ma mie Margot!
Mais cassez des bouteilles.

Un chacun la chante en chorus;
Elle amuse nos veilles;
Les poëtes, par leurs rébus,
Célèbrent ses merveilles.
Chantez tous à gogo :
Vive, vive ma mie Margot!
Mais cassez des bouteilles.

J'ai lu par ordre de M. le lieutenant général de police

une Histoire divertissante de ma Mie Margot, dont on peut permettre l'impression. — A Paris, ce 12 octobre 1735.

PAGET.

Vu l'approbation, permis d'imprimer, à Paris, ce 12 octobre 1735.

HERAULT.

De l'imprimerie de Valeyre père, rue de la Huchette.

Le Caquet des Poissonnières[1] *sur le departement du roy et de la cour.*

Un des jours de cette semaine, comme sur le soir je me pourmenois joyeux pour donner quelque trefve à mes labeurs, et m'esgayer un peu à l'escart, secouant le joug d'une griefve agitation d'esprit et mortelle inquiétude qui me travailloit, j'aperçois une certaine de ma cognoissance, que je ne veux nommer pour l'affection que je luy porte, qui entroit comme transportée de fureur chez un eschevin de ceste ville. Je prends resolution de la suivre, tant pour me divertir que pour sçavoir la cause pour laquelle

---

1. Cette pièce est du même genre que *les Caquets de l'Accouchée*, et parut, à quelques mois près, vers la même époque; aussi les amateurs la rangent-ils au nombre de celles qui sont comme le complément de ce curieux recueil. — Elle ne porte pas de date, et, au premier abord, nous avons pensé, comme on l'a fait ailleurs, qu'on pouvoit lui donner celle du 29 avril 1621, qui correspond en effet à un départ du roi; mais après un plus mûr examen, il nous a semblé qu'il falloit la ramener à 1623.

elle alloit en ce logis. Elle estoit assistée d'une autre jeune femme que je ne cognois pas. Je la suis donc et me glisse derrière la porte subtilement, où je me cache afin d'entendre les discours qu'elles tiendroient, et venir à la cognoissance du motif qui les faisoit acheminer en ce lieu. Je suis esmerveillé que j'entends une grande assemblée de personnes qui n'avoient pas volonté de rire, mais qui estoient merveilleusement affligées; j'ouvrois les oreilles et estois attentif, comme un homme qui a quelque soupçon de sa femme, lequel escoute tousjours attentivement lorsqu'il l'entend parler avec quelqu'un (elle n'estoit certes pas ma femme, ne vous persuadez pas cela). Je demeure quelque temps que je ne pouvois facilement concevoir ce que la compagnie disoit.

Mais enfin j'entens que ceste femme icy (comme je l'entens à sa parole, la frequentant ordinairement) parle en ces termes à une de ses commères, nommée Jeanne Bernet, poissonnière de la place Maubert: Vrayement, ma commère, il semble à vous voir que vous n'estes nullement faschée de l'absence et du departement du roy [1]; au moins vous n'en donnez aucun tesmoignage ny aucune marque evidente.

---

1. On peut voir, par un passage des *Caquets de l'Accouchée*, combien ces départs du roi et de la cour, qui dépeuploient Paris de tous les gens faisant grande dépense, soulevoient de plaintes dans le corps des marchands. Les femmes n'en gémissoient pas moins. Il parut à ce propos : *L'affliction des dames de Paris sur le départ de leurs serviteurs et amis suivant la cour, avec la consolation qui leur est faite sur ce sujet*, par Cléandre.

Mais je croy que peut-estre vous portez et couvez dans l'ame la tristesse qui vous gesne, et la douleur qui vous espoinct et bourrelle l'esprit.

JEANNE BERNET. Que profite-il de declarer son mal manifestement, et donner à cognoistre à tous le tourment qui vous accable, veu qu'il n'y a aucun moyen d'y donner remède? Le roy est parti, ma commère : c'en est faict, le coup est donné, voilà Paris encore une fois bien affligé. De retourner en bref, il n'y a pas d'apparence : les affaires que l'on dict qu'il a maintenant sont trop urgentes et de trop grande importance. Nous voicy au comble de nostre malheur.

—Mais, dites-moy, je vous prie, ma commère, quelles affaires a-il pour le présent? Tous les princes s'en vont, chacun fuit hors de Paris ; le vieil papelard de Chancelier[1] mesme sortoit mardy par la porte de S.-Anthoine pour trainer sa queüe après le roy[2]. Que diable ne laisse-il vistement sa jaquette? Il ne voit plus pour manier les seaux ; il semble qu'il est temps qu'il rende compte[3] : sa conscience est bien chargée. Voilà un estrange cas, que le roy sejourne si peu dans Paris[4].

1. C'est Brulart de Sillery, qui, malgré son grand âge, avoit repris, le 23 janvier 1623, la charge de chancelier, qu'il avoit occupée antérieurement, de 1607 à 1616.

2. Sillery imitoit en cela Du Vair, l'un de ses derniers prédécesseurs, qui avoit suivi le roi dans sa campagne de 1621, pendant laquelle il étoit mort à Tonneins, le 3 août.

3 Sa mort, arrivée le 1er octobre 1624, donna bientôt raison aux caqueteuses. Il avoit rendu les sceaux le 2 janvier précédent.

4. C'étoit le troisième départ du roi. La première fois, il

JEAN. B. J'en suis si affligée que je ne sçaurois ouvrir la bouche pour vous dire la raison. N'en sçavez-vous encore rien, pauvre femme? Il s'en va à Fontainebleau [1]. Mais il a une certaine chose qui lui ronge bien la cervelle! Hélas! le pauvre prince est grandement tourmenté, la cour est bien troublée; le père Siguerand ne sçait de quels traicts de rhetorique user pour apporter quelque consolation; le père Binet [2], avec ses brocards et ses railleries, y perdroit ses parolles. Le père Siguerant [3] alloit l'autre jour à S.-Louis pour demander conseil à ceux de sa compagnie; mais un certain frère Frappart, un de ceux qui a soin de faire tourner la broche et qui maintenant dispose des sausses et faict detremper le poisson, a promis de rescrire (à ce que m'a dit un père à calotte de la mesme société) en Espagne, car il est du pays. Le père, qui a l'oreille du roy, pourra appaiser la tourmente.

—Mort de ma vie! falloit-il que cela arrivât? Le roy d'Espagne [4] a-il envoyé quelque ambassadeur? Que

étoit allé dans le Béarn; la seconde, dans le Poitou.

1. Ce voyage donna lieu à plusieurs livrets : *le Voyage de Fontainebleau*, fait par MM. Bautru et Desmaretz, par dialogue, 1623, in-8; *le Messager de Fontainebleau, avec les nouvelles et paquets de la cour*, 1623, in-8; *le Pasquil du rencontre des cocus à Fontainebleau; le Clairvoyant de Fontainebleau*, 1623, in-8.

2. Le jésuite Etienne Binet, dont nous avons déjà parlé dans une note de notre tome 1er, p. 128, note 2.

3. Confesseur du roi. V. *Fæneste*, édit. Jannet, p. 65.

4. On avoit de vives craintes du côté de l'Espagne; en 1621 il avoit paru un petit libelle : *les Sentinelles au roi*,

n'est-il mort par les chemins, affin que ceste triste nouvelle ne fut parvenuë à l'oreille du roy? On dit que le conseil de France n'est pas beaucoup bon; mais celuy d'Espagne est cent fois pire, puisqu'il a suggeré un acte si estrange au roy. Bon Dieu! que l'Espagnol est mefiant! Il pense aux choses futures; je ne pense pas qu'il se laisse attraper si facilement: il est plus ruzé et plus cauteleux qu'on estime. Le François n'est pas pour estre parangonné [1] à luy. Maudite nation, qui nous a tousjours une inimitié et haine si estrange!

J. B. Voilà une chose estrange, que le roi ne sçauroit estre en repos. Il est tousjours traversé de quelque chose. Est-il possible que messieurs les Rochelois le contraignent encore d'aller vers eux? N'ont-ils pas assez experimenté son bras victorieux [2]?

Une damoiselle des halles, qui etoit plus loing avec l'assemblée de messieurs les gros marchands, s'escarte et s'en vient vers ces femmes icy, et leur tient ces propos: Que dites-vous maintenant, mes-

ou avertissement des dangereuses approches des forces espagnolles pour bloquer le royaume de France et pays circonvoisins, avril 1621, in-8. Mais ce fut bien pis, en 1623; on publia: *Progrès des conquêtes du roi d'Espagne*, etc.; *Dessein perpétuel des Espagnols à la monarchie universelle, avec les preuves d'iceluy*; *Déclaration historique de l'injuste usurpation et détention de la Navarre par les Espagnols*, etc.

1. Comparé.
2. Il y avoit eu en 1621, surtout du 9 au 24 juillet, quelques beaux coups de main de l'armée royale contre la garnison de La Rochelle; mais la ville n'en tenoit pas moins intrépidement.

dames? Il semble que vous avez l'esprit rompu et agité de quelque chose aussi bien que moy! Voilà donc bien tout perdu! le malheur nous accable bien. Je commençois à gaigner ma pauvre vie, et tout d'un coup j'ai esté mise au blanc [1]. Je croyois avoir amassé une bonne pièce d'argent pour passer l'année à mon aise, moy et mes enfans; mais un meschant prouvoyeur m'a emporté deux cens escus: c'est le prouvoyeur de monsieur de Nemours [2]. Il m'a presenté deux ou trois fois de la monnoye de Flandre pour excuse, disant qu'il n'en avoit pas d'autres; mais au refus il s'en est allé, et je ne l'ay plus reveu. Sans doute c'est de l'argent de monsieur d'Aumale. Je ne croy pas pourtant que monsieur de Nemours soit party, car il imiteroit volontiers l'empereur Domitian : il s'amuseroit à prendre des mouches en sa chambre, tant il est lache et coüard. Il faut pourtant que je sois payée. Je ne crois pas que ce prouvoyeur oze faire cela, pour le respect de son maistre, car, si cela venoit à ses oreilles, il en seroit repris.

— Vrayment, ma commère (dit une autre petite friande), les maistres ne s'en font que mocquer. L'au-

---

[1]. C'est-à-dire au dernier sou. Le *blanc* valoit alors 10 deniers.

[2]. Henri de Savoie, duc de Nemours. V. sur lui notre édition des *Caquets*, pag. 162.

Le duc de Nemours avoit épousé, en 1618, la riche héritière de ce prince, Anne de Lorraine. C'est par ce mariage que le duché d'Aumale passa dans la maison de Savoie, où il resta jusqu'en 1675.

tre jour je m'allois plaindre à un certain Camus des Marests du Temple, que chacun cognoist assez pour sa vaillance et grandeur de courage, que son prouvoyeur me devoit quatre cens francs (je craignois qu'il s'en allast avec le roi). Il m'a fort bien faict responce, en sousriant, que ce n'estoit pas à luy qu'il se failloit adresser, et qu'il ne pouvoit que faire à cela. Mais j'ai entendu depuis peu de jours que Dieu l'a puny, car il a perdu environ vingt mille escus au jeu, ce qui afflige fort madame sa femme, car elle ayme l'esclat de l'or, et voudroit volontiers, pour assouvir sa cupidité, se veautrer sur l'or et l'argent, tant elle a son cœur attaché aux biens de ce monde, ne suivant pas en cela l'exemple de son père, qui a foullé au pied les trésors et meprisé les richesses. — Mais une vieille edentée, aagée environ de quatre vingts ans, qui affectionnoit cette maison, commence, toute bouffie de colère, à repliquer: Comment! vous avez tort de parler ainsi. Je fournis le poisson chez son frère, mais j'en suis fort bien payée; l'argent est tousjours comptant, pas de crédit. Dieu mercy, on ne me doit rien de ce coté-là; je voudrois, à la mienne volonté, que tous ceux ausquels je livre ma marchandise me payassent aussi bien comme on me faict chez luy.

L'argent est toujours comptant,
Mais les cornes y sont, pourtant.

—Vrayement (dit monsieur Martin, qui prestoit les oreilles à leur jargon), voilà de beaux discours que vous faictes là ! Ne sçavez-vous pas que cet homme a trouvé la caille au nid? Les pistoles ne luy manquent pas; il a moyen de faire bonne chère et de bien payer. Les tresors luy sont venus en dormant: il a une belle femme et de beaux escus.

— Mais c'est dommage, respondit de la Vollée, qu'il a trouvé le cabinet ouvert, et qu'il n'a pas premier fouillé dans le buffet. Toutefois, si elle a faict ouvrir la serrure, il n'y a remède. L'argent faict tout; pourveu qu'il ne porte pas les cornes, tout va bien.

> Ma femme s'est donné carrière,
> Et elle a pris tous ses esbas;
> Elle est une bonne guerrière
> Qui ne craint beaucoup les combats.
> Encor qu'elle ayt souillé sa gloire,
> Je n'en pleureray pas, pourtant;
> Je mets cela hors ma memoire:
> C'est assez si j'ay de l'argent.

Une jeune camarde vient faire ses plaintes à monsieur Montrouge de ce qu'elle estoit reducte à l'extremité. Je voulois (disoit-elle) fournir le poisson au logis de monsieur le president Chevry[1] et chez monsieur Feydeau[2]. J'estois riche si d'aventure le roy

---

1. V. sur lui une longue note de notre édition des *Caquets de l'Accouchée*, p. 147.
2. L'un des gros financiers de ce temps-là. Son luxe ordinaire fut cause que, dans *la Voix publique au roi*, il est un de ceux qu'on désigne aux rigueurs royales (Recueil A-Z; E, p. 241). Cette famille des Feydeau quitta bientôt la finance et passa dans la robe. (Journal de Marais, *Rev. rétrosp.*, 30 novembre 1836, p. 189.) Au XVIIe siècle, un

n'eust pas recherché ses financiers[1]; mais du depuis l'ordinaire n'a plus bien esté; tout est allé a décadence. Au lieu de prendre pour six à huict escus de poissons, ils n'en prennent plus que pour trois ou quatre. Le pauvre president Chevry estoit tellement espouvanté qu'il n'avoit pas le courage de prendre ses repas. Je croy qu'il avoit crainte de danser sous la corde après avoir tant dansé au Louvre, comme il a faict autrefois. Ses escus ont faict miracle : ils l'ont faict ressusciter, car il estoit mort d'apprehension qu'il avoit. Voilà ce que c'est de tant plumer la poule[2]. Il porte sa croix sur le manteau, tel qu'il est. Je ne sçay si ce n'estoit pas un presage et un augure qu'il devoit avoir pour tombeau la croix. Feydeau estoit en pareilles affaires; il luy est bien venu qu'il avoit un tel gendre pour le deffendre. Voilà quel profit on reçoit de marier sa fille à des

---

Feydeau, qui étoit dans l'échevinage, donna son nom à une rue bien connue de Paris.

1. V. encore, sur cette recherche des financiers, les *Caquets de l'Accouchée*, passim.

2. On connoît cette expression satirique, et le petit livre contre les gens de finance dont elle inspira le titre : *l'Art de plumer la poulle sans crier*, Cologne, 1710, in—12. En 1774, elle avoit encore cours. On la retrouve dans cette jolie épigramme à propos de l'avénement de Louis XVI :

> Enfin, la poule au pot sera donc bientôt mise,
>   On doit du moins le présumer :
> Car, depuis deux cents ans qu'on nous l'avoit promise,
>   On n'a cessé de la plumer.

courtisans et gens d'espée¹. Mais j'eusse esté bien marry qu'on luy eusse faict tort, car j'ay eu beaucoup de son argent. Dieu luy donne bonne vie et longue! Si ce malheur ne luy fut arrivé, j'aurois à ceste heure pour payer un certain papelard, nommé le notaire Rossignol, qui demeure en la rue S.-Anthoine, à qui nous devons quelque somme d'argent. Il seroit content d'avaler toute la marée ; il nous envoye presque tous les jours demander le meilleur poisson que nous avons, et ce, en tesmoignage du delay que nous faisons à le payer. C'est un estrange personnage. Je ne sçay ce qu'il veut faire de ses escus. Il se laisseroit volontiers mourir auprès, tant il est avare, chiche et vilain.

Veritablement, le bien de l'eglise est fort mal employé : jamais une fille ne se doit rendre religieuse pour laisser ses moyens à telles gens. Son gendre est plus honneste homme ; il a une meilleure ame et meilleure conscience ; personne des officiers de l'artillerie ne se plainct de luy.

— Quoy ! respondit une jeune poissonnière du cimetière S. Jean, le mary de laquelle est un des officiers. Vrayement, vous dites bien ! Vous ne cognoissez pas le disciple : luy et son commis Aubert² sont

1. Feydeau avoit marié sa fille au comte de Lude. (*La Voix publique au roi*, ibid.)

2. Sans doute le même qui étoit encore dans les finances en 1649, et dont il est dit, à la page 3 du *Catalogue des partisans*, etc., in-4, qu'il avoit été non seulement commis, mais *lacquais*.

les deux plus hardis voleurs qui soient dans la ville de Paris. On dit que monsieur Donon, je veux dire Larron, a gaigné (s'il faut appeller gaigner un larcin evident) à l'armée cent mille escus pour payer ses debtes, ce qui enorgueillit sa femme. Il y a plus de deux mois que mon mary va tous les jours chez luy pour en estre payé de ses gages. Il est impossible de pouvoir parler à luy; il se faict celer; il s'enferme dans son cabinet. Quand le pape de Rome viendroit et l'iroit demander pour luy donner l'absolution de son larcin, il ne sortiroit pas, tant il est empesché à dresser ses comptes. Sa femme ne l'est pas tant : elle se resjouit et passe le temps joyeusement, allant visiter ses courtisans d'un costé et d'autre, et, lorsque son mary n'est pas au logis, elle loge ses amis. C'est se gouverner en femme de bien d'exercer ainsi les actes de charité, logeant les pauvres et consolant les affligez.

> Quand mon mary s'en va en ville,
> Je demeure dans la maison,
> Là où d'une façon gentille
> J'entonne une douce chanson.
> Je fais venir mon Bragelonne
> Pour m'entretenir de discours,
> Et, quand nous n'entendons personne,
> Nous jouissons de nos amours.
> Gentil mary, prend bon courage;
> Si tu es au rang des cocus,
> Ferme les yeux et fais le sage :
> Mon père a encor des escus.

—Vrayement, c'est bien faict (dict une drolesse qui estoit de la place Maubert). Pour moy, puisque mon mary s'en est allé avec le roy, et que j'ay perdu quinze ou vingt escus que le valet d'un vieil reveur de pedant m'a emporté, je tascheray d'avoir de l'argent d'ailleurs. Je n'ay pas envie de faire encore banqueroutte à ceux qui m'ont fait credit. Si je ne les paye d'une façon, je les payeray d'une autre, pourveu qu'ils me veullent croire. Voicy les bons jours, il faut gaigner de l'argent auparavant que chacun s'adonne à la devotion. Il me faut faire les œuvres de charité, logeant les aveugles, comme faict la femme d'un procureur du Chastelet qui fait la devote; et lors que son badaut de mary va vendre son caquet et gratter le papier, elle va à confesse dans la chambre d'un qui luy donne l'absolution par le devant.

Jeanne le Noir, du marché Neuf, se tient offensée de tels discours. Elle la fait taire, et luy parle en ces termes : Il n'est pas temps de compter icy des sornettes; il ne faut pas chanter devant un affligé, ny rire devant un qui pleure.

—Il est vray, dit le sieur Bonard; certes, vous avez raison. Je ne sçaurois maintenant ouyr parler que de l'infortune qui nous est arrivé. Mon cœur fond en larmes quand j'y pense. Je voudrois bien prendre patience, et toutesfois je ne puis. Contentez-vous donc, ma bonne amie, si nous sommes assez affligez; n'augmentez pas l'affliction par vos sales et importuns discours. Je perds ce caresme presque deux mille escus ; je n'ay pas occasion de rire. Je suis pour le moins autant affligé que monsieur de Crequy[1], qui perdit ces jours passez vingt mille escus, avec un beau diamant d'un fort grand prix. Toutesfois il me semble qu'il ne doit avoir aucune occasion de s'atrister, car, outre que ses coffres sont assez fournis, le connestable[2] en amasse pour luy. L'espérance qu'il a luy doit apporter une consolation et bannir de son esprit toute tristesse. Les frères de Luyne[3] ont bien plus grande occasion de detester leur sort et s'affliger, car ils sont comme chahuans qui n'osent paroistre au jour. Ils ont voulu, comme papillons, s'approcher trop près de la chandelle; ils se sont bruslez les ailes, et ne doivent plus à rien aspirer qu'à vivre doucement avec leurs femmes, qui mordent souvent leurs lèvres de fascherie qu'elles ont d'avoir esté deceues. Bon Dieu! j'esperois faire un grand gain ce Caresme, mais le subit departement du roy m'en a bien osté le moyen.

L'evesque, lequel escoutoit ces discours, comme c'est un fort bon cors d'homme, tasche à les consoler tous, et par des paroles douces et amiables prend peine de leur oster l'ennuy et la tristesse qui les surmontoit. Mes amis, et chère compagne (dit-il), il faut prendre patience parmi les misères du temps : nous sommes en un miserable

---

1. Le maréchal de Créqui. V. sur lui une note de notre édition des *Caquets de l'Accouchée*, p. 170-171.

2. Le connestable de Lesdiguières, dont M. de Créqui étoit le gendre.

3. Depuis la mort de Luynes au siége de Monheur, la situation de ses frères étoit devenue telle qu'on la représente ici.

siècle; nous ne sommes pas seuls qui sommes affligez. J'ay aussi bien perdu comme vous; mais neantmoins je ne me laisse pas emporter ainsi à l'ennuy; je combats la douleur qui me vient environner. Que si j'ay perdu ce caresme, l'année prochaine ma perte sera remplie, avec la grace de Dieu. Je suis d'un naturel que j'espère tousjours; semblable à celui qui esperoit avoir les seaux, et espère encore, mais en vain, possible. Que profite-il à un homme de se desesperer pour chose qui arrive? Celuy qui a vendu son office soubs l'esperance de faire une meilleure fortune par la faveur de feu monsieur de Caumartin [1] a subject de s'attrister, car, pauvre homme, il se voit pipé et frustré de son esperance, et recognoist qu'il ne faut pas tant mettre sa confiance ès choses de ce monde: la mort a empesché son dessein, et il est contrainct de gemir et souspirer amerement.

— Certes vous dittes bien (respondit monsieur de la Volée); nous avons des compagnons, et ne sommes pas seuls qui sommes tombez en la disgrace de la fortune; je vois que les plus grands princes et les plus grandes princesses de la cour trempent dans un mesme malheur. Je cognois une pauvre dame qui estoit retournée d'Italie pour le mauvais traittement de son mary, esperant de se venir ranger

---

1. Louis Lefevre de Caumartin avoit été fait chancelier en 1622, et étoit mort peu de mois après. Nous ne savons quel est l'ambitieux qui, sur sa promesse, à ce qu'il paroît, s'étoit flatté d'obtenir son héritage, et fut trompé par sa mort trop prompte.

sous les ailes de son frère ; mais le sort a voulu, au grand regret de tout le royaume, qu'il a ressenti devant Montauban [1] les traicts funestes et rigoureux de la cruelle Parque ; tellement qu'elle souspire et sanglotte jour et nuict, et est contraincte de faire comme les jeunes filles que leurs parens ne veulent assez tost marier : elle prend sa queue entre ses mains et prend patience. Pour moy, je ne seray pas saisi d'un desespoir comme celuy qui nous a devancé, que chacun cognoit assez pour le traict digne d'admiration qu'il a faict, lequel, ne pouvant obtenir de Sa Majesté ce qu'il desiroit et accomplir ses desseins, s'est fait enterrer au point où vous sçavez. O sepulcre merveilleux ! ô tombeau honorable! Sa sottise estoit grande et son aveuglement estrange. J'ay peur toutefois que quelqu'un de la compagnie fasse le mesme ; Dieu ne veuille ! J'ay resolu, pour moy, d'estre tousjours comme un ferme rocher contre les tribulations qui me surviendroient. Si je ne fais pas bien mes affaires en ce monde, et si la fortune m'est contraire, il n'y a remède ; c'est signe que Dieu m'ayme, et que j'auray mes souhaits en l'autre monde. Belle resolution ! Courage donc, vous autres qui estes tombés en affliction. Monsieur de Schomberg, resjouissez-vous : c'est une marque que le Ciel vous favorise ; si le brigand et voleur de Mercure est mis au nombre des dieux, pour-

---

1. Le siége de Montauban fut très meurtrier pour la noblesse qui combattoit dans l'armée royale. V., sur ceux qui y sucombèrent et sur les soupçons auxquels leur mort donna lieu, les *Caquets de l'Accouchée*, p. 159.

quoy n'y seriez-vous pas mis aussi bien comme luy [1] ?

Martin, un de ceux qui reçoit les deniers, entendant qu'il parloit ainsi, et admirant sa constance, commence à secouer le joug de la douleur et s'esgayer, luy parlant en ces termes : Vrayement, nous sommes insensez de nous tant affliger pour les biens de ce monde! N'avez-vous pas parlé aujourd'huy à monsieur Chanteau? On m'a dict qu'il veut vendre son lict en broderie... Est-il possible? Je ne le crois pas. Certes, s'il le fait, c'est une marque evidente qu'il a bien perdu, aussi bien comme nous.

Madame Roberde, qui estoit en un coing, triste et toute esplorée, comme saisie de fureur et de rage, et faisant destiller de ses yeux un torrent de pleurs, accusant la severité du ciel et blasmant son sort, s'escrie en ces termes (ses cheveux espars ventilloient de toutes parts; sa face estoit toute battue; bref, elle estoit en un triste et deplorable esquipage) :

    Voilà la chance retournée!
    Au diable soit le poisson!
    Je voudrois que de ceste année
    N'en eusse veu en ma maison.

Mais une autre poissonnière, la voyant en ce piteux estat, commence à luy repartir : A la verité, je ne sçay pourquoy vous vous affligez tant. Sus, quittez vos pleurs et vos sanglots. Je devrois bien donc avoir juste occasion de me laisser saisir à la douleur,

---

1. Le trait devient plus piquant lorsqu'on sait que M. de Schomberg étoit surintendant des finances.

moy qui ay tant presté que je suis pauvre maintenant! Vous sçavez que chacun m'a abuzé ; il n'y a provoyeur ny cuisinier qui ne m'ait trompé : les uns m'ont emporté cent francs, les autres deux cens, et les autres cent escus. J'ay encore un cheval d'argent chez nous, comme vous sçavez, lequel est pour gage... Il me faut mourir de faim auprès, car de le vendre ou de l'engager je n'ozerois, veu que celuy auquel il appartient a trop de credit et de puissance : il me ruineroit. Il n'y a rien qui me puisse consoler, sinon que l'on me doit encore un peu d'argent chez monsieur le chancelier ; mais ce vieux radoteur-là est si chiche, qu'il est impossible de tirer de l'argent de luy. Ses officiers sont aucunefois au desespoir... Quand on luy parle d'aller fouiller dans ses coffres, il a la goutte ; mais quand on luy parle d'aller recevoir de l'argent, il va gaillardement ; vous diriez, à le voir, qu'il n'a jamais eu les gouttes. Regardez comment il suit le roi ! Il a envie d'emplir ses seaux, pour le certain. Je n'ay pas tant de peine d'estre payée de monsieur de Beaumarché : c'est un honneste homme [1] ; tous ses serviteurs se louent bien de luy. C'est dommage que cet homme-là n'a de l'esprit ; mais j'ay entendu que

---

1. Beaumarchais n'avoit en aucune façon la réputation d'honnêteté qu'on lui donne ici. Lors de la recherche des financiers, c'est contre lui et contre son gendre, La Vieuville, qu'on sévit le plus rigoureusement. On les accusoit d'avoir volé en quelques mois plus de 600,000 francs. (*La Voix publique au Roy, Recueil* A-Z, E, 237-241.)

c'est une vraye pecore. Aux asnes tousjours l'avoine vient, mais elle manque aux chevaux qui sont capables de quelque chose de bon.

Un bon compagnon de serviteur qui estoit derrière, entendant tous ces discours, se lève et leur dict : Mais on se plaint bien icy de tous les bourgeois et messieurs de la ville qu'on perd à la vente du poisson ; mais personne ne parle de ce que vous avez perdu après messieurs de la religion. Le pauvre ignorant ne sçavoit pas, ou bien il le dissimuloit, que telles gens n'usent point de ceste viande. J'ai veu, dict-il, un certain qui venoit de Charenton, lequel se gabboit de vous autres, disant qu'il vous faudroit saller votre poisson pour l'année prochaine ; mais il esperoit, à l'entendre, que le pape avoit resolu de deffendre le caresme. Je ne sçay si c'est la verité. Les Celestins alors auroient beau manger poisson, vrayment nous les verrions encore une fois aussi gras qu'ils sont. Il feroit bon de prendre la robbe en ceste religion, afin de faire bonne chère, encore bien que leur trongne ordinaire demonstre assez evidemment qu'ils ne jeusnent nullement, ou, s'ils jeusnent, qu'ils font de bons repas. Je cognois un bon père là-dedans qui m'a confessé qu'il mange tous les jours de quarante sortes de mets pour un seul repas avec une quarte de bon vin à vingt-cinq ou trente escus le muys et demy-douzaine de bonnes miches. Ne voilà pas un bon traictement?

— Certes, je ne sçay comment ils ne deviennent pas amoureux : car tant plus qu'un homme est bien traicté, d'autant plus sa concupiscence s'allume et s'enflamme. Toutefois, quand ils le seroient, leur prelat[1] l'est bien. Celuy qui doit estre la lumière, le flambeau et le phare de l'Eglise, se laisse trahyr et piper par ses passions. C'est peut-estre qu'il ne sçauroit à quoy passer le temps. L'oysiveté engendre beaucoup de maux. De feuilleter les livres, je ne sçay s'il a la teste chargée de science. Pour moy, j'estimerois que c'est un asne coiffé d'une mitre, sauve le respect que je luy dois. Quand cela seroit, il n'est pas seul : j'en cognois d'autres, tant prelats que pasteurs, comme le pasteur de Sainct-Germain le Vieil[2], qui, avec sa grande barbe de bouc, ne meriteroit que conduire les oysons. Qu'il ne s'en fasche pas, car je sçay qu'il s'estime estre un grand prophète entre messieurs les curez de Paris.

Monsieur l'eschevin, cependant, qui s'amusoit à parler à ceux de son logis touchant le soupper, vient rejoindre la compagnie, et, voyant qu'il estoit environ huict heures du soir, il les congedie, les conjurant tous de ne se pas attrister, et promettant qu'il mettroit ordre à tout. Cependant de vous dire ce qui fut dict à la sortie je ne sçaurois : car, de peur d'estre descouvert, je commençay à esquiver et fuir vistement. Ils pourront faire une autre assemblée; peut-estre vous en entendrez parler ; quant à moy,

---

1. Jean-François de Gondi occupoit le siége de Paris depuis un an à peu près. Sa vie, dans sa maison de Saint-Cloud, étoit bien telle qu'on la représente ici.

2. C'étoit une petite paroisse située rue du Marché-Neuf. On l'a démolie en 1802. Les maisons portant les n°s 6 et 8 tiennent sa place.

je n'y veux plus aller, car, vers Sainct-Innocent, je courus grand risque et grand peril de perdre mon manteau et avoir les epaulles graissées d'une graisle de coups de baston.

La Moustache des filous arrachée, par le sieur Du Laurens [1].

use et Phebus, je vous invoque.
Si vous pensez que je me mocque,
Baste! mon stil est assez doux;
Je me passeray bien de vous.
Je veux conchier la moustache,
Et si je veux bien qu'il le sçache,
De cet importun fanfaron
Qui veut qu'on le croye baron,
Et si n'est fils que d'un simple homme.
Peu s'en faut que je ne le nomme.
Il se veut mettre au rang des preux
Pour une touffe de cheveux,
Et se jette dans le grand monde
Sous ombre qu'elle est assez blonde,
Qu'il la caresse nuict et jour,
Qu'il l'entortille en las d'amour [2],

1. Sans doute Jacques Du Lorens, de qui l'on a un recueil de satires. La pièce que nous donnons ici ne s'y trouve pas.
2. C'étoit la moustache à l'espagnole. G. Naudé, dans *le Mascurat,* parle des caricatures qui couroient de son temps

Qu'il la festonne, qu'il la frise,
Pour entretenir chalandise,
Afin qu'on face cas de luy :
Car c'est la maxime aujourd'huy
Qu'il faut qu'un cavalier se cache
S'il n'est bien fourny de moustache.
S'il n'en a long comme le bras,
Il monstre qu'il ne l'entend pas,
Qu'il tient encor la vieille escrime,
Qu'il ne veut entrer en l'estime
D'estre un de nos gladiateurs,
Mais plustost des reformateurs,
Et qu'avec son nouveau visage
Il pretend corriger l'usage,
Ce qu'il ne pourroit faire, eust-il
Glosé sur le docteur subtil [1].
L'usage est le maistre des choses ;
Il fait tant de metamorphoses
En nos mœurs et en nos façons,
Que c'est le subject des chansons.
Quiconque ne le veut pas suivre,
Fait bien voir qu'il ne sçait pas vivre.
Les roses naissent au printemps ;

contre les Espagnols, et où on les représentoit avec « leur nez à la judaïque, leurs moustaches recroquillées en cerceau. » Le propre du courtisan étoit, selon Auvray, de toujours

> Bransler le corps, faire un cinq pas,
> *Trousser les crocs de sa moustache.*
>
> (*Satyres* du sieur Auvray, *l'Escuelle*, p. 232.)

1. Duns Scott.

Il faut aller comme le temps.
Le sage change de methode :
On luy voit sa barbe à la mode,
Et ses chausses et son chappeau ;
En ce differant du bedeau,
Qui porte, quelque temps qu'il fasse,
Mesme bonnet, et mesme masse [1] ;
Son habit fort bien assorty,
Comme une tarte my-party,
Toutesfois sans trous et sans tache.
Il n'entreprend sur la moustache
De nostre baron pretendu,
De peur de faire l'entendu
Et en quelque façon luy nuire,
Car c'est elle qui le fait luire,
Qui fait qu'il se trouve en bon lieu
Et qu'il disne où il plaist à Dieu ;
Car il n'a point de domicille,
Et s'il ne disnoit point en ville,
Sauf vostre respect, ce seigneur
Disneroit bien souvent par cœur.
Bien que pauvreté n'est pas vice,
Ceste moustache est sa nourrice,
Son honneur, son bien, son esclat.
Sans elle, ô dieux ! qu'il seroit plat !
Ce beau confrère de lipée,
Avecque sa mauvaise espée
Qui ne degaine ny pour soy

---

1. Les bedeaux de l'Université portoient aux processions, devant le recteur et les quatre facultés, une *masse* ou bâton à tête garni d'argent.

Ny pour le service du roy.
Quoy qu'il ait eu mainte querelle,
Elle a fait vœu d'estre pucelle[1]
Comme son maistre le baron
Fait estat de vivre en poltron,
Je dis plus poltron qu'une vache,
Nonobstant sa grande moustache,
Qui le fait, estant bien miné,
Passer pour un determiné,
Capable, avec ceste rapière,
De garder une chenevière[2].
Il tient que c'est estre cruel
Que de s'aller battre en duël.
Qu'on le soufflette, il en informe,
Et vous dit qu'il tient cette forme
D'un postulant du Chastelet,
Qui n'avoit pas l'esprit trop let,
Et le monstra dans une affaire

---

1. Ceci nous rappelle le couplet qu'on fit contre le maréchal de Villeroy :

> Quand Charles sept contre l'Anglois
>   N'avoit plus d'espérance,
> De Jeanne d'Arc Dieu fit choix
>   Pour délivrer la France.
> Ne t'embarrasse pas, grand roi!
>   Cent fois plus sûre qu'elle,
> Dans le fourreau de Villeroi
>   Il est une *pucelle*.

2. Lieu semé de chenevis. On y mettoit, pour empêcher les oiseaux d'approcher, un mannequin habillé en homme, que le *Dict. de Trévoux* appelle *épouvantail de chenevière*.

Qu'il eut contre un apotiquaire
Pour de pretendus recipez
Où il y en eust d'attrapez.
La loy de la chevalerie,
C'est l'extrême poltronnerie.
Il fait pourtant le Rodomont
A cause qu'il fut en Piedmont,
Ou, que je n'en mente, en Savoye,
D'où vient ce vieux habit de soye,
Qui merite d'estre excusé
Si vous le voyez tout usé :
Il y a bien trois ans qu'il dure.
Fust-il de gros drap ou de bure,
Aussi bien qu'il est de satin,
Il eust achevé son destin.
Mais sa moustache luy repare
Tout ce que la nature avare
Refuse à son noble desir.
C'est son delice et son plaisir,
C'est son revenu, c'est sa rente,
Bref, c'est tout ce qui le contente,
Et fait, tout gueux qu'il est, qu'il rit
Qu'avec grand soin il la nourrit ;
Qu'il ne prend jamais sa vollée
Qu'elle ne soit bien estallée ;
Que son poil, assez deslié,
D'un beau ruban ne soit lié,
Tantost incarnat, tantost jaune.
Chacun se mesure à son aune :
Il y a presse à l'imiter.
Les filoux osent la porter
Après les courtaux de boutique ;

Tous ceux qui hantent la pratique,
Laquais, soudrilles[1] et sergens,
Quantité de petites gens
Qui veulent faire les bravaches,
Tout Paris s'en va de moustaches.
Ils suivent leur opinion
Contre la loy de Claudion.
Vous n'entendez que trop l'histoire...
Nos gueux s'en veulent faire à croire
En se parant de longs cheveux.
Pensez qu'au temple ils font des vœux
Et prières de gentils-hommes.
O Dieux! en quel siècle nous sommes!
Qu'il est bizarre et libertin!
Quant à moy, j'y perds mon latin,
Et suis d'advis que l'on arrache
A ce jean-f..... sa moustache.
Le mestier n'en vaudra plus rien,
Nostre baron le prevoit bien :
C'est ce qui le met en cervelle.
La sienne n'est pas la plus belle.
Il sent bien que son cas va mal.
Je le voy dans un hospital,
Ou qui se met en embuscade
Pour nous demander la passade.
Il peut reüssir en cet art,
Car il est assez beau pendart
Pour tournoyer dans une eglise;

---

1. Le *soudrille* étoit un garnement qui devoit son nom aux drilles ou lambeaux dont il étoit habillé. Une pièce de Saint-Amant a pour titre *Cassation des soudrilles*.

Mais je luy conseille qu'il lise,
S'il veut estre parfait queman [1],
Les escrits du brave Gusman,
Dit en son surnom Alpharache [2].
Bran ! c'est assez de la moustache.

1. Pour *quémandeur*, mendiant.
2. Ce roman de Math. Aleman étoit alors à la mode. G. Chappuis en avoit donné une traduction françoise en 1600, et, trente ans après, Chapelain devoit en donner une autre.

Accident merveilleux et espouvantable du desastre arrivé le 7ᵉ jour de mars de ceste presente année 1618, d'un feu inremediable, lequel a bruslé et consommé tout le palais de Paris[1]. *Ensemble la perte et la ruyne de plusieurs marchands, lesquels ont esté ruynez et tous leurs biens perdus.*
A Paris, chez la vefve Jean du Carroy, rue S.-Jean-de-Beauvais, au Cadran.

M. DC. XVIII.

Messieurs, l'auteur, estant curieux de vous faire entendre une chose prodigieuse et espouvantable, laquelle est du tout digne de memoire et remarquée de plusieurs hommes de qualité, tant spirituels que temporels, voyant un accident arriver au meilleur morceau de

---

1. On connoît, à propos de cet *accident*, la fameuse épigramme si fréquemment attribuée à Théophile, et qui est en réalité de Saint-Amant :

> Certes, ce fut un triste jeu
> Quand à Paris dame Justice,

ceste fameuse ville de Paris, lieu où l'on doit faire la vraye et naturelle justice, nommé le Pallais des roys de France, et le plus digne de tout cet univers, cause d'une chapelle vrayement nommée Saincte, non d'un seul homme, mais de toute la chrestienté, laquelle Dieu a preservé d'un gouffre de feu abominable et inremediable, lequel est descendu du ciel en façon d'une grosse estoile flamboyante, de la grosseur d'une coudée de longueur et un pied de large[1], sur la minuict[2], lequel feu a bruslé et consommé l'espasse d'un jour et demy durant, dans la

> Pour avoir mangé trop d'espice
> Se mit tout le Palais en feu.
> (*Les Œuvres de Saint-Amant*, etc. Paris, 1661, in-8, p. 192.)

Entre autres relations faites sur cet incendie, nous pouvons citer : *Récit de l'embrasement de la grande salle du Palais de Paris le 7 mars 1618*, in-8 ; *Incendie du Palais le 7 mars 1618* ; Boutray, *Histoire de l'incendie et embrasement du Palais*, 1618, et un article de M. Paul Lacroix, dans le journal *l'Artiste*, du mois de février 1836. Le Père Lelong, *Bibliothèque historique de la France*, t. III, p. 343, n° 34,541, a cité les pièces indiquées tout à l'heure, mais il n'a pas connu celle que nous donnons ici. M. Paul Lacroix l'a eue, au contraire, entre les mains : il en cite un fragment.

1. Le *Mercure françois* donne à cet incendie des causes moins surnaturelles. Rapportant ce qu'on en disoit dans le public, il parle d'une chaufferette allumée qu'un marchand auroit laissée dans son banc, et, suivant une autre version, « d'un bout de flambeau » laissé sur un banc par la fille du concierge, et qui auroit communiqué le feu à une corde gagnant les combles. (*Mercure françois*, 1618, t. 5, p. 25.)

2. « Sur les deux heures et demie après minuict, la sen-

DU PALAIS.

grande salle du Palais de Paris, sans y savoir mettre aucun remède, comme demonstrant que ce feu voulloit demonstrer la justice de Dieu et l'ire et le courroux de la très saincte Trinité, demonstrant aux pecheurs qu'il faut qu'ils se convertissent et ayent tousjours Dieu en leur memoire, sans s'amuser à amasser des biens terriens et delaisser les moyens de parvenir au royaume de Dieu; tellement que ce feu commença le septiesme jour de mars, à une heure après minuit, à monstrer sa force et brusler et consommer toutes les anciennes antiquittez de ce royaume françois, car en une nuict fait plus de deluge que cent hommes ne sçauroient avoir refaict en un an. C'est une chose impossible à l'homme, tel qu'il soit, d'avoir veu un feu si vehement et si cruel qu'estoit celuy-là : car vingt mille personnes ne pouvoient, avec toutes leurs forces et à force d'eauë, estaindre la grande furie de ce feu. Premierement, la chapelle où on cellebroit la messe, dans la grande salle du Pallais, est du tout consommée; tous les roys [1] qui estoient en statuë de pierre de taille, sont du tout consommez; la voûte de la grande salle

tinelle du Louvre, du costé de la Seine, aperçut comme un cercle de feu sur le haut de la couverture de la grande salle du Palais. » *Ibid.*, p. 18.

1. « Les pilliers furent, par la violence du feu, tous gastez, la table de marbre réduicte en petits morceaux, et les statues des roys nichées contre les parois et piliers toutes défigurées et perdues. » *Id.*, p. 22-23. — Pour la fameuse *table de marbre*, qui fut détruite alors et ne fut pas remplacée, on peut voir un très curieux passage de la *Description de... Paris au XVe siècle*, par Guillebert de Metz, publiée par

flamboyoit ainsi comme si la pierre eust esté du souffre; toutes les boutiques des marchands, tant de l'entrée que dans la salle, ont esté toutes bruslées et consommées, si bien que la perte faicte par ce feu est cause de la ruyne de beaucoup de pauvres marchands, lesquels avoient tous leurs moyens dans leur boutique [1].

Alors ce feu se jetta dans le derrière du costé de la rivière, et commença à gaigner la prison de la conciergerie [2], et montra sa force, evidemment à

M. Le Roux de Lincy, 1855, in-8, p. 53. — Quant aux statues des rois, cet incendie, dont elles eurent tant à souffrir, fut pour Peiresc l'occasion de faire, à propos de l'une d'elles, une singulière découverte. « Peiresc, dit Requier, son biographe, accourut au fort de la nuit à ce triste spectacle avec Jacques Gillot, membre distingué du Parlement. Il y mena ensuite successivement presque tout ce qu'il y avoit de sçavant dans la capitale, pour voir celles des statues de nos rois dont il restoit quelque chose, les autres ayant été réduites en cendres. Aucun de ces savants ne pouvant dire de qui étoit la statue qu'on avoit vue avant l'incendie avec le visage mutilé, Peiresc prouva, par une niche qui restoit, que c'étoit celle de Henri d'Angleterre, que Charles VII s'étoit contenté de mutiler sans la faire abattre, parcequ'il destinoit une place à la sienne autre que celle que l'usurpateur avoit occupée. » *Vie de Nicolas-Claude Peiresc*, Paris, 1770, in-8, p. 171.

1. « Quant aux marchands accourus pour sauver leurs biens..., ils veirent leurs moyens consumez sans y pouvoir donner secours ; il y eut quelques marchandises sauvées au quatrième pillier, mais peu... » *Mercure françois*, id., p. 19.

2. « Sur les cinq heures un quart, le feu prend à une tourelle près la Conciergerie... Il s'éleva une clameur pitoya-

cause du vent qu'il faisoit, et aussi de la grande secheresse du bois, lequel estoit anciennement servant à la dicte prison : de façon que sur les cinq heures du matin jusques à huict heures, l'on voyoit d'une lieue autour de Paris flamber ce feu et consommer tousjours plus de vingt heures durant, sans que jamais les forces des hommes, milliers à milliers, ne l'ont sceu estaindre, tant par eauë que par industrie artificielle, et mesmes des pauvres prisonniers, lesquels ont enduré de grandes fatigues à cause de la furie de ce feu; tellement que tout le meilleur du Pallais a esté bruslé, sauf la galerie des prisonniers, laquelle a esté sauvée, tant par les marchands qui avoient interest que par ceux qui y ont donné confort et ayde, si bien qu'à la fin l'on y a donné si bon ordre que peu à peu on a trouvé le moyen le faire mourir et esteindre, après une grande perte et un grand travail de corps de plus de deux milles personnes y travaillans; mais nostre Dieu a preservé sa saincte Chapelle, demonstrant à son peuple qu'il desire estre honoré et glorifié.

Nous pouvons bien cognoistre que ce feu nous signifie un commencement de l'ire de Dieu, et Dieu

ble de miséricorde et de secours... par les prisonniers, qui se vouloient sauver de force. Mais Monsieur le procureur général en fit conduire les principaux par Defunctis, prévost de robbe courte, aux autres prisons de la ville. » *Id.*, 20-21.
— Ce Defunctis est le même qui, ayant fait à Fæneste « la plus grande trahison », lui avoit rendu si deplaisante à dire, à cause du dernier mot, cette prière : « *Laus Deo, pax vivis, requies* Defunctis. » *Les Aventures du baron de Fæneste.* Édition Jannet, p. 63.

est courroucé contre nous, car ce feu nous signifie l'achevement du monde et une ferme croyance que nous devons avoir en la misericorde spirituelle de Dieu, et nous tenir tousjours prêts pour combattre contre l'ennemy de nos ames et embrasser la croix de nostre vray Dieu et sauveur pour nous asseurer; et mesme, en ce sainct temps de caresme, nous nous devons reconcilier en Dieu et lui demander pardon et misericorde de nos pechez, pour et à celle fin que nous parvenions à l'heritage qu'il nous a acquis par sa mort et passion, le suppliant d'avoir pitié de nous et nous preserver doresnavant de tels accidens.

Arrest de la cour de Parlement sur le divertissement faict au Palais, pendant l'incendie y advenu, des sacs, procez, pièces et registres qui y estoient[1].
A Paris, par Fed. Morel et P. Mettayer, imprimeurs ordinaires du Roy.

M.DC.XVIII.

Avec privilége de Sa Majesté.

La cour, sur la plainte à elle faite par le procureur general du roy du divertissement faict au Palais, pendant l'incendie y advenu, des sacs, procez, pièces et registres qui y estoient, a enjoint et enjoint à toutes personnes, de quelque qualité, estat et condition qu'ils soient, qui ont pris et emporté, trouvé par ac-

---

1. C'est cet enlèvement des pièces et registres épargnés par le feu qui donna lieu à l'opinion, encore répandue aujourd'hui, que l'incendie avoit été allumé afin de faire disparoître tout ce qui étoit relatif au procès de Ravaillac, si plein, disoit-on, de révélations compromettantes pour une foule de personnes. Toutefois, un grand nombre de pièces

cident ou autrement parvenu en leurs mains, en quelque façon que ce soit, des sacs, procez, pièces, tiltres, registres, minuttes et autres papiers, qu'ils ayent promptement à iceux porter et mettre ès mains de M. Jehan du Tillet, greffier de ladite cour, ou son commis, en sa maison, scize rue de Bussi, en ceste ville de Paris, sans aucuns retenir par dol, fraude ou autrement, à peine de punition exemplaire; desquels sacs, registres, papiers et tiltres ledit greffier ou son commis tiendra registre des noms, surnoms et demeure de ceux qui les auront portez, dont il en baillera descharge, et faict taxe s'il y eschet, pour estre lesdits sacs et pièces par après remis aux greffiers civil, criminel et autres qu'il appartiendra; fait inhibitions et defenses, sur les mesmes peines, à tous marchands, apothicaires, papetiers, cartiers, merciers, espiciers et autres, achepter directement, ou indirectement par personnes interposées, aucuns parchemins, papiers escrits en minutte ou grosses, ny employer à leurs pacquets et mestiers, ains, si aucuns leur sont offerts et portez, leur enjoinct les retenir et denoncer à justice. Et à ce qu'aucun n'en pretende cause d'ignorance, sera le present arrest leu et publié tant à son de trompe, cry public, que aux prosnes des eglises des paroisses; ordonne que le procureur general du roy aura com-

---

avoient été préservées. En outre des greffes, dont nous parlerons plus loin, on avoit sauvé les papiers du parquet des gens du roi et ceux du greffe du trésor.

Le *Mercure françois* (1618), t. 5, p. 24-25, donne aussi la teneur de cet arrêt.

mission pour informer de la retention et recellement, et luy permet obtenir monition afin de revelation. Faict en parlement le huictiesme mars mil six cens dix-huict.

Signé : VOYSIN[1].

---

[1]. Ce greffier, accouru au premier bruit du feu, « estant entré, par le costé du Jardin du roi, dans ses greffes, sauva ses registres et ce qu'il y avoit. » *Mercure françois*, id., p. 19. — C'est ce même greffier qui, seize ans auparavant, avoit lu au maréchal de Biron sa sentence de mort. V. *Journal de l'Estoile*, 31 juillet 1602.

Ordonnances generalles d'amour, envoyées au seigneur baron de Mirlingues, chevalier des isles Hyères, pour faire estroitement garder par tous les secretaires, procureurs, postulans et advocats de la Samaritaine, tant en la dicte juridiction qu'au ressort de la Pierre au Laict et autres lieux endependant[1].

A Paris, par Jean Sara, devant les Escoles de decret. 1618.

In-8°.

Genius, par la grace de Dieu, archiprestre d'amour, vicaire et lieutenant general pour Sa Majesté en tous ses païs et contrées, à tous presents et advenir, salut.

Comme de toute memoire, mesme dès le commencement du monde, nous avons pris soubs nostre

---

1. Ces *ordonnances* sont une des œuvres gaillardes d'Estienne Pasquier. Il faut les joindre à son recueil de vers sur *la Puce* de Magdelaine Des Roches (V. notre tome 1er, [p. 364), à son *Monophile* et à ses *Colloques d'amour*. Elles n'ont jamais été comprises dans ses œuvres complètes. C'est un tort : les éditeurs n'auroient pas dû les renier plus que Pasquier ne les renie lui-même. Dans une *Lettre à M. de Ma-*

charge toutes les affaires de nostre grand et souverain prince d'amour, au maniement desquelles nous nous y sommes comportez comme tout bon et loyal vassal est tenu de faire envers son seigneur et patron,

rillac, seigneur de Ferrières, conseiller du Roy et maistre ordinaire en sa chambre des comptes (Lettres, liv. 2, lettre 5), il s'avoue gaîment l'auteur de ces *folles ordonnances, qu'il avoit faites à un jour des Roys.* « Parceque, dit-il à M. de Marillac, pour le present, mettez toute vostre estude à bastir, je vous ai voulu imiter, mais d'une imitation si gaillarde que je me puis bien vanter vous passer de tout poinct : car, au lieu que materiellement dressez palais et chasteaux, pour estre receptacle de vous et de vos amis, j'ay voulu d'un plus haut dessein bastir une republique, et encore republique composée sur un modèle si spacieux qu'elle ne s'estendra point à un seul peuple, comme est l'ordinaire de toutes loix, ains generalement à tous, de quelque estat, qualité, region et religion qu'ils soient. Ce sont les ordonnances d'amour, que je vous envoie, les quelles, sous l'authorité de Genius, archiprestre d'amour, ont esté publiées aux grands arrests tenus la veille des Roys, en ma maison, en presence de nostre roy, en une bien grande assemblée, tant d'hommes que de damoyselles. Vous jugerez, par la lecture d'icelles, si je suis digne d'estre ou chancelier d'un grand monarque, ou grand escuyer des dames, ou l'un et l'autre ensemblement. Voilà de grandes et superbes propositions. Pour le regard de la première, je vous remet devant les yeux ces belles et magnifiques loix, loix que je peux dire, sous meilleurs gages que Ciceron en sa harangue pour Milon, non dictées, ains nées, les quelles nous avons apprises, prises, ou par longue étude acquises, ains qui de la mesme nature se tirent, s'inspirent, et de ses propres mamelles s'espuisent : de manière que je me vanteray que les autres ne sont que masques au regard de celles-cy. Partant, peut-

toutesfois n'y avons sceu tenir telle main que, par longue traicte de temps, les opinions de nos subjects ne se soient trouvées fluctuantes, pour l'incertitude qu'ils disoient avoir par faute de bonnes ordon-

on à bonne et juste raison dire, selon le vieux proverbe françois, que j'y ai bien planté mes seaux ; conséquemment que c'est à moy au quel appartient ce grand estat de chancelier. D'un aultre costé, si vous considerez le sujet et de quelle vivacité j'ay enfourné le faict des dames, il n'y a homme de jugement qui ne me declare digne d'estre leur grand escuyer. » Pasquier ajoute toutefois qu'il se pourra qu'on lui refuse ce dernier titre, « pour quelque impuissance, dit-il, que jugez assez mal à propos estre en moy, par un argument superficiel, c'est-à-dire d'un visage blesme, d'une delicatesse de membres, d'une calotte qui me faict bonne compagnie... Je me conformerai donc en cecy, non à vostre commandement, mais bien au privilége commun des roys et princes, lesquels, pour estre les premiers ordinateurs de leurs loix, se donnent loy de n'y obeyr. » La Croix du Maine (*Biblioth. franç.*, au mot Est. Pasquier) n'oublie pas de mettre cette pièce gaillarde au nombre des ouvrages du grave magistrat. Il l'indique ainsi : « Les ordonnances d'amour, imprimées au Mans et en autres lieux, sous noms dissimulés, le 26e arrêt d'amour. » La Monnoye, dans une note sur ce passage (*édit.* de Rigoley de Juvigny, t. 1, 185-187), déclare ne pas savoir ce que La Croix du Maine entend par ce 26e *arrêt d'amour.* « Je ne puis même, dit-il, deviner ce que c'est, n'y ayant en cela nulle allusion aux anciens arrêts d'amour de Martial d'Auvergne, les quels excèdent de beaucoup le nombre de vingt-cinq. » Quant à l'édition du Mans dont parle l'auteur de la *Bibliothèque françoise*, ce doit être, d'après M. Brunet (*Manuel du Libraire*, 3, 644), et d'après M. Feugère (*Essai sur la vie et les ouvrages d'Estienne Pasquier*, p. 208), la même que celle dont voici le titre :

nances, disans pour excuse generalle qu'à la verité ils estoient fondez en quelques longues coustumes qu'ils tenoient de père en fils, non toutesfois reduictes et redigées par escrit, au moyen de quoy ils estoient infiniment travaillez, par ce que, lorsqu'il se presentoit quelque different sur l'usage desdites coustumes, ils n'en pouvoient faire la verification par tourbes, d'autant que, selon leurs anciens sta-

---

Ordonnances generales d'amour, envoyées au seigneur baron de Myrlingues, chancelier des isles d'Hyères, pour faire etroitement garder par les vassaux du dit seigneur, en sa juridiction de la Pierre-au-Lait, imprimé à *Vallezergues par l'autorité du prince d'Amour,* 1564, petit in—8º de 12 feuillets. Un exemplaire en fut vendu 12 francs chez la Vallière. Selon La Monnoye (*loc. cit.*), une autre édition, donnée en 1574 « en Anvers, chez Pierre Urbert », porteroit une fausse indication de lieu et auroit été publiée au Mans comme la première. C'est cette seconde édition, dont le titre ne diffère de celui de l'autre que par la mention prétendue fausse citée tout à l'heure, qui a été reproduite par M. Techener dans la 7e livraison de ses *Joyeusetez*, etc., d'après un exemplaire qu'il avoit acheté dans une vente publique à Londres vers la fin de 1828, et qu'il ne possède plus depuis long-temps. Celle que nous reproduisons, avec son titre et sa date, n'est citée ni par La Monnoye, ni par M. Brunet. M. Feugère l'avoit connue par le Catalogue de la Bibliothèque impériale ; mais, faute de pouvoir s'en faire communiquer l'exemplaire inscrit, il avoit pensé et il avoit écrit : « La Bibliothèque, en réalité, ne possède ni cette édition, ni les précédentes. » Nous avons été plus heureux que M. Feugère : l'exemplaire de l'édition de J. Sara, 1618, a pu nous être communiqué, et nous l'avons fait transcrire avec le plus grand soin, en y joignant tout ce qu'on avoit retranché de l'édition de

tuts, ils ne pouvoient à la confection de leurs preuves y employer plus de deux temoins ; nous requerant, pour ceste cause, que leur voulussions bailler par escrit loix et constitutions certaines, afin de tranquilliter entre eux toutes choses, et qu'aucune ne se peut d'icy en avant masquer d'aucun pretexte d'ignorance : — Parquoy nous, enclinans à leurs supplications et prières, mesmement pour satisfaire, en tant qu'à nous est, à l'office et devoir auquel nous sommes appelez, après avoir le tout deliberé meurement avec les gens de nostre conseil estroit, avons, par leur advis, de nostre certaine science, pleine puissance et auctorité qui nous est octroyée par amour, statué et ordonné, statuons et ordon-

1574, c'est-à-dire tout ce qui va de l'art. 48 jusqu'à la fin, et en marquant les variantes de texte d'après cette même édition. — Nous ferons d'abord remarquer les différences qui existent, pour le titre, entre cette édition de 1618 et les précédentes. Sur le titre de celles-ci, transcrit plus haut, il n'est pas question de la Samaritaine, qu'Estienne Pasquier put bien voir, puisqu'il ne mourut qu'en 1615, mais dont il ne pouvoit parler en 1564. Le ressort de la Pierre au let, qui y est indiqué, nous avoit fait penser d'abord qu'Estienne Pasquier habitoit dans les environs de la rue de ce nom, dans le quartier Saint-Merry ; mais, nous étant convaincu qu'il n'avoit demeuré que loin de là, sur la paroisse Saint-Severin et au quai de la Tournelle, nous avons cru voir dans cette indication une simple réminiscence d'un passage de Villon où *la Pierre au let* est ainsi nommée comme un lieu où toute *ordonnance d'amour* trouveroit qui régenter. La baronie de Mirlingues est un souvenir de *Pantagruel*, liv. 3, ch. 36.

nons, pour loy et edict à jamais irrevocable, ce qui suit :

1. Premierement, pour autant que nostre intention generalle est de bannir et exterminer le vice le plus qu'il nous sera possible d'entre nos subjects, lequel, la pluspart du temps, prend ses racines de la loy mesme, parce que nous ne reconnoissons point le peché, sinon qu'il est prohibé par la loy ; pour ceste cause, declarons que là où ès autres lieux tous legislateurs se debordent en une infinité de prohibitions et defences, au contraire nous entendons estre fort sobres en icelles, et estendre nos ordonnances à toutes permissions honnestes et naturelles, aymans mieux, par telles permissions, recevoir obeissance de nos subjects que par multiplicité de loix prohibitoires les accoustumer à se rendre refractaires et desobeissans à nous par un insticct particulier de leurs natures.

2. Et, par ce que nous desirons establir de fond en comble nostre republique de telle façon qu'il n'y ait jamais à redire, et que ce ne soit qu'un corps composé de plusieurs membres, pour laquelle cause nostre opinion est d'insinuer entre nous sur toutes choses la charité et amour reciproque, voulons et nous plaist que ceste nostre republique sera desormais appellée le Convent de la Charité, dont les supposts seront dicts et nommez confrères, ausquels tous nous enjoignons sur toutes choses de vacquer au contentement des uns et des autres.

3. Ce neantmoins, sur les difficultez qui se sont presentées en ce premier establissement de police,

les aucuns des confrères disans que, pour le contentement d'un chacun, il falloit que toutes choses fussent communes, et les autres, au contraire, approuvans seulement le *mien* et le *tien*, Nous, pour satisfaire aux uns et aux autres, et suyvre une moyenne voye, n'ostons en tout et par tout la communauté, aussi ne la permettons de tout poinct, mais y etablissons entre deux la *compassion*, qui sera une reigle à chacun pour sçavoir ce qui luy doit estre propre ou commun.

4. Pour extirper les abus qui ont par cy-devant eu vogue, par faute d'avoir presté par les curez residence actuelle sur les lieux de leurs benefices, il n'y aura autres beneficiers que commandataires et prieurs, dont ceux-là seront mariez et ceuxci non, ausquels nous enjoignons de resider actuellement sur les benefices dont ils seront jouissans; autrement se pourront pourvoir les plus diligens encontre eux par devolutz [1], sur lesquels benefices ceux-là qui seront en quelque faculté graduez seront tenus d'insinuer leurs nominations en personne, et non par procureurs.

5. Et, toutesfois encore que tels beneficiez facent residence sur leurs benefices, si est-ce que là, et au cas que par maladie, ancien aage ou autrement, ils ne pourront bien et deuement vacquer au fait de leurs charges, ils seront tenus prendre coadjuteurs,

---

1. *Dévolu* se disoit du droit acquis à un supérieur de conférer tout bénéfice, quand l'inférieur et collateur ordinaire négligeoit de le conférer, ou l'avoit conféré à une personne incapable.

vicaires et vicegerantz, ou viportants[1] de qualitez requises, pour suppleer le deffaut de leurs impuissances.

6. Comme ainsi soit que le principal but de tout bon legislateur doive estre l'union et concorde de ses subjects en une mesme religion, en laquelle nous voyons pour le jourd'huy les meilleurs esprits bigarrez et partialisez[2], n'entendons en rien remuer les anciens statuts qui nous ont esté prescripts et proposez par nos pères, ains, ensuyvant leurs bonnes et louables traces, approuvons les vœux, professions, offrandes, merites et confessions auriculaires, et encores que nous retenions les prières qui se font pour les morts et la veneration des images; si avons-nous en speciale recommandation les prières qui se font pour les vifs et celles qui s'adressent aux images vifves.

7. Et, au surplus, d'autant que nous avons depuis quelques revolutions d'années cognu par experience que plusieurs, abusans du mot de fidelité, l'avoient de religion tourné en partialité, nous, pour obvier à toutes seditions intestines qui nous pourroient estre par telles sortes de mots procurées, exterminons et rejettons[3] de nostre convent tous fidelles.

---

1. *Var.* de l'édit. de 1574 : *personnages*.

2. *Divisés en partis*. Pasquier s'est servi ailleurs de cette expression : « Voyant son royaume partialisé en ligues pour la diversité des religions. » *Recherches de la France*, liv. 6, ch. 7.

3. Encore une expression favorite de Pasquier. Il a dit, en son *Pourparler du prince* : « Je serois d'advis de l'*exter-*

8. Cognoissans que l'une des premières et principalles corruptions de toute republique est l'oysiveté, comme celle par laquelle non seulement tout peché prend sa source, mais aussi sa nourriture et accroissement ; desirant songneusement que ce vice ne provigne[1] aucunement entre nous, nous prohibons et defendons toute oysiveté en nostre convent, en quoy entendons que chacun soit si estroit et religieux observateur de ceste loy, que ne voulons qu'il soit proferé aucune parolle oyseuse et sans effect.

9. Ce neantmoins, par ce que nous ne sçaurions du tout estranger les pauvres de nous, suyvant ce qui est escript : *Pauperes semper vobiscum habebitis*[2], nous, pour ceste occasion, ne voulans en rien dementir l'Escripture, ne rejectons d'entre nous les pauvres et mendians, ores qu'ils fussent valides, lorsqu'il ne tient point à eux qu'il ne soient mis en besongne ; et singulièrement recommandons à toutes dames et damoiselles avoir pitié des pauvres honteux qui ne demandent l'aumosne publiquement aux

---

miner de ceste nostre compagnie. » Sur ce mot, pris dans le sens de chasser, pousser hors des limites (*ex terminis*), et dont Racine a fait tant de fois un éloquent usage, on peut lire une dissertation dans le *Journal littéraire* de Clément, t. 2, p. 58.

1. Mot emprunté à la langue des vignerons, qui appellent *provin* la branche de vigne d'où doivent sortir les nouvelles souches. Pasquier se sert ailleurs du mot *provigneur*, qui en vient aussi. Il parle, dans ses *Recherches de la France* (liv. 5, ch. 14), d'un tas « d'escoliers italiens que l'on appelle docteurs en droict, vrais provigneurs de procez. »

2. *Var.* : habetis.

portes, sur quoy nous chargeons leurs consciences. Aussi enjoignons auxdicts pauvres que, s'ils trouvent à estre mis en œuvre, ils s'y emploient fort et ferme; surtout ordonnons que toutes aumosnes se feront par devotion, et non par police.

10. Pour l'abreviation des procez, nous ostons tous contredictz et reproches entre le mary et la femme.

11. Et pour autant que la malice des plaideurs a introduict plusieurs cavillations[1] en practique, faisans, la pluspart d'entre eux, pour la multiplicité des appoinctemens[2] qui s'y trouvent, une banque de tromperie; à quoy nous, desirans couper toute broche[3], voulons et nous plaist que doresnavant n'y ait plus qu'un appoinctement, qui sera que les parties se pourront appoincter en droict et joinct, et produire d'une part et d'autre tout ce que bon leur semblera.

12. S'entrecommuniqueront lesdites partyes leurs pièces respectivement, puis se vuydera le procès à huys clos, par compromis et amiable composition; et à ce faire seront speciallement appellez les vidames[4], auxquels nous commandons, et très rigou-

---

1. Ruses, subtilités, du latin *cavillatio*, qui avoit le même sens. On en avoit fait l'adjectif *cavilleux*, que nous trouvons déjà dans la *Chronique de Saint-Denis*.

2. Arrangements, accommodements.

3. *Couper broche* à quelque chose se disoit par allusion au tonneau en perce, dont on ne peut plus tirer le vin quand la *broche* ou *cheville* a été coupée. (*Dict. de Trévoux.*)

4. Ce mot que l'on ne croiroit mis ici que pour les be-

reusement enjoignons n'aller mollement, ains roidement et rondement en besongne, sur peine de suspension de leurs estats, pour la première fois, et de privation, pour la seconde.

13. Nous n'ostons cependant les consignations; mais, au lieu qu'elles se payent ès autres endroicts dès l'entrée du procès, seront les partyes tenues de consigner en communiquant leurs pièces.

14. Pour la verification[1] des procès, ne seront les espices ostées, mais bien seront reduictes à l'instar qu'elles estoient au temps passé, en dragées et confitures[2], à la charge, comme dit est, que ceux qui visiteront les pièces seront tenus de bien et diligemment les

soins de la gaillardise, se trouve en réalité fort bien à sa place dans une pièce publiée au Mans, ville où le vidame, avoué de l'évêque, jouissoit plus qu'ailleurs d'une grande puissance, et avoit une juridiction très étendue. V. *Mémoires des intendants* (Maine), art. *Noblesse*, et Denisart, *Collection de jurisprudence*, art. *Chasse*.

1. *Var.* : visitation.
2. « En France, du commencement, les juges ne prenoient aucun salaire des parties, au moins par forme de taxe, et contre leur volonté : car les *espices* estoient lors un présent volontaire que celui qui avoit gagné sa cause faisoit par courtoisie à son juge ou rapporteur, de quelques *dragées, confitures* ou autres espices... A succession de temps, les espices ou espiceries furent converties en or, et ce qui se bailloit par courtoisie et libéralité fut tourné en taxe et nécessité. » (Loiseau, *Des offices*, liv. 1er, ch. 8.) Estienne Pasquier (*Recherches de la France*, liv. 2, ch. 4) s'est expliqué lui-même sur ce changement du don volontaire en taxe et des espices en argent. « Le malheur du temps, dit-il, voulut tirer telles libéralités en conséquence... Le 17e jour de

feuilleter et approfonder, en sorte que tout se face à la conservation du droict des parties.

15. En toutes les dites matières y aura lieu de prevention.

16. Sur les vacations requises par les gens mariez, avons renvoyé leur requeste pour en déliberer plus amplement à nostre conseil. Toutefois, par provision, et jusques à ce qu'autrement en ait esté par nous ordonné, sera l'arrest des arreraiges requis par les femmes à l'encontre de leurs maris[1] en tout et partout executé selon sa forme et teneur.

17. Defendons de faire le procès extraordinaire à quelque personne que ce soit, si ce n'est chez les accouchées[2] ou autres bureaux solennels à ce expressement dediez; ausquels lieux seront traictez et decidez tous affaires d'estat, et signamment ceux qui concernent les mariages inegaux, soit pour le regard de l'aage, des mœurs ou des biens, et pareillement les bons ou mauvais traictemens des maris à l'endroict de leurs femmes, et, au reciproque, des femmes envers leurs maris. Les entreprinses qui se font par unes et autres dames au pardessus de leurs

---

may 1402 fut ordonné que les espices qui se donneroient pour avoir visité les procez viendroient en taxe... Depuis, les espices furent eschangées en argent, aimant mieux les juges toucher deniers que des dragées. »

1. Nous trouvons dans l'*Ancien Théâtre françois*, t. 1, pag. 111-128: *Farce nouvelle, très bonne et fort joyeuse, des femmes qui demandent les arrerages de leurs maris, et les font obliger par nisi*, etc.

2. M. Le Roux de Lincy, dans son Introduction à notre édition des *Caquets de l'Accouchée*, a cité ce passage.

puissances et dignitez, et, à peu dire, toutes telles matières qui regardent tant la police que le criminel. En quoy nous enjoignons et très expressement commandons à toutes dames, damoiselles et bourgeoises, de quelque estat et condition qu'elles soient, vuyder sommairement et de plein telles matières, sans aucun respect ou acception des personnes.

18. Defendons les injures verbales; permettons toutesfois aux maris, pour la primauté et puissance qu'ils ont dessus leurs femmes, de se pouvoir rire et gausser d'elles en toutes compaignies, à la charge que leurs femmes s'en pourront revencher en derrière.

19. D'autant que la multitude et pluralité d'officiers n'apporte autre chose qu'une confusion en toutes republiques, et ny plus ny moins que la tourbe des medecins est la ruine de nos corps, à ceste cause, avons, par edict perpetuel et irrevocable, cassé, supprimé et annullé, cassons, supprimons et annullons tous estats de judicature, horsmis nostre Parlement et la basse marche des maistres des requestes ordinaires de nostre hostel; et, au lieu des comtes, prevosts, baillifs et seneschaux, avons retenu les vicomtes, viguiers, vidames, erigeans en officiers nouveaux les vibaillifs et les viseneschaulx.

20. Aussi, recognoissans que la pluspart des procès s'immortalise de jour en autre par le moyen de nos chancelleries, qui furent autrement introduictes pour ayder aux affligez, et non pour couvrir et perpetuer la malice des chicaneurs, avons en cas sem-

blable supprimé et annullé toutes nos dites chancelleries, et se pourvoiront les parties par devant les juges ordinaires des lieux. Interdisons toutefois toutes manières de reliefs[1] aux hommes, de quelque aage qu'ils puissent estre, sinon qu'ils veuillent estre declarés niays[2]. Et quand aux femmes, leur permettons d'estre relevées après bonne et meure cognoissance de cause, c'est à sçavoir, après que leur cas aura esté expedié et depesché par nos vidames, vicomtes, viguiers, vibaillifs et viseneschaux, lesquels, pour le soulagement du public, nous voulons en cest endroit faire estat des maistres des requestes et des secretaires.

21. En continuant les anciens priviléges qui ont esté de tout temps et ancienneté octroyez aux clercs tonsurez et non mariez, les declarons francs et exempts de toutes aides, subsides, et n'y aura que les gens mariez qui seront desormais sujects, tout ainsi comme auparavant.

22. Entre gentilshommes et damoyselles, permettons la venerie, fors que nous leurs defendons et sur toutes choses inhibons de chasser aux grosses bestes.

23. Semblablement defendons, entre toutes les voleries, celle du *faulcon*.

---

1. *Reliefs d'appel*, c'est-à-dire, en terme de chancellerie, les lettres qu'on obtenoit pour relever un appel interjeté, et faire intimer pardevant le juge supérieur la partie qui avoit eu gain de cause par une première sentence.

2. *Sot*, dans le sens qu'on donnoit alors à ce mot quand il s'agissoit des maris. « Les frères, où pour le moins les

24. Ne derogeons cependant aux priviléges des gentilshommes, ausquels permettons de fureter aux connils¹ dans les garennes, et aux gens de condition roturière dans les clapiers; et toutesfois n'empeschons aux nobles de chasser quelquefois aux clapiers, ny aux roturiers de chasser aux garennes, selon que les occasions se presenteront.

25. Jaçoit ce que cy-devant, pour les inconveniens et scandales qui sont survenus, nous ayons defendu le port d'armes entre nos confrères, toutesfois, voyant que la plupart d'iceux s'aneantissoient, ce qui pourroit au long aller tomber au grand detriment et dommage de nostre convent, advenant nouvelle guerre, sera à l'advenir permis à chacun de porter pistolets, batons de feu² pour gibier; et afin qu'il n'y ait aucun mescontentement, et que les dames et damoiselles ne se plaignent, comme si par nous estoit octroyé plus de prerogative aux hommes qu'aux femmes, voulons qu'elles en portent le rouet.

26. S'il se trouve quelque abbatie, nous l'adjugeons en forme d'espave à celuy qui en sera le premier occupant, sans qu'il soit tenu de la reveler ou communiquer aux gruyer et capitaine de nos forests.

27. Par ce que nous voyons les forests de nostre

---

cousins germains de *sot*, dit Henry Estienne, sont *niais*, que le vieil françois disoit *nice*, fat, badaud. » *Apologie pour Hérodote*, La Haye, 1735, in—12, t. 1ᵉʳ, p. 28.

1. C'est le vieux mot qui signifioit *lapin*.

2. « Les mousquets, les fusils, les arquebuses, sont appelés des *bâtons à feu*. » *Dict. de Trévoux*.

convent se depeupler de jour à autre par les degradations et mauvais mesnages de plusieurs nos predecesseurs, ce qui est venu en tel excès qu'il y a danger que les bois ne nous defaillent par cy-après ; d'ailleurs la plus grande partie de nos terres a esté employée en vignes, qui tourne au grand interest de tout le public ; nous, pour tenir le moyen à l'un et à l'autre point, defendons de coupper plus bois de haulte fustaye, jusques à ce qu'autrement en ait esté par nous et nostre conseil ordonné ; et au surplus, à l'imitation de quelques anciens empereurs, voulons que la troisiesme partie du vignoble soit arrachée et reduicte en terre labourable [1] ; et, pendant cette surseance de coupper, les gentilshommes et damoiselles se chaufferont de serment, et les pauvres de paille ardant.

28. Tous arbres esquels croissent noix [2] ou noisettes seront arrachez. Aussi ne seront semez en nos jardins souciz ny pensées.

29. Quant aux jeux et autres recreations d'esprit, nous permettons toutes sortes de jeux honnestes. Entre lesquels recommandons par especial le *trou madame,* le jeu du *billart,* tous jeux de *dame souz*

---

1. Cet arrêt burlesque de Pasquier fut sérieusement formulé et mis en vigueur au commencement du XVIIIe siècle. « La passion du vin, dit Lemontey, étoit assez répandue ; déjà quelques parlements avoient ordonné qu'on arrachât les vignes plantées depuis 1700. » *Histoire de la régence*

2. Pasquier joue ici sur la ressemblance des mots *noix* et *noiseltes* avec *noises* (disputes).

*le tablier*¹, ausquels gardans les severitez, il sera joué à tous jeux, mesme à *dame touchée dame jouée*; ne sera joué à la *renette*², sinon à *qui fait l'un fait l'autre* ³ ; approuvons semblablement le jeu du *fourby* et de *cubas* ⁴, aux cartes, excepté que des cartes françoises nous ostons les picques, tresfles et careaux, retenants seulement les *cœurs*, et des cartes d'Italie les espées, bastons et deniers, retenans seulement les *couppes*⁵, et sera doresnavant le jeu de cartes composé de cœurs, couppes, las d'amours et fleurs. Louons aussi grandement le jeu de paulme, auquel jouant à fleur de corde⁶, sçaura

1. Variétés du jeu de *trictrac*.
2. Jeu dont Nicot fait mention au mot *Trictrac*. Il est cité par Coquillard dans ses *Droits nouveaux* et par Des Accords. Rabelais le place parmi ceux de Gargantua, et son traducteur anglois nous donne à entendre ce qu'il étoit en l'expliquant par à *dames doubles* ou à *doubler les dames*.
3. Ce jeu se trouve aussi parmi ceux de Gargantua, de même que le *fourby*, qui vient après.
4. Sorte de jeu de cartes dont le *règlement* fut publié à la fin du XVIᵉ siècle, *avec approbation et privilége du roi, chez la veuve Savoye, rue S.-Jacques, à l'enseigne de l'Espérance*. « Ce jeu, y est-il dit à la fin, est fort divertissant, et goûté en à part des gens d'épée, qui n'ont vergogne des mots quand il s'agit de gentes choses. »
5. Ces figures existent encore sur les tarots et sur les cartes d'Italie et d'Espagne.
6. On disoit qu'une balle avoit passé *à fleur de corde* quand il s'en étoit fallu de peu qu'elle n'eût été dehors ; de là l'expression *demoiselles à fleur de corde* pour désigner des filles prêtes à sortir du droit chemin. Voir notre édition du *Roman bourgeois*, p. 30.)

donner bas et roide dedans la *belouse*, tous lesquels jeux nous ne rejetons, et autres de mesme marque, moyennant que le tout se face sans opinion d'avarice ou argent, pour laquelle cause, entre tous les jeux, deffendons notamment le jeu de la pille [1].

30. Recevons entre gentilshommes et gentilzfemmes les esbats qui leur sont destinez d'ordinaire : jeux de luitte, courre la bague, faire des combats plaisans, à la charge que, s'il se trouve gentilhomme qui refuse, ou d'entrer en la lice, ou de mettre la lance en l'arrest quand l'occasion se presentera, le declarons indigne de porter les armes, et le degradons du tiltre et qualité de noblesse, avecques sa postérité.

31. Et pour le regard des luittes, par ce que les femmes sont ordinairement plus foibles, et qu'il leur est de besoin destourner la force de leurs combatans par leurs subtilitez et engins, permettons seulement aux femmes de bailler le sault de Breton [2]. Pourront neantmoins les hommes leur donner roidement le crocq en jambe, selon que les necessitez leur apprendront.

32. Authorisons, entre les dances, tous branles, et par spécial les branles gay, et branle double [3],

---

1. Ici, dans l'édition de Jean Sara, se trouve une interversion de pages qui nous fait passer de la 11e à la 14e et du 29e au 38e article.

2. « C'est le saut, la chute d'un homme qu'on fait tomber par un certain tour de lutte. » *Dict. de Trévoux.*

3. Le *branle gay* se dansoit par deux mesures ternaires ; le *branle double* se répétoit deux fois.

branle de la touche[1] ; et combien que ce soit chose de dangereuse consequence de permettre aux particuliers, en une republique, d'innover aucune chose, toutesfois nous, pour aucunes bonnes causes et considerations à ce nous mouvans, permettons à un chascun et chascune d'inventer telles diversitez de branle qu'il luy plaira. Aussi advoüons les basses dances et gaillardes ; et sur tout enjoignons à ceux qui pendant les dits branles ne pourront faire l'amour de la langue, le facent de la main et des yeux.

33. Pour ce qu'il n'est en nostre puissance eslongner les guerres de nous, lorsqu'il plaira à Dieu nous les envoyer, voire que le plus du temps elles nous sont suscitées par nostre propre et particulier instinct, n'y ayant celuy de nous lequel n'ait naturellement quelque inclination à conquerre, voire appetons amasser ambitieusement, affectionnez d'autre part d'estre dits vaillans combatans, voulons que ès assaux et batteries des villes il n'y ait aucun de nos soldats qui y ait le bras engourdi, ains face ses approches hardiment, sans rien toutesfois alterer de la discipline militaire. Puis, quand la brèche sera nette et raisonnable, y entrent gayment, et, comme l'on dit, de cul et de teste, sans reboucher, comme s'exposantz à un lict d'honneur. Et neantmoins, afin qu'ils soyent tousjours tenus en haleine,

---

1. Nous n'avons pas trouvé celui-ci parmi ceux que décrit l'*Orchésographie* de Toinot-Arbeau (Tabourot). Peut-être faut-il lire *branle de la torche*, qui étoit l'un des plus célèbres, et où l'on ne se faisoit pas faute de baisers.

ordonnons que pendant qu'ils pousseront leur fortune dans la dicte brèche, l'artillerie jourra tousjours vigoureusement, vistement et vivement, jusques à ce que la ville soit totalement rendue, auquel cas sera seulement sonné la retraite ; et sur tout inhibons à tous coüarts de s'exposer à tels hazards, sur peine d'estre dicts niaiz.

34. Et par ce qu'il n'y a pas moindre peine et industrie à conserver qu'à conquerir, voire que l'on ne doibt faire aucun estat d'une conqueste, qui n'employe puis après son entendement et estude à la conservation du conquis, voulons que, la ville estant prise, elle soit bien deuëment et diligemment envitaillée.

35. Aussi qu'elle soit encourtinée de tous costez de fortes murailles, ramparts, scarpes et contrescarpes ; et y aura ordinairement gens exprès, lesquels, pour éviter les eschauguettes et embuches de l'ennemy, feront sentinelle jour et nuit. Au demeurant, enjoignons qu'il n'y ait si petite forteresse qui ne soit pour le moins flanquée de deux bastions, que les ingénieurs appellent ordinairement *coüillons*, qui se mireront l'un l'autre, sur lesquels sera l'artillerie braquée, preste à jouer, si le temps et la necessité le requièrent. Toutefois ne voulons plus qu'ès forteresses on y face des faulses brayes ; et si le soldat a besoin de confort, le pourra aller chercher chez ses voisins.

1. Pour espionnages. L'*échauguette* étoit proprement la tourelle où étoit assise la *guette*, c'est-à-dire la personne chargée de faire le guet.

36. Deffendons à tous marchans de n'apporter du poivre en nostre convent.

37. Exterminons d'iceluy tous saffranniers[1], ensemble tous vendeurs de quinquaillerie[2].

38. Sur les remonstrances qui nous ont esté faictes par les damoiselles et bourgeoises, au moyen de quelques drogueries que les marchants vont querir ès païs loingtains, et huilles non aucunement necessaires, espuisantz par ce moyen nos pays et contrées d'or et d'argent, combien que nous ayons les huilles à nos portes, deffendons à tous marchans d'aller achepter huilles ailleurs qu'en nostre bonne ville de Reins.

39. Toutes choses qui sont indifferentes, comme habits et vestemens, ne seront subjects à correction et mesdisance sinon par la bouche des sots, reservé que ceux ou celles qui en introduiront les premières coustumes pourront passer par le bureau et

---

[1]. Pasquier entend par là soit les gens capables de faire *banqueroute* à l'amour, et dignes d'avoir, comme les autres banqueroutiers, leurs maisons teintes de couleur de safran, soit les amants transis dont Du Lorens a dit (*satire* 14) :

> Tant d'hommes que l'on voit tendres et langoureux
> De couleur de safran, sont tous ses amoureux.

[2]. C'est-à-dire s'amusant aux bagatelles et ne donnant pas marchandise qui dure. « Ce sera une denrée meslée telle que de ces marchands quincailliers, lesquels assortissent leurs boutiques de toutes sortes de marchandises pour en avoir le plus prompt débit. » Pasquier, *Lettres*, liv. 1er, lettre 1re.

contre-rolle des accouchées, suyvant le privilége qui leur est de tout temps acquis.

40. Et neantmoins, sur les doleances qui nous ont esté faites par les dites damoiselles sur les gros haulx de chausses, disans qu'ils avoient esté expressement inventez pour empescher leur deduict et contentement, joinct que tels habillemens ne servent que d'ypocrisie et de masque, representans par l'exterieur chose grosse et grande, combien que le plus du temps il n'y ait rien ou bien peu dedans; et au contraire se pleignent les gentilshommes des vasquines[1], vertugales et grans devans que portent aujourd'huy les femmes[2], nous pour ce sujet en avons osté et ostons la coustume, nous rapportans à la mode d'Italie.

41. Entre les viandes, nous deffendons, ainsi qu'en plusieurs autres païs, le porc, et en outre voulons que l'on s'abstienne du veau, oyson, becasse; et des herons, deffendons principalement la cuisse[3].

42. Afin que chacun apprenne de demourer en

---

1. Elles commençoient à ne plus être à la mode, au grand désespoir de plusieurs dames. En 1563, il avoit paru à Lyon, chez Benoist Rigaud, une pièce ayant pour titre : *Blason des basquines et vertugalles, avec la belle remonstrance qu'ont fait quelques dames quand on leur a remonstré qu'il n'en falloit plus porter.*

2. On lit dans l'édit. de 1574 : Remettons ceste matière à nostre conseil estroit pour en estre plus mûrement délibéré avec nos gens d'amour.

3. Le héron est proscrit ici comme étant le plus couard et le moins amoureux des oiseaux. On sait, d'ailleurs, que la *cuisse héronnière* est le type de la maigreur.

cervelle et sache rendre raison de son faict, toutes bestes qui se trouveront en dommage seront rigoureusement chastiées, à la charge que, si elles sont surprises sur le fait, les dites choses seront tenües pour non advenües.

43. Et sur tout, deffendons de fascher aux champs les bestes cornües qui se trouveront ombrageuses.

44. Tout ainsi que nous bannissons de nostre convent les medecins reubarbatifs, ne voulans que l'on en face un estat particulier et exprès, aussi, au contraire, nous ne rejettons pas les medecines, entre lesquels nous approuvons grandement les simples.

45. N'empeschons que, selon les occurences des maladies, de deux simples l'on ne puisse faire une mixtion et composition bonne et saine, moyennant qu'en toute composition l'on y mette toujours six ou sept doibts de casse, en corne et tuyau.

46. Nous approuvons les suppositions, ostons toutesfois toutes seignées, sinon celles qui se feront de la veine d'entre les deux gros orteils.

47. Seront et sont, dès à présent, tous vieux escus, ensemble les grands vieux doubles ducats, descriez, et auront seulement cours entre nous les desirez [1], saluts et jocondalles, nobles et marionnettes [2].

1. Nous ne savons quelle étoit cette monnoie, dont le nom fait du moins supposer la valeur. Le *salut* étoit une monnaie d'or avec une image de la vierge recevant la salutation angélique; la *jocondale*, un dollar de la valeur de trois schellings, selon Cotgrave; la *marionnette*, un petit ducat d'Allemagne, d'or de bas aloi.

2. L'édition de J. Sara, 1618, s'arrête ici. Après ce dernier mot on y lit : *Car tel est nostre plaisir. Fin.*

48. Pour oster toute occasion de rongner les pièces, ne vaudront chascunes pièces que leur poix. Toutes fois si aucun, par une negligence supine [1] et prepostère [2], est si temeraire d'en prendre sans les pezer, ils ne s'en pourront prendre à justice.

49. Voyant la plupart de nos confrères, par une malediction speciale, tenir conte par dessus tous autres peuples de diamants, rubis, emeraudes et autres sortes de baguenaudes, que la populasse appelle par un abus de langage pierres precieuses, comme si ce fussent reliques, en quoy mesmement nos dits confrères se desbordent de telle façon qu'ils estiment ès dictes pierres resider des effets miraculeux et qu'elles ayent puissance de faire tumber, tant sur le devant qu'en arrière, les personnes qui s'estiment les plus fortes et advisées, nous, pour deraciner tels abus, qui équipollent à une vraye idolatrie, et cognoissans que telles pierres ne vallent que ce que l'œil les estime, afin que d'icy en avant on ne se hazarde si hardiment à en achepter, permettons à un chacun de vendre indifferemment doublet [3] et happelourdes [4] avec le dit rubis et diamant, et ordonnons que, si aucun par fortune se

---

1. De *supinus*, qui veut dire couché sur le dos.
2. Contre nature. Montaigne parle des prépostères amours.
3. Fausse pierrerie faite de deux morceaux de cristal taillés et joints ensemble à l'aide d'un mastic coloré.
4. Faux diamant. La Fontaine a dit :

> Tout est fin diamant aux mains d'un homme habile ;
> Tout devient *happelourde* entre les mains d'un sot.

charge d'une happelourde, il ne s'en pourra prendre qu'à soy-mesme.

50. Sur aultres plaintes et remonstrances qui sont venues par devers nous de la part des dames et damoyselles, exposans qu'il y avoit aujourd'huy une infinité de changeurs qui debitoyent pièces legères et de bas aloy, lesquels toutesfois, par une insolence très grande, ne vouloyent permettre aux vefves et femmes mariées, pendant l'absence de leurs maris, en recevoir de bonnes et de bon aloy, chose contrevenant à tout droict, parce que tant les femmes mariées que vefves doyvent jouyr du privilége de maris : Nous, en attendant autre disposition plus expresse de nous et de nostre conseil, et jusques à ce que autrement y ayons pourveu, cognoissans l'utilité qui provient du change, qui est nommement introduite pour l'entretenement du commun trafique et commerce, sans lequel prendroit bientost fin ceste humaine société, permettons à un chacun de exercer l'estat de changeur, oultre celuy auquel il est particulièrement appelé ; voulons neantmoins, pour oster la confusion des estats, que chacun vaque à son mestier particulier ès lieux et boutiques publiques; et, quant à celuy de changeur, en interdisons l'exercice fors ès cabinets, garde-robbes, chambres et salles domestiques et privées ; et aussi à la charge que ceux ou celles qui se voudront mesler de ce mestier seront si dextres et bien apprins, que les autres ausquels ils debiteront leurs pièces les estiment non legières, ains bonnes et loyalles ; autrement leur en deffendons le mestier comme à personnes inhabiles et insuffisantes à exercer iceluy. Si don-

nons en mandement aux gens tenans nostre cour de Parlement de la Basse-Marche, maistres des requestes ordinaires de nostre hostel, vicomtes, vidames, viguiers, vibaillifs, visenechaux, et à chascun deux en droict soy, et si comme à eux appartiendra, que nos presentes ordonnances ils entretiennent, gardent et observent, et facent inviolablement observer, lire, publier et enregistrer sans venir directement ou indirectement au contraire, sur peine de grandes amandes et punitions corporelles encontre les infracteurs d'icelles, car tel est nostre plaisir. Donné à nostre chasteau de Plaisance, près Beauté, au moys de may mil cinq cens soixante-quatre, et de nostre gouvernement le trentième. Ainsi signé :

Genius.

Et au dessous, par le vicaire et lieutenant general d'Amour, estant en son conseil estroict :

Clopinet.

Et scellé d'un grand scel de cire verde avec un las d'Amour.

Leues, publiées et enregistrées, ce requerant les gens d'Amour, au Parlement de la Basse-Marche, avec modifications contenues au registre de la dicte cour, qui sont telles que quand au cinquiesme article, qui veut que les beneficiez qui se trouveront par maladie, ancienneté ou autrement, ne pouvoir vacquer au deu de leurs charges, prendront coadjuteurs et vicaires ; la cour, en declarant le dict article, ordonne qu'ils ne seront tenus d'en prendre, mais s'ils s'en presentent aucuns pour estre coadjuteurs qui soyent agreables à ceux ou à celles qui y auront interest, en ce cas, et non autrement, ils pourront desservir comme vicaires avec les dicts beneficiers. Et quand au dixiesme article, qui oste les contredicts et reproches entre le mary et la femme, demeurera cest article en surseance jusques à ce que l'on ayt faict plus ample remonstrance au dict seigneur. Au regard du vingt-neufvième, qui veut que l'on joue à dame touchée dame jouée, n'aura ledict article lieu, sinon que du commencement il eust eté ainsi accordé entre ceux et celles qui joueront; et quant à tous les autres articles, celuy qui usera le moins de ces presentes ordonnances sera estimé le plus sage et trompera son compagnon.

Fait en la ville de Congnac, aux grands arrests prononcez en robbe rouge [1], la veille de la solemnité des Roys, l'an mil cinq cens soixante-quatre.

Signé : POUSSE MOITE [2].

---

1. « Le parlement prononçoit en robe rouge les arrêts les plus importants, qui devenoient ensuite comme autant de règles pour notre jurisprudence. (V. l'*Interprét. des Institutes*, II, 84, 87 et *passim*.) On trouve dans les œuvres de du Vair un recueil d'arrêts prononcés en robe rouge. » (*Note de M. Feugère*.)

2. Ces *ordonnances* ont été très diversement jugées. Feller, dans son *Dictionnaire historique*, les traite fort mal. M. Feugère est plus indulgent (*Essai sur... la vie d'Estienne Pasquier...*, p. 208, note). « Quoi qu'on ait dit de cette pièce,

écrit-il, ceux qui prendront la peine de la lire s'assureront qu'elle n'est que joviale. » L'appréciation de M. Sainte-Beuve, dans son remarquable travail sur Estienne Pasquier, me semble la plus juste. « Si l'on vouloit s'égayer, dit-il..., on n'oublieroit pas... ces fameuses Ordonnances d'amour, qui n'ont pas dû trouver place dans les œuvres complètes de Pasquier, et qui sont comme les saturnales extrêmes d'une gaillardise d'honnête homme au XVIe siècle. » — Ce ne fut pas, nous l'avons déjà dit, la seule licence que Pasquier se permit en ce genre ; depuis la publication de notre premier volume, nous avons découvert que l'une des pièces que nous y avons insérées, *les Singeries des femmes de ce temps* (V. pag. 55) a été inspirée, pour ce qu'elle contient de plus gaillard, par une lettre de Pasquier à M. de Beaurin (liv. 18, lettre 3).

L'Adieu du Plaideur à son argent[1].

In-8. S. L. ni D. 16 pages.

Le jeu de paulme et le Palais
Sont (ce me semble) de grands frais;
Les tripots et les plaideries
Sont le vray jeu du Coquimbert[2] :
Car il en couste aux deux parties,
Et en tous deux qui gaigne pert.

dieu, mon or et mes pistolles,
Adieu mes belles espagnolles[3],
Adieu mes escus au soleil :
Messieurs les maistres des requestes
Et les advocats du conseil
Auront de quoy passer les festes.

1. M. Leber possédoit une édition de cette pièce qui portoit la date de 1624.
2. C'est celui que Rabelais désigne ainsi (liv. 1er, ch. 22) :

    A Coquimbert,
    Qui gaigne perd.

3. La pistole étoit originairement une monnoie d'Espagne.

Adieu mes amoureux testons [1],
Adieu mes larges ducatons,
Adieu mes quarts d'escus de France :
Les coppistes et les commis
Ne m'ont point laissé de finances
Et m'ont pillé mes bons amis.

Adieu mon or et ma monnoye,
Adieu mon amour et ma joye,
Adieu mes gentils pistollets [2] :
Que mal-heureuse soit la vie
Et des maistres et des valets
Qui m'ostent vostre compagnie !

Vray'ment, il n'estoit jà besoin
De vous apporter de si loin,
O belles et riches medailles,
Pour vous donner à des larrons,
A des voleurs, à des canailles,
Qui vous font servir de jettons !

Race de gens abominable
Qui vous prise moins que le sable,
Et ne fait presque point d'estat
Des bourses mesmes mieux garnies !
N'est-ce pas estre trop ingrat
En prenant l'argent des parties ?

Qui penseroit qu'auprès du roy

---

1. Petite monnoie d'argent mise en cours par Louis XII. Elle devoit son nom à la *teste* de ce roi qui y étoit frappée. Elle avoit d'abord valu dix sols parisis. Quand Henri III la supprima, en 1575, elle ne valoit plus que quatre deniers.

2. Demi-pistoles. V., dans les *Contes et joyeux devis* de B. Des Perriers, la CIV[e] nouvelle.

A SON ARGENT.

Des voleurs nous donnent la loy,
Et que leurs vols et brigandages
Surpassent mesme les larcins,
Les rapines et les outrages
Qui se font sur les grands chemins?

Plaideurs qui avez des affaires,
Que dites-vous des secretaires
Et des clercs de vos rapporteurs?
Que dites-vous de l'avarice
Et de l'humeur de ces voleurs
Qui vendent ainsi la justice?

Et vous qui ne sçavez que c'est
De faire donner un arrest,
Escoutés à combien d'harpies
Vous faites manger vostre bien
En procez et chicanneries
Qui ne valurent jamais rien.

Si vous avez un bon affaire,
Auparavant que de rien faire
Il faut prendre beaucoup d'argent;
Il en faut trouver sur des gages,
Et obliger à cent pour cent
Vos rentes et vos heritages.

Allez-vous plaider au conseil?
On ne vous void point de bon œil
Si vous n'y portez des pistolles.
Il y faut laisser vos escus
Et n'emporter que des paroles
Pour y estre les bien venus

Il faut quitter vostre patrie,
Il faut hazarder vostre vie,
Suivant le roy par le pays,

Et, pensant faire vos affaires,
Peut-estre serez-vous trahis
Par des coquins de secretaires.
    Il faut presenter le ducat
Et l'escu d'or à l'advocat
Pour acquerir ses bonnes graces,
Et si le clerc n'a de l'argent,
Il vous fera laides grimaces
Et ne sera jamais content.
    Il faut, pour appaiser ce drolle,
Vous deffaire d'une pistolle ;
Il en faut pour vous presenter,
Pour faire dresser vos deffences,
Et aussi pour vous appointer
Sur des legères consequences.
    Il faut suivre le reglement,
Il faut lever l'appointement,
Il faut dresser un inventaire,
Il faut produire dans trois jours[1],
Et pour quelque petit affaire

---

1. On croit entendre le Scapin des *Fourberies* (acte 2, scène 8) : « Mais, pour plaider, il vous faudra de l'argent. Il vous en faudra pour l'exploit ; il vous en faudra pour le contrôle ; il vous en faudra pour la procuration, pour la présentation, les conseils, productions et journées de procureur. Il vous en faudra pour les consultations et plaidoiries des avocats, pour le droit de retirer le sac et pour les grosses écritures. Il vous en faudra pour le rapport des substituts, pour les épices de conclusion, pour l'enregistrement du greffier, façon d'appointement, sentences et arrêts, contrôles, signatures et expéditions de leurs clercs, sans parler de tous les présents qu'il vous faudra faire. »

A SON ARGENT.

Il faut faire de longs discours.

C'est icy qu'on serre l'anguille,
Et c'est icy que l'on vous pille,
Car les cent francs n'abondent rien,
Et, de la façon qu'on vous volle,
Il faut donner tout vostre bien
Pour payer un escu du rolle.

Cependant vous suivez la cour,
Où vous faites un long sejour
Avec une grande despence.
Jamais personne n'est content,
Et tout le monde recommence
A vous demander de l'argent.

Ayant payé vos escritures,
Voicy de nouvelles blessures :
Il faut estre solliciteur,
Il faut gagner la bonne grace
Du clerc de vostre rapporteur,
Ou bien il est froid comme glace.

Vous l'irez voir cinq et six fois ;
Mais si vous ne parlez françois
Et ne jettez dessus la table
Vos pleines mains de quarts d'escus,
Vous le verrez inexorable,
Et vous ne luy parlerez plus.

Ne pensez pas qu'il se contente
De cet argent qu'on luy presente ;
Sçachez que ce n'est jamais faict :
Si vous perdez ceste coustume,
Il ne fera point son extraict,
Et n'aura ny encre ny plume.

Tant que vous aurez un teston,
Vous n'en aurez jamais raison ;
Si vous ne vuidez vostre bourse,
Vous n'en aurez que du mespris,
Et faut recourir à la source
Lorsque les ruisseaux sont taris.

Il faut descoudre vos pistolles
Qui sont dedans vos camisoles,
Et, luy en donnant deux ou trois,
Il minuttera quelque page,
Sous esperance toutesfois
Qu'il en aura bien davantage.

Il faut despenser vostre bien
Pour achepter son entretien
Et avoir l'oreille du maistre,
Encore n'est-il pas content
Si vous ne le sçavez repaistre
De l'esperance d'un present.

S'il vous fait voir, par courtoisie,
Les pièces de vostre partie,
Il luy faut payer le festin,
Il luy faut faire bonne chère
Et le traitter un beau matin
Au logis de la Boisselière[1].

Pauvre plaideur, ce n'est pas tout,

---

1. Fameuse tavernière dont le cabaret se trouvoit dans les environs du Louvre. On n'y mangeoit pas à moins d'une pistole. V. les *Visions admirables du pèlerin du Parnasse*, Paris, 1635, in-8, p. 208, et notre *Histoire des hôtelleries et cabarets*, t. 2, p. 308-311. — Chez la Coiffier on dînoit jusqu'à six pistoles « pour teste ». *Francion*, 1663, in-8. p. 308.

A SON ARGENT.

Encore n'es-tu pas au bout
De ce grand poids de la justice,
Où se trouve tant de voleurs
Et où demeure l'avarice,
Qui est cause de tels malheurs.

Voicy un huissier qui exige
Plus que sa charge ne l'oblige,
Et si tu ne le rends content
Il employe ses artifices
Pour tirer de toy plus d'argent
Qu'on n'en baille pour les espices.

Encores en fait-il refus
Si ce ne sont des quarts d'escus :
Car le moyen, disent ces drolles,
De diviser en tant de parts
Des escus d'or et les pistolles
Comme on fait les escus en quarts !

Ayant consigné les espices,
On exerce d'autres malices
Sur ta bourse, qui n'en peut mais :
Car, si ta cause est terminée,
Ton arrest ne se fait jamais
Que ta bourse ne soit vuidée.

Il faut aller chez le greffier
Voir ton arrest, et le prier
Que sur-le-champ il l'expedie ;
Il faut trois livres pour le veoir,
Et, quelque chose qu'on luy die,
Il en faut douze pour l'avoir.

Il faut un escu au coppiste,
Autrement il fera le triste
Et te lairra le fin dernier ;

Il te fera beaucoup de grace
S'il t'expedie le premier,
Quelque present que l'on luy face.
   Maintenant garde bien ta peau :
Car, quand il faut aller au sceau,
C'est une vraye escorcherie
Où l'on prend l'argent d'un chacun.
Hé ! bon Dieu ! que de vollerie
De prendre quatre sceaux pour un !
   Enfin, pour tant de grandes sommes,
En ce maudit temps où nous sommes,
Tu n'auras que du parchemin
Avec un peu de cire jaune.
Il vaudroit mieux les mettre en vin
De Gaillac[1], de Grave ou de Beaune.
   Or, parce qu'il m'est arrivé
Que Messieurs du conseil privé
N'ont jugé le fond de ma cause,
Ains m'ont remis au Parlement,
Il est bien raison que j'en cause,
Puis qu'il aura de mon argent.
   Primo, je crains fort la chicane
De quelque procureur marrane[2]
Qui sçaura nourrir mon procez ;
J'apprehende ses procedures,

---

1. Gaillac, dans l'Albigeois.
2. Ce mot, qui s'appliquoit surtout aux *Maures*, se disoit aussi des juifs convertis. V. Cotgrave. — On comprend alors qu'on en fît une injure contre les procureurs rapaces. C'est, toutefois, contre les Espagnols qu'on l'employoit surtout. V. L'Estoille, *Journal de Henri IV*, 19 juin 1598.

Et crains qu'il n'y ait de l'excez
Parmy toutes ses escritures.

Je crains fort un clerc affamé,
Lequel ne soit point estimé
Que pour frequenter les beuvettes,
Demander pinte et puis le pot,
Et qui n'a jamais de pochettes
Quand il faut payer son escot.

Ces drolles n'ont point de memoire,
Si ce n'est quand on les fait boire;
Ils disent à de pauvres gens
Qu'ils sont tousjours en l'audience,
Qu'ils sçavent faire les despens,
Et s'en mocquent en leur presence.

L'audience est un cabaret;
Le bon vin blanc et le clairet
Sont les despens qu'ils sçavent faire.
L'un est assis, l'autre debout,
L'autre en mangeant parle d'affaire;
Mais la partie paye tout.

Cependant qu'ils font bonne chère,
Leurs maistres boivent la poussière
Et les atomes du Palais;
Et puis ils vont à leurs maistresses,
Le front joyeux et le teint frais,
Faire leurs jeux et leurs caresses.

J'espargnerois les procureurs;
Mais on m'a dit que les meilleurs
Sont les plus grands larrons de France.
Ils sont donc beaucoup de larrons,
Car je vous dis en asseurance
Que les procureurs sont tous bons.

Il faut que j'escrive le stile
Du plus savant et plus habile
Qui soit dedans le Parlement.
Premierement, il faut escrire
Et luy envoyer de l'argent
Pour avoir un morceau de cire.

Quelquesfois ce petit morceau
Demeure long-temps sous le sceau,
Et par après on expedie
Le relief[1] en vertu duquel
Vous intimez vostre partie
Pour aller plaider sur l'appel.

Vous rescrivez par l'ordinaire
Qu'on prenne soin de cest affaire ;
Vous priez vostre procureur
Que dans tel jour il se presente ;
Mais, si vous n'estes bon payeur,
Jamais cela ne le contente.

Ayant touché de vostre argent,
Il se monstre plus diligent,
Mais c'est pour prendre davantage :
Car, ayant pris tout ce qu'il faut,
Il vous rescrit en son langage
Qu'il vous faut lever un deffaut.

Vous asseurant à ses paroles,
Vous envoyez quelques pistolles
Pour cest avare chicaneur,
Car vos parties d'ordinaire
Ont comparu par procureur,
Quand il vous mande le contraire.

1. V., sur ce mot, une note des *Ordonnances d'amour*.

A SON ARGENT.

Il vous escrit ainsi souvent
Pour avoir tousjours de l'argent ;
Si vostre cause n'est instruitte,
Il faut envoyer des quibus,
Afin d'en faire la poursuite :
Autrement on n'y songe plus.

  La maladie continuë
Quand le procez se distribuë,
Et les habiles procureurs
Mettent l'argent sous leurs serrures,
Que les miserables plaideurs
Envoyent pour leurs escritures.

  Or vous n'avez le plus souvent
Ny escritures ny argent,
Car l'avarice est bien si grande,
Qu'au lieu de payer l'advocat,
Monsieur le procureur vous mande
Que le procez est en estat.

  Et cependant, tout au contraire,
Car il arrive d'ordinaire
Qu'on n'a pas conclu au procez ;
Vous quittez lors vostre mesnage,
Mais il vous fasche par après
D'avoir fait si tost le voyage.

  Car, arrivant au Parlement,
Il faut encores de l'argent
Pour retirer vos escritures ;
Et ainsi vostre procureur
Se paye de ses impostures,
Et l'advocat de son labeur.

  Un advocat jamais ne volle,
Ne prenant que vingt sols du roole,

Mais escrivant trop amplement,
Il est indigne, ce me semble,
De plaider dans un Parlement
Et d'y escrire tout ensemble.

Or, pour les jeunes advocats,
Ils ayment mieux fripper les plats
Que d'avoir le bruit de trop prendre;
Aussi ne vont-ils au Palais
Que pour gausser et pour reprendre,
Mais non pas pour plaider jamais.

Ils sont plustost aux galleries,
Auprès des marchandes jolies,
Que non pas dedans le barreau.
L'un courtise sa librairesse,
Voyant quelque livre nouveau;
L'autre fait une autre maistresse.

Laissons-les donc, jeunes et vieux :
Car tout le mal ne vient pas d'eux,
Mais des soutanes d'estamines,
Je veux dire des procureurs,
Qui n'eurent jamais bonne mine
Qu'aux depens des pauvres plaideurs.

Revenons à leurs procedures
Et inutiles escritures,
Qu'on paye sans sçavoir que c'est,
Qu'on fait payer à la partie
Auparavant qu'avoir arrest,
Et que jamais on n'expedie.

Mais posons mesmes que la cour
Juge quelqu'un au premier jour :
Il luy faut payer les espices;
Autrement il n'a point d'arrest,

A SON ARGENT.

Car ceux qui tiennent les offices
En veulent toucher l'interest.

Après la fin de son instance,
Il faut trouver d'autre finance
Pour faire taxer ses despens;
Et, bien qu'il gagne la victoire,
Il faut payer beaucoup de gens
Pour avoir son executoire.

Un procureur garde par fois
Cette pièce plus de deux mois
Sans l'envoyer à sa partie;
Et puis il luy fait d'autres frais
Et excuse sa volerie
Dessus les longueurs du Palais.

A la fin il luy fait à croire
Que ce certain executoire
Est demeuré dessous le sceau;
Encore la cire est si chère
Qu'on n'en a qu'un petit morceau
De la longueur du caractère.

Enfin, après tant de longueurs
Qu'inventent tant de chicaneurs,
Vostre procureur vous demande
Ce qu'il a desboursé du sien,
Quoy que ceste race brigande
Vous ait volé tout vostre bien.

Bon Dieu! qui sçavez nos affaires,
Preservez-nous de ces corsaires,
Gardez des voleurs les marchands,
Et les mariniers des pirates;
Preservez-nous de tels brigands,
Et nous delivrez de leurs pattes.

Pour moy, si je plaide jamais,
Ou au Conseil, ou au Palais,
Faites qu'on ne me desemplume,
Afin que ces larrons fameux
Qui ne volent que par la plume
Me voyent voler dessus eux.

DIZAIN.

Maudits soient les procez, et non pas les plaideurs !
Maudits soient les exploits, et non pas les libelles !
Je veux et ne veux point de mal aux chicaneurs ;
J'ayme les differends, et non pas les querelles ;
J'ayme fort de plaider, et c'est ce que je fuis ;
J'abhorre le Palais et c'est ce que je suis ;
Je veux mal aux larrons, et veux bien qu'on desrobe ;
Je veux mal aux procez et les ayme par fois :
Or, qu'est-ce que je veux ? En un mot, je voudrois
Que tout le monde en eust, hormis ceux de la robbe.

Rencontre et naufrage de trois astrologues judiciaires, Mauregard, J. Petit et P. Larivey, nouvellement arrivez en l'autre monde.
A Paris, chez Jean Mestais, imprimeur, demeurant à la porte Saint-Victor.

M. D. C. XXXIIII.

Avec permission.

Si nous pouvions avoir des nouvelles de l'autre monde par quelque voye reglement asseurée, nous les donnerions au public chaque semaine, ou pour le moins chaque mois, et ferions des gazettes aussi fecondes qu'on en ait jamais veu; mais, à faute de courier ordinaire qui nous rapporte ce qui s'y passe, nous sommes si pauvres de nouvelles que nous ne sçaurions en departir que rarement; au moins sont-elles sans aucun doute. Nous ne changeons jamais d'advis pour avoir esté convaincu de faux. Il n'y a point d'homme vivant qui nous puisse desmentir avec des preuves contraires. Le chemin est si long qu'on choisira plus tost de nous croire que de l'aller sçavoir en ce pays-là.

Il y a quelque temps que, la cadence des astres ayant fait un faux pas contre toutes sortes de reigles communes et imaginées, trois des plus curieux astrologues de l'Europe trouvèrent leur an climaterique[1] bien au deçà du terme qu'ils s'estoient prefix.

Ces trois pauvres docteurs avoient laissé la moitié de leur cervelle attachée au globe de la lune, qui

---

1. Les années de la vie humaine qui ramènent les nombres sept et neuf sont appelées années *climatériques*, du mot grec κλίμαξ, *échelle*, *degré* ; mais la *climatérique* par excellence est l'année 63, qui représente le multiple de ces deux nombres fatals. V. *Lettres de Pasquier*, in-fol., t. 2, p. 416, 6. — A l'époque où parut cette pièce, le nombre fatidique inquiétoit fort les esprits. On attribuoit, en effet, tous les malheurs du règne de Henri IV et sa mort sanglante à la fatalité qui l'avoit fait le 63ᵉ roi de France. Les faiseurs d'almanachs ne se faisoient pas faute de le répéter. Du vivant même du roi, ils avoient dit que le nombre funeste lui porteroit malheur. Malherbe, dans son *ode* « présentée à Sa Majesté, à Aix, en l'année 1600 », fait ainsi allusion à ces pronostics :

> A ce coup iront en fumée
> Les vœux que faisoient nos mutins,
> En leur ame encore affamée
> De massacres et de butins.
> Nos doutes seront éclaircies,
> Et mentiront les prophéties
> De tous ces visages palis,
> Dont le vain estude s'applique
> A chercher l'an *climatérique*
> De l'éternelle fleur de lys.

doit souffrir une eclypse ceste année, dont ils recherchoient les effets perilleux pour quelque monarchie, ou malevoles pour quelque grand prince.

Le premier qui se trouva proche du barc fust Mauregard[1]. Il estoit si alteré d'avoir accouru en ce second monde pour eviter les misères de celuy-cy, où il avoit esté trop mal traité[2] pour un homme de si rare merite et de si haute folie, qu'il fut près de boire de l'eau du fleuve d'oubly. Comme il s'estoit desjà baissé pour avaler à gosier ouvert de quoy faire mourir sa soif, telles exhalaisons ensoufrées de ceste puante rivière, qui pousse des bouillons comme de poix, et jette une odeur qui empeste si fort qu'elle

1. Noël Mauregart ou Morgart avoit été, de 1614 à 1619, un des prophètes le plus en crédit auprès du peuple, et le plus activement poursuivi par la justice. Nous connoissons de lui, entre autres écrits divinatoires : *le Manifeste de Noël-Léon Morgard, spéculateur ès causes secondes, contenant les affaires et divers accidens de l'année* 1619; *Seconde partie du Manifeste..., contenant les horoscopes universels, prospérités et infortunes de tous les hommes de la terre.*

2. Nous connoissons les malheurs de Mauregard par les lettres de Malherbe à Peiresc. Il écrit, par exemple, le 13 janvier 1614 : « Vous avez eu des almanachs de Morgart ; il est à la Bastille, d'où il sera malaisé qu'il sorte que pour aller en Grève »; puis encore, le 13 février suivant : « Morgart a été condamné, il y a quelques jours, en galères pour neuf ans. La reine eût bien désiré qu'il fût mort ; toutesfois, la recommandation qu'elle en a faite lui rendra la vie pire que la mort. » Il paroît qu'il en réchappa cependant ; ses almanachs de 1619 en sont la preuve, s'il est vrai qu'il es ait faits lui-même. Nous le retrouverons plus loin aux galères de Marseille.

feroit mourir ceux qui en approcheroient encore vivans, le degoustèrent, et plus de la moitié de son ardeur s'esteignit par la seule senteur de ceste eau.

Le batelier estoit au milieu de la rivière, qui conduisoit avec grande peine son vaisseau chargé de plus de quinze cens Espagnols de l'armée de Feria, que le froid et le fer a fait passer le Lethé au lieu du Rhin[1]. Leur orgueil estoit si pesant et leur gravité si orgueilleuse, qu'on eust dit à les voir que le batteau estoit plein d'Hercules ; ils ne respiroient que menaces et bravoient insolemment le nocher, pour le payer à la descente comme ils payoient leurs hostes en ce monde.

Si tost qu'il les eust mis à terre, il revint à l'autre bord, qu'une foule importune de peuple vieil et jeune occupoit. Mauregard se jette des premiers dans le vaisseau, avec bien plus de joye qu'il n'estoit entré aux galères à Marseille[2]. Il reconneut de dessus la

---

1. Allusion à la défaite alors récente du duc de Féria près de Bâle. Il couroit sur cette affaire un livret intitulé : *La fuite de l'armée espagnolle, conduite par le duc de Féria, près la ville de Basle, le samedy douzième novembre mil six cent trente-trois, aux approches de l'armée du roy, conduite par M. le maréchal de la Force ; avec ce qui s'est passé en icelle et l'état en lequel est maintenant l'armée françoise.* S. l. n. d., in-8.

2. M. Bazin a connu cette particularité de la vie persécutée de notre prophète. « Durand, fait-il dire à son cadet de Gascogne, me raconta que, deux ans auparavant (1614), un nommé Noël Morgart, ayant peut-être prévu ce que devoient produire les intrigues de la cour, avoit annoncé le soulèvement prochain de plusieurs princes, et que, pour

proüe deux autres astrologues : ils sont marquez au front d'une tache d'extravagance qu'ils ne sçauroient couvrir de toute la main.

Icy, compagnons ! s'escria-t-il. Mais Charon, qui se faschoit de le voir parler en maistre chez soy : Je ne sais que faire de ces foux, dit-il ; qu'ils attendent à un autre temps. Tous les faiseurs d'horoscope meurent si gueux, que je n'ay jamais esté payé d'un que de Bellantius, Italien qui traitoit de la medecine par le cours des planettes.

Ah ! Charon, respondit Mauregard, si tu sçavois quels hommes tu refuses de porter, des hommes qui ont porté le ciel, les plus grands genies de la nature, qui connoissent tout avec evidence, qui sans aucun livre d'histoire peuvent lire dans le ciel toutes les annales du monde, qui mesme en pourroient faire pour dix mil ans par delà l'embrasement universel ; en un mot, des personnages qui n'ont point ny prix ny de pareils ! Jamais ta barque n'a esté chargée de si excellens hommes ; quelque jour cessera la bassesse de ta fortune pour avoir eu l'honneur de les passer ; mais parce que ceux de ta profession regardent plus au gain present qu'à l'honneur à venir, ils ont de quoy te payer, j'en réponds ; ils ont vendu avant que de mourir les coppies de deux almanachs si bien calculez qu'ils

---

avoir trop bien lu, non dans les astres, mais dans les cœurs, on l'avoit envoyé à Marseille, où il devoit, pendant neuf ans, tirer la rame sur les galères du roi, ce qui avoit engagé les pronostiqueurs à ne plus annoncer que des prospérités. » *La Cour de Marie de Médicis*, 1830, in-8, p. 130.

semblent avoir voulu faire, avant que de descendre icy, un miracle de doctrine sans imitation comme il est sans faute. Pour moy, je ne te seray pas inutile : je sçay bien ramer, j'aideray à la conduite de ta barque. Charon le creut et laissa l'entrée libre à Jean Petit[1], à Pierre de Larivey[2]. Le batteau, chargé deux fois plus qu'à l'ordinaire, chanceloit et commençoit à deux cens pas du bord de deçà à s'enfoncer. Chacun vouloit bien se sauver, mais pas un ne vouloit se defaire de ses petits meubles. L'un portoit avec soy la superbe, un autre l'avarice, un autre la pedanterie et la suffisance, un autre des badineries, des bagatelles d'amour et de galanterie ; mais chacun cherissoit tant ses pacquets qu'ils eussent consenty d'estre noyez et de mourir de rechef plustost que de s'en deffaire. Le vaisseau, ainsi surchargé, alloit perir ; mais voicy un accident qui hasta sa perte. Un ajusté de Paris, qui avoit payé M. Jean

1. Rival de Mauregard pour les prophéties. Sa réputation lui survécut long-temps. En effet, bien qu'il soit donné ici pour bel et bien mort, nous le trouvons encore nommé parmi les prophètes en crédit dans une mazarinade : *Catastrophe burlesque sur l'enlèvement du roi...* 1649, et, plus tard encore, dans le *Roman bourgeois*. (V. notre édit., p. 309.)

2. Il ne faut pas le confondre avec l'auteur des comédies, duquel, d'ailleurs, on le distinguoit de son temps en l'appelant Larivey le jeune, comme on le voit par ce passage de Francion : « Quand nous étions à Paris, n'as-tu point leu l'almanach de Jean Petit, Parisien, et celuy de Larivay le jeune, Troyen ? Il m'est advis qu'ils pronostiquoient mes advantures. » (*L'Histoire comique de Francion*, Paris, 1663, in-8, p. 604, liv. 11.)

Petit pour estre trompé en son horoscope, l'advise en un coing, qui se cachoit comme fait un mauvais payeur : Ah! trompeur, imposteur, tu m'as abusé! Tu ne m'avois pas adverty d'un si prompt depart... Je devois vivre cinquante-huit ans, et je suis mort à vingt-huit, si promptement que je n'ay peu dire adieu à ma maistresse. — Est-ce donc vous, Monsieur, repartit Petit. Ah! mon Dieu, je ne le sçaurois croire : les astres sont trop reguliers, il n'y avoit pas un seul point qui vous fust fatal jusques au 58 de vostre aage. Estes-vous donc mort? — Ouy, affronteur, s'ecrie une vefve; et moy aussi... Tu m'avois promis trois hommes, et je n'en ay eu qu'un. —Je ne sçaurois souffrir cette impudence, Messieurs, dit Petit; jugez si elle n'a pas eu davantage que je n'avois promis : elle n'en devoit avoir que trois; elle a anticipé, et en a pris plus de trente. La vefve, offensée, se jette à ses yeux, et luy arrache le droit, dont il contemploit les astres. Il la renverse dans l'eau, mais tombe après. La populace se mutine; on crie aux imposteurs. Mauregard s'escrime de l'aviron et se fait largue. Les ames tomboient dru et menu dans le courant du fleuve, si bien que le batteau, presque tout à fait deschargé, n'eust point esté en danger de perir s'il n'eust desjà pris eau de toutes parts, estant balancé par les continuelles secousses de ceux qui fuyoient et s'entrepoussoient.

Desjà l'eau victorieuse faisoit couler à fond cette vieille barque, qui n'avoit point encore ressenty un tel malheur depuis qu'elle a esté establie en ce passage. Le bon homme Charon invoquoit tous les dieux, comme fait un patron dans un extrême desespoir.

Mercure y arriva trop tard ; la barque estoit à fonds, et ce pauvre vieillard, quoiqu'il sceust bien nager, ne se sauva pas sans boire. Mauregard s'en tira presque à aussi bon marché : il avoit appris à la perfection au port de Marseille ; mais Pierre de Larivey se laissoit emporter au fil de l'eau et avaloit de grandes gorgées de ce breuvage amer et chaud, et Petit, accroché par ceste vefve opiniastre, estoit au fond sans pouvoir s'en depestrer : les femmes ne laschent jamais prise, non plus que ceux qui les gouvernent, et quoyque Mercure, frappant de sa baguette sur la rivière, eust fait revenir le batteau à bord et toutes les ames, ces deux neantmoins, attachées l'une à l'autre, ne paroissoient point, mais faisoient seulement lever sur l'eau de gros bouillons, si bien que Mercure fut contraint de faire le plongeon pour les aller querir et les transporter sur l'autre bord.

Qui a jamais veu une troupe d'Allemands, après avoir vuidé deux ou trois muids, estendus sur le pavé, remesurer par la bouche le breuvage qu'ils avoient pris sans mesure, qu'il s'imagine de voir mille pauvres ames, penchées sur le bord du fleuve d'Enfer, revomir à gros bouillons les flots qu'elles ont avallez, et rejetter la rivière dans la rivière. Heureuses en cela que le malheur leur fist oublier toutes les peines passées et perdre le souvenir de tous les plaisirs qui leur ont esté un remords éternel ! Elles y avoient toutes noyé leurs mauvaises humeurs, et laissé les pacquets qu'ils aymoient si fort.

Mais les trois astrologues ne peurent oublier leur folie, ny laisser leurs astrolabes. La judiciaire est une roüille si fort attachée à l'esprit de ceux qui l'ont pratiquée une fois, que ny l'eau ny le feu ne sçauroient jamais l'arracher. Après qu'ils se furent un peu reposez sur le rivage, ils se mirent tous trois de compagnie à faire chemin vers l'antre de Cerbère. Larivey, qui aperceut ce grand dogue : Ah! mon Dieu, s'escria-t-il, je dois estre mordu d'un chien; mon horoscope le marque ainsi. Mais Cerbère ne mord point les ombres : il les laisse passer sans s'en lever seulement. Ils approchoient de la haute tour de Tartare, d'où s'entend une horrible confusion de cris des criminels qu'on y gesne, quand ils apperceurent sur les creneaux le grand Nostradamus, à qui deux ou trois demons faisoient avaler des comètes toutes flambantes. Auprès de luy estoit un autre astrologue attaché à une rouë qui avoit le mouvement perpetuel, et rouloit tout d'une autre façon que ne font les planettes. Ah! Dieu, dit Mauregard, quel extraordinaire mouvement! Quel orbe est-ce là? Dieu nous garde d'estre changez en une telle planette! Un nombre sans nombre d'ames qui estoient à la question maudissoient et detestoient les propheties judiciaires : Seducteur! disoit l'une (c'estoit l'ame d'une grande dame), je suis icy pour t'avoir creu avec trop de superstition; tu m'avois predit que si je tuois mon mary j'espouserois un prince souverain. Je l'ay fait, et n'ay vescu qu'un mois depuis, et j'ay achepté par un crime si detestable les peines eternelles. Un autre crioit : Ah! que tu as mal calculé! Tu avois pris mon horoscope une demi-heure plus bas; ma planette estoit plus mal logée que tu ne disois. Ainsi plusieurs, dans la rigueur des tourmens, n'accusoient que les judiciaires Larivey, Mauregard et Petit, qui entendoient les plaintes qu'on faisoit d'eux et de leur science, voulurent s'esloigner du Chastelet d'Enfer; mais derrière estoit Lethé, à costé le grand marescage de Stix : ils ne pouvoient ny reculer ny gauchir, il falloit passer par là. On les a reconnus à leur marque et emprisonnez dans la tour Noire, où on leur fait leur procez, et Mauregard n'en sera pas quitte pour les gallères. Vous sçaurez le reste à la première narration que nous vous ferons de ce pays-là.

Discours sur l'inondation[1] *arrivée au faux-bourg S.-Marcel lez Paris, par la rivière de Bièvre, le lendemain de la Pentecoste,* 1625, *et moyen d'empescher à l'advenir telles inondations et conserver la dite rivière, à cause de son incomparable proprieté pour les teintures, nonobstant le destour des sources de Rungis. Plus autre advis pour l'establissement des tueries, tanneries et megisseries, par le moyen du destour de la dite rivière au dessus de la ville de Paris.*

A Paris, de l'imprimerie de Jean Barbote, en l'isle du Palais, rue de Harlay, à l'Alloze.

M. D C. X X V.

In-8.

Ornari res ipsa negat, contenta doceri.

La possession vitieuse, clandestine et violente de plusieurs proprietaires des heritages situez le long de la rivière de Bièvre et ancien cours d'icelle estant cause des inondations et deluges survenus ès faux-bourgs

---

1. Ces inondations de la Bièvre étoient fréquentes. On

Sainct-Marcel et Sainct-Victor, requiert qu'on en mette au jour les remèdes et moyens certains, non seulement pour prevenir les dites inondations, mais aussi pour rémédier à la perte et ruine d'icelle rivière durant les grandes secheresses, à cause du

en connoît deux au XVIe siècle, l'une en 1526 (Piganiol, I, 39), l'autre au mois d'avril 1579. Celle-ci fut des plus furieuses. Les eaux s'élevèrent de plus de quinze pieds, et l'église des Cordelières de la rue de Lourcine fut submergée jusqu'à la hauteur du grand autel. Plusieurs relations parurent au sujet du *déluge de Saint-Marcel*, comme on appeloit cette inondation. MM. Cimber et Danjou en ont reproduit une dans leurs *Archives curieuses de l'histoire de France* (1re série, t. 9, p. 303-309); elle a pour titre : *le Désastre merveilleux et effroyable d'un déluge advenu ès faubourg S.-Marcel lès Paris le 8e jour d'avril 1579, avec le nombre des mors et blessés et maisons abbatues par la dicte ravine*; Paris, chez Jean Pinart... 1579. Une autre pièce, moins connue et aussi moins intéressante, parut la même année sous ce titre : *Deluge et inondation d'eaux fort effroyable advenu ès faubourg S.-Marcel à Paris la nuict précédente, jeudy dernier, neufvième avril an présent*, 1579, etc. — L'inondation qui donna lieu à la pièce reproduite ici, et déjà indiquée par le P. Lelong (t. 3, p. 343, n°s 34,541), semble n'avoir pas causé autant de ravages. La seule mention que nous en connaissions se trouve même dans ce livret. Quarante ans après, la Bièvre, contre laquelle on n'avoit sans doute pas pris les précautions recommandées ici, déborda de plus belle et renouvela les désastres de 1579. « La petite rivière des Gobelins, écrit Gui-Patin le 28 février 1665, a fait bien du ravage dans les faubourgs de S.-Marceau; elle a débordé en une nuit, et y a bien noyé des pauvres gens. On en comptoit hier ce 24 février) 42 corps qui avoient esté repeschez, sans ceux que l'on ne sçait pas. »

destour du ruisseau venant des sources de Rungis [1] pour l'embelissement et necessité de la ville de Paris.

Ce qui est dict, non pour bastir des dedales et labirinthes de procez, ains pour donner et laisser à la posterité ce que nos predecesseurs, avec tant de peine, nous ont laissé, et encor quelque chose davantage.

La fontaine Bouviers [2], près Guyencourt, est la source de la rivière de Bièvre [3], laquelle remplit

1. C'est l'année précédente (1624) que l'aqueduc d'Arcueil, commencé en 1613, pour conduire les eaux de *Rongis* à Paris, avoit été terminé, privant ainsi le canal de la Bièvre d'une partie des eaux qui l'alimentoient.

2. Bouviers est un hameau près Guyencourt, « tirant vers S.-Cyr ». (L'abbé Le Beuf, *Hist. du diocèse de Paris*, t. 8, p. 453.)

3. Piganiol, dans sa *Description historique de Paris*, t. 1er, p. 39, résume ainsi ce qui va suivre sur le cours de la Bièvre : « Cette rivière, dit-il, a son cours d'occident en orient, et est formée par deux sources, fort proches l'une de l'autre, qui sont au bois de Satory, près de Versailles. Elles se joignent un peu au dessous de ce bois. Elle passe à Bièvre, village qui lui donne son nom, puis à Igni, au Pont-Antoni, à Gentilly, etc., et, près de Paris, se partage en deux bras, dont l'un passe aux Gobelins ; puis ils se rejoignent au Pont-aux-Tripes, dans le faubourg S.-Marceau, et elle se jette dans la rivière auprès de la Salpêtrière. » Piganiol eût pu ajouter que, du XIIJe siècle jusqu'au XVIIe, il y eut une autre dérivation de la Bièvre, faite au profit des moines de S.-Victor, à travers l'enclos de leur couvent, et par suite de laquelle une partie des eaux de la petite rivière, au lieu de se jeter dans la Seine au dessus de la Sal-

trois estangs, appelez de Braque[1], Regnard et du Val, dans lesquels la dite rivière est retenue durant les grandes secheresses, et la pesche d'iceux faite durant les grandes inondations, de la descharge desquels estangs le moulin Regnard prend son eau, laquelle se perd au dessouz, n'ayant aucune forme de ruisseau, se respandant dans les prez sauvages et aulnayes, l'egoust desquelles eaux fait moudre le moulin du Val, au dessous duquel la dite rivière se perd encor dans un autre estang, qu'on a converty en aulnaye, au dessouz de laquelle se fait un petit ruisseau qui fait moudre le moulin de Launoy, et un quart de lieüe au dessouz le moulin de Buc, lesquels cessent durant les grandes secheresses, comme aussi durant les grandes inondations, faute de descharge et curage de la dite rivière. Un quart de lieue au dessouz est le moulin de Vaupetain, et plus bas, de demie-lieuë en demie-lieuë, les moulins de Sainct-Martin, de Jouy-en-Josas, du Rat, de Vauboyan, Bièvre, d'Ignis, d'Amblainvilliers, des Grez, de Mineaux et d'Anthony, auquel lieu se joinct le ruisseau de Vauharlantz à la rivière de Bièvre, pro-

pêtrière, venoit s'y perdre tout près de la place Maubert, vers les *Grands-Degrés*. (*Mémoires de l'Académie des Inscriptions*, t. 14, p. 270-272.) C'est ce canal supplémentaire, supprimé définitivement par arrêt du Conseil du 3 décembre 1672, qui étoit cause en partie des inconvénients qu'on signalera tout à l'heure, et surtout de l'infection des eaux de la Seine à la hauteur du quai de la Tournelle.

1. Ces étangs s'appeloient ainsi d'une famille qui avoit aussi donné son nom à une rue de Paris, dans le Marais. (L'abbé Le Beuf, *id.*, p. 451.)

venant des goulettes que les particuliers font à la dite rivière pour arrouser leurs prez et descharges des estangs de Massy, lesquels deux ruisseaux, joincts ensemble au pont Sainct-Anthony, ne subsistant que des ravines d'eaux, peuvent estre appelez torrens jusques au moulin de Lay, où ils rencontrent le ruisseau provenant des sources de Rongis, qui seul donne estre à la dite rivière durant les grandes secheresses, et, partant, ne coulant doresnavant plus dans la dite rivière, ains dans l'aqueduct pour les fontaines de Paris, la secheresse d'icelle rivière sera plus à craindre et ruineuse que l'inondation ; auquel lieu d'Anthony se rencontre une chose grandement remarquable : c'est que les trois ruisseaux de Bièvre, Vouharlant et Rungis, joincts ensemble au lieu appelé la Mer-Morte, Molières et Croulières de Lay et Chevilly, ne se trouve non plus d'eau tous ensemble qu'en chacun d'eux separement ; auquel lieu aussi se trouve des terres propres à brusler, appellées tourbières, et plusieurs abysmes d'eaüe, dont le plus grand est appellé de Laridan.

Près du dit lieu est le moulin de Cachan, au dessouz duquel est le grand clos, dans lequel la dite rivière coule et se decharge par des grilles de fer, lesquelles, se remplissant d'herbages et autres ordures par les ravines d'eaux, ferment le cours de la dite rivière, laquelle, par ce moyen, s'enfle et cause en partie les dites inondations ; laquelle rivière, s'escoulant souz les arcades de l'acqueduct des fontaines de Rongis, va faire moudre le moulin d'Arcueil, puis ceux de la Roche, de Gentilly, Jantevil et Croulebarbe, puis, passant par les Gobelins, fait moudre le moulin Sainct-Marcel ; puis, passant au pont aux Tripes, le faux ru, rivière morte, sont bouchez, usurpez et remplis de plusieurs plantars et atterissemens ; tellement que la rivière, n'ayant sa descharge, a fait de temps en temps des degats inestimables. De là, coulant au faux-bourg Sainct-Victor, fait encore moudre les moulins de Coupeaux[1] et de la Tournelle jusques à sa descharge, qui rend la rivière de Seyne malade, à cause des grandes infections provenant des teintures, mégisseries, tanneries, tueries et eschaudoirs qui sont sur et près de la dite rivière[2].

Voilà succinctement le cours de la dite rivière, remarquable par tout l'univers pour son incomparable propriété pour les teintures[3], deluges arrivez

1. Ils étoient à la hauteur du Jardin des Plantes actuel. Ils existoient dès le temps de saint Bernard, désignés sous le nom de moulins de *Cupels.* (*Mémoires de l'Acad. des Inscript.*, t. 14, pag. 270.) L'inondation de 1579 les avoit détruits. (V. *Archives curieuses*, 1re série, IX, pag. 309). — Le nom de la rue *Copeau* est encore un souvenir de ces moulins.)

2. Il en étoit encore ainsi en 1702. Il est dit dans une ordonnance de police rendue le 20 octobre à cet effet : « La rivière de Seyne, du costé des quays S.-Bernard et de la Tournelle, jusques et au dessus du pont de l'Hôtel-Dieu, estoit extrêmement grasse et bourbeuse, mesme d'un goût puant et infecté, ce qui empeschoit d'y puiser comme à l'ordinaire ; laquelle infection provient de ce que les tanneurs et mégissiers demeurant dans le faubourg S.-Marcel et aux environs lavent dans la rivière de Seine et dans celle des Gobelins leurs bourres et leurs cuirs pleins de chaux, y jettent leurs escharnures, plains et morplains, et tous les immondices de leur mestier. »

par icelle, et de ce que, contre le naturel des autres rivières, elle est portée (vraye cause des inondations) et coule contre le cours du soleil, ayant sa source et origine entre Guyencourt et Sainct-Cloud, descendant dans la rivière de Seyne au dessus de la porte Sainct-Bernard.

Les remèdes contre ces inondations et secheresses sont :

Que tous les meusniers des moulins siz sur la rivière de Bièvre soient tenuz d'avoir des pales et vannes nivellées à proportion de l'eaüe qu'ils doivent avoir, afin qu'elle ne se respande dans le vallon prochain ;

Que tous les proprietaires des heritages tenans et aboutissans à la dite rivière, faux ru et rivière morte, soient tenuz de tenir la rivière en son ancienne largeur, ou du moins, suivant l'ordonnance, icelle curer, houdraguer trois fois l'année, et en certifier messieurs des eaux et forests, aux assises de Pâques et Sainct-Remy, et ce depuis la source de la fontaine Bouvière jusques à la rivière de Seyne ;

Tenir la main à l'execution des ordonnances, à ce que les berges de la dite rivière soient entrete-

---

3. Cette propriété si long-temps proverbiale des eaux de la Bièvre est niée par M. Lacordaire, directeur actuel des Gobelins (*Notice sur l'origine et les travaux des manufactures de tapisseries et de tapis réunies aux Gobelins*, 1852, gr. in-18, p. 56). Tout ce qu'on en a dit repose, écrit-il, sur une « erreur que la seule inspection du cours de ces eaux bourbeuses suffit pour dissiper. » M. Lacordaire ajoute que l'eau de Seine et celle d'un puits sont exclusivement employées dans les ateliers de teinture.

nues d'un pied plus haut que les vannes des moulins ;

Que l'eaüe de la dite rivière, durant les secheresses, ne soit destournée par les particuliers pour arrouser les prez, remplir leurs estangs et canaux, et mares, ny retenue faute du nettoyement de leurs grilles ;

Que les defenses faites aux proprietaires des estangs de Braque, Regnard, du Val, Massy et autres, ayant viviers et canaux de la dite rivière, soient reiterées, de ne pescher leurs estangs ensemble durant les grandes inondations, ains durant les grandes secheresses ;

Que tous les plantars et atterissemens de la dite rivière, faux ru, rivière morte et sangsues, seront ostés au moins sur la largeur de deux thoises pour la rivière et d'une thoise pour le faux ru et rivière morte ;

Que le canal nouveau encommencé au lieu dit la Mer-Morte, Molières et Croulières de Lay et Chevilly, soit continué pour remplacer le destour des eaux de Rungis, attirer les eaux perdues au pont Anthony, servir de reservoir pour remplir la rivière durant les grandes secheresses, et empescher le debord d'icelle rivière au dit lieu ;

Que la descharge de la rivière de Bièvre soit mise au dessoubz de la ville de Paris par un aqueduct sous-terrain soubs les fossez Sainct-Marcel, Sainct-Jacques et Sainct-Michel, et de là conduite dans le fossé de l'abbaye Sainct-Germain, le long de la rue du Colombier, et après au Pré-aux-Clercs, joindre le courant de la rivière de Seyne qui fait l'isle de Chaliot, près les Bonshommes ;

Que plusieurs executeront volontiers, pour la

pierre qui sortira des dits fossez faisant l'aqueduct, et des places vuides et non basties estant sur la pante des dits fossez, pour l'establissement des tueries, tanneries, megisseries, suivant et au desir des arrests de la cour.

Par ainsi la rivière de Bièvre, ayant sa descharge près Chaliot, ne regorgera dans les faux-bourgs Sainct-Marcel et Sainct-Victor; ne rendra la rivière de Seine malade; servira pour l'establissement necessaire des tueries, tanneries, megisseries[1], et

[1]. Depuis long-temps les tanneurs et mégissiers s'étoient établis sur les bords de la Bièvre. Nous trouvons des détails sur les suites de leur établissement, dans le récit du procès qu'ils firent, en 1789, au sieur de Fer, qui prétendoit détourner le cours de la rivière pour l'amener, ainsi que l'Ivette, au sommet du faubourg Saint-Jacques (Bachaum. *Mém. secr.* t. 34, p. 232). Pour combattre ce projet, qui tendoit à leur enlever leur cours d'eau, les mégissiers s'appuyoient sur la longue durée de leur établissement et sur les lettres royales qui leur en avoient octroyé la permission et même imposé l'obligation. Richer, qui, dans les *Causes célèbres* (t. 177, p. 123), a rédigé l'exposé de cette cause, s'explique ainsi pour ce qui regarde le droit menacé des tanneurs : « Ils étoient jadis, dit-il, au centre de Paris, où ils habitoient les rues de la Tannerie et plusieurs autres ; mais, dès 1577, le gouvernement, qui s'occupoit déjà plus spécialement de la propreté et de l'embellissement de cette capitale, avoit résolu de les éloigner, et un arrêt du Conseil du 24 février 1673, revêtu de lettres-patentes qui furent enregistrées au Parlement le 28 novembre suivant, les transféra définitivement au faubourg S.-Marceau, en leur conservant tous les droits et priviléges des bourgeois de Paris et affectant à leur usage particulier la rivière des

conservera à la posterité les teintures d'escarlate, par le moyen desquelles la drapperie, seul et principal negoce de la ville de Paris, a esté jusques à present maintenu.

Ensuit l'advis du sieur Errard, ingenieur ordinaire du roy, pour le restablissement de la rivière de Bièvre, de l'ordonnance de M. le maistre particulier des eaux et forests de la prevosté et vicomté de Paris, ou son lieutenant, à la requeste des marchands teincturiers du bon teinct du faux-bourg Saint-Marcel-lez-Paris.

Nous, Alexis Errard[1], ingenieur ordinaire du roy, souz-signé, en vertu de certain jugement et ordonnance rendüe par M. le maistre particulier des eaux et forests de la prevosté, vicomté de Paris, du   jour de   1623 et 19 mars 1624, à la requeste de Estienne et Henry Gobelins[2], marchands teinctu-

---

Gobelins, pour la conservation des eaux de laquelle le roi, entre autres choses, par son arrêt de règlement du 26 février 1732, a accordé auxdits syndics et intéressés la permission d'avoir deux gardes à ses armes et bandouillières, pour constater les delits et contraventions qui pourroient être commis sur ladite rivière, pour l'entretien de laquelle ils dépensent annuellement plus de 6,000 livres. »

1. Il étoit neveu du fameux ingénieur J. Errard, dont l'excellent ouvrage *De la fortification démonstrée et réduite en art* lui doit sa seconde édition, in-fol., 1620.

2. C'étoient les descendants de ce Gilles Gobelin qui,

riers, bourgeois de Paris, nous sommes transportez le long du cours de la rivière de Bièvre, dite des Gobelins, icelle veüe, visitée, nivelée où besoin a esté, aux fins du restablissement et conservation d'icelle; et trouvé que, pour y parvenir, il est besoin de curer, nettoyer et houdraguer la dite rivière, ruis-

sous François Ier, avoit établi là ses premières teintures d'écarlate. Rabelais en parle (liv. 2, chap. 22) quand il dit de la rivière de Bièvre : « Et c'est celuy ruisseau qui de present passe à S.-Victor, auquel Guobelin teinct l'escarlatte. » Au temps de Ronsard, la réputation de cette race de teinturiers n'avoit fait que s'accroître. Le poète, s'adressant à Gaspar d'Auvergne, parle (liv. 2, ode 21)

> D'une laine qui dement
> Sa teinture naturelle,
> Es poisles du *Gobelin*,
> S'yvrant d'un rouge venin
> Pour se desguiser plus belle.

Selon M Lacordaire (*loc. cit.*, p. 18, note 2), la famille Gobelin étoit originaire de Reims; mais, d'après un manuscrit de la Bibliothèque de La Haye, cité par M. Achille Jubinal (*Lettre à M. le comte de Salvandy sur quelques manuscrits de la Bibliothèque royale de La Haye*, 1846, in-8, p. 113 et 114), il paroîtroit qu'elle étoit venue de Flandres. Il y est dit que la rivière des Gobelins « se nomme ainsi de ces fameux teinturiers flamands qui se nommoient Gobeelen, et, par corruption de langue, on en a fait Gobelins. Ils y ont establi une fabrique de tapisserie qui, pour la finesse, la bonne teinture et le beau meslange des couleurs, des soyes et des laines, surpasse celles de Flandres et d'Angleterre; mais aussy sont-elles de beaucoup plus chères. Ceux qui y travaillent sont encore, pour la plupart, d'Anvers, de Bruges ou d'Oudenarde. »

seaux, sources, sangsuës, descendans en icelle depuis sa source jusques au faux-bourg Sainct-Marcel, — particulièrement les ruisseaux venant de Vauharlan et Bourg-la-Royne, comme plus considerables, pour avoir leur cours naturel et descharge en la dite rivière au pont Anthony et au dessouz du dit Bourg-la-Reyne; dans laquelle rivière de Vauharlan les sources et estangs de Massy, passant à Amblainviliers, ont aussi leur descharge, et rendent le dit ruisseau de Vauharlan à plus près aussi fort que la dite rivière de Bièvre à l'endroit de l'assemblage d'icelles.

Et d'autant qu'il nous est apparu que la dite rivière de Bièvre, le dit ruisseau de Vauharlan et le ruisseau venant de Rongis et fontaine de Vuissons sont, chacun à part, plus gros qu'estans joincts ensemble au dessouz de Berny, il est notoire que les dites eaux se perdent depuis le dit pont d'Anthony jusques à Cachan, et n'en est conservé que ce qui coule et descharge par le grand canal du dit Berny; partant, seroit necessaire, tant à cause de la sinuosité de la dite rivière qu'autrement, faire nouveau canal jusques à l'endroit du Trou de Laridan, près le moulin de Cachan, avec bon couroy où il se trouvera necessaire, et que l'eaüe ne se pourroit perdre comme dans le vieux canal à present.

Comme aussi sera besoin de curer et approfondir le fossé depuis l'enclos de Cachan jusques au Trou Laridan, pour luy donner cours et descharge dans la dite rivière, au dessous du dit moulin de Cachan, conjointement avec la source procedant des Molières, de Lay et Chevilly, lesquelles il faudra pareillement conduire, soit par tuyaux ou canaux souz la dite rivière ou autrement, jusques à la descharge du Trou Laridan, selon que, travaillant, il se trouvera plus à propos.

Ce qui sera facile à faire, d'autant que, depuis les dites sources jusques au Trou de Laridan, il se trouve plus de deux pieds de pante ; et depuis le dit Trou Laridan jusqu'à la chute du dit moulin dans le dit enclos, trois pieds au plus.

Pareillement, d'autant que les eauës de la dite rivière, au dessouz du clos du sieur Vize à Arcueil, sont grandement fortes, et que, venant à grossir, la berge n'estant que de terre gazonnée, ne peut resister, l'eauë se respend dans le valon, pour y remedier, seroit necessaire d'y faire un versoir de pierre.

Et pour ce que tous les moulins sur les rivières portées comme celle des Gobelins ont et doivent avoir une descharge pour le curage d'icelles, il est aussi necessaire de curer les dites descharges, faux ru et rivière morte, en telle façon que l'eauë retourne tousjours en la rivière et ne se perde estant espanchée dans les valons, comme elle fait.

Pour à quoi parvenir, sera besoin que les meusniers ayent les vannes et pales de leurs moulins nivelées à proportion de l'eauë qu'ils doivent avoir, sans la respandre dans la prairie prochaine.

Et parce que les secheresses en temps d'esté et les deluges et inondations d'hyver proviennent des estangs de Braque, Regnard, Duval, Massy et autres viviers venans ou ayans descharge en la dite rivière, sçavoir celuy de Braque, Regnard et Duval, pour s'estre appropriez et mis le cours de la dite rivière dans leurs estangs, retiennent les eaües durant les grandes secheresses et en font la vuidange tous ensemble avec ceux de Massy en hyver, pour faire la pesche, il seroit besoin que le cours de la dite rivière soit libre, et ne soit retenu en aucune saison ; et que, si aucune vuidange en doit estre faite, qu'ils soient tenuz d'en demander la permission, afin de pourveoir aux berges, secheresses de la dite rivière, et ruine qui en pourroit arriver, comme par cy-devant ès dits faux-bourgs Sainct-Marcel et Sainct-Victor.

Fait le dix-neufiesme mars mil six cens vingt-quatre.

Signé A. ERRARD.

En suit le dict advis pour les tueries, tanneries et megisseries.

La plus belle situation de ville de l'Europe est celle de Paris, aydée de quinze rivières navigables, joinctes en divers endroicts à la Seine, laquelle, courant à l'Ocean, retire des estrangers ce dont ils abondent, leur donnant en eschange ce qu'elle a de reste; plus bastie, plus populeuse que ville de France, à cause des grandes commoditez arrivans journellement en icelle par la rivière de Seine, troublée, indisposée par les immundicitez coulans de la rivière de Bièvre, tueries, escorcheries, tanneries, megisseries, teinturies, trempis du poisson sec et sallé, vrayes sources des maladies dont elle a esté et est à present affligée, des dix parts du peuple les neuf ne beuvans et ne se servans d'autre eaue que de la dite rivière pour paistrir le pain, laver le linge et autres necessitez domestiques; à quoy, comme aussi à la grande cherté des cuirs et mauvaise préparation d'iceux, il est très facile de remedier, faisant couler la rivière de Bièvre depuis la porte Sainct-Victor par un aqueduct sous terrain le long des fossez de la ville jusques à la porte de Nesle, establissant sur la pante de dehors des dits fossez les dites tueries, escorcheries, tanneries, megisseries, taintureries, trempis du poisson sec et salé, dont s'ensuivront plusieurs grandes commoditez qui ne se peuvent avoir par autre meilleur et asseuré moyen :

Premièrement, la conservation de la rivière de Seine par le detour des immundicitez de la rivière de Bièvre du dessus de la ville, sans aucune incommodité des faux-bourgs Sainct-Victor et Sainct-Marcel-lez-Paris ;

La conservation des dits faux-bourgs Sainct-Victor et Sainct-Marcel durant les grandes inondations de la rivière de Bièvre, par la descharge d'icelle eslongnée des dits faux-bourgs, capacité du dit aqueduct et fossez de la ville ;

La conservation des ponts, transports des denrées par le montage et avalage des bateaux le long des dits fossez par le dit aqueduct durant les grandes eaux, impossible par la Seine à cause de la bassesse des ponts ;

La conjonction et transport hors la ville des

eaux des tueries, tanneries, escorcheries, megisseries, teintureries, trempis de poisson sec et sallé, nettoyement de leurs ordures, par le facile transport d'icelles ès voiries dans des tonneaux, par le moyen des bateaux entrans et sortans du dit aqueduct en la rivière;

L'execution des ordonnances et arrests de la cour touchant les tanneries, pour remedier à la grande cherté et mauvaise preparation des cuirs, dêchet d'iceux, faute d'icelles ès Païs-Bas, Lorraine, Allemagne, qui nous renvoyent et vendent cherement les pires et gardent les meilleurs;

La perte de l'escorce de nos taillis recouverte, qui est le vray tan, par le debit, employ ès dites tanneries, comme aussi du sel de saline, très propre pour la preparation des cuirs, dont la rivière est grandement infectée et le poisson gaté;

La construction des moulins à tan par le moyen du vent, à la façon de Hollande, ou par le moyen d'un cheval, attendu la facilité de la construction d'iceux.

Lieu seul plus proche de la ville et des eaux pour l'execution des ordonnances et arrests de la cour, aucune incommodité n'en pouvant arriver, à cause de la conjonction des dites tueries, escorcheries, tanneries, megisseries et trempis de saline, et facilité du nettoyement de leurs immundicitez par basteaux, rapidité, pante, profondeur et voulte du dit aqueduct, hauteur des murs de la ville.

Bref, lieu seul en l'Europe, auquel l'abatis des bestes, l'eau, le tan, le nombre d'artisans (moyennant la franchise), le grand et prompt debit de cuirs, sont en la plus apparente commodité.

La permission aux servantes de coucher avec leurs maistres. Ensemble l'arrest de la part de leurs maistresses. In-8. S. L. ni D.

C'estoit au temps, au siècle, en la durée, en l'egire, en l'olympiade, au cercle, en l'année, au mois, au jour, en la minute et sur les sept heures du matin, c'est-à-dire vendredy dernier, que les servantes, chambrières, filles de chambre, damoiselles de deux jours, suivantes, s'assemblèrent en la place auguste, renommée et authentique du Pilory-des-Halles, pour là consulter aux affaires de leur republique, disposer de tout ce qui appartenoit au bien de leur police, regler et mettre un ordre parmy la confusion de leur estat.

De tous costez arrivèrent servantes petites et grandes, vieilles et jeunes, de chambre et de cuisine, recommanderesses [1], nourrices, filles à tout

---

1. Femmes qui avoient permission de tenir une sorte de bureau d'adresse où les servantes et nourrices venoient *se recommander* et chercher condition. Par déclaration du roi enregistrée le 14 février 1715, le lieutenant de police devoit connoître de ce qui les concernoit. — Le mot de *recomman-*

faire. Là presidoit (comme maistresse passée dès long-temps en l'art de recoudre le pucellage) belle, admirable et excellentissime dame Avoye, de son temps le passe-partout [1] de la cour, la haguenée des courtisans, l'arrière-boutique du regiment des gardes, le reconfort des Suisses, et maintenant, faute d'autre besongne, la doctrine, enseignement, et la science des autres, l'instruction des jeunes, le truchement des nouvelles venuës et le reservoir de tout ce qu'on peut esperer, chercher, inventer de nouveau, en matière d'amour.

Elle est assise sur un trepied comme quelque sibille Cumeue; après avoir toussé, roté, craché, emeunti, mouché, regardant la noble compagnie qui l'environnoit :

Mes bonnes gens, dit-elle, puisque nous nous sommes si heureusement assemblez ce jourd'hui, je

---

deresse est l'un de ceux qui sont soumis à l'approbation des *Grands jours de l'éloquence françoise*, d'après le *Rôle des presentations*, etc., pièce publiée dans notre tome 1er (p. 137), et que nous avons appris depuis avoir été attribuée par Pellisson (*Hist. de l'Acad. franç.*, t. 1er, p. 67) à Sorel, qui, de son côté, s'en défendit fort dans son *Discours sur l'Académie françoise* (1654, in-12).

1. Auparavant, pour exprimer la même chose, on avoit dit *passe-fillon*. C'étoit, et pour cause, le surnom donné à une femme de Lyon qui fut la maîtresse de Louis XI. (V. la *Chronique scandaleuse*. Ce mot, dont le nom de la Fillon, fameuse courtisane de la Régence, ne nous semble être qu'un diminutif, se retrouve, du moins pour le sens, dans celui de *passe-lacet*, qui court encore les coulisses de l'Opéra.

trouve à propos, cependant que les harangères, poissonnières, auront ouvert leurs mannequins et mis leurs maquereaux en vente, que nous songions à nos affaires et donnions ordre au retablissement de nostre ancienne fortune. Vous me cognoissez toutes pour l'unique clairvoyante de Paris ; je sçay et cognois toutes les bonnes maisons, je vous y peux placer quant bon me semble, et vous trouver des conditions à centaines ; et partant je vous prie de prendre garde aux choses qu'il faut que vous fassiez pour avoir tousjours de l'argent en bourse et vous entretenir honorablement.

Il faut premièrement sçavoir l'art de desguiser son parler, un visage simple, doux et complaisant, feindre estre devote, et de n'y pas songer, et aussi s'acquerir l'amitié de tout le monde ; mais le nœud de la besongne, et le ressort de toute l'horloge, est soubs main de courtiser le maistre de la maison au deceu de la maistresse, et de gaigner ses bonnes graces. C'est où il faut pener, suer, travailler jour et nuict, parce que, quant vous estes venus en ce point, vous avez tout et ne manquez de rien ; vous avez argent, hauts collets, cotillon, chemises, frottoirs et tout l'attirail de l'amour. Que si les femmes jalouses de leurs maris vous battent, frappent, interrompent, empeschent, ayent l'œil ouvert, vous soupçonnent, ou autrement, faudra faire les chatemites, les devotes par contenance, attester le ciel et la terre que ce qu'on vous impose est faux. Mais, afin de ne broncher en une matière si plausible, voicy une ordonnance (elle tira un papier de sa pochette) par laquelle vous cognoistrez ce que vous aurez à faire.

Ordonnance de dame Avoye, enjoignant à toutes servantes, chambrières, filles de chambre, damoiselles suivantes, de coucher avec leurs maistres.

Veu et consideré les profits, emoluments, richesses et exemptions qui arrivent continuellement aux servantes de la hantise de leurs maistres, il est estroictement commandé ausdites servantes, tant de chambre, de cuisine que de garderobe, d'espier l'heure que leurs maistresses ne seront au logis, et d'aller au cabinet de leurs maistres les caresser, chatouiller, amadoüer, attraire, enflammer jusques à ce qu'il s'ensuive action copulative *et simbolizambula*. Que si, par la conjonction diverses fois reiterée, il advient enfleure hidropise, eslargissement de ventre, accroissement de boyaux, pieds-neufs [1], grossesse, etc., seront tenues lesdites servantes de faire la nique à leurs maistresses, comme la servante d'Abraham à Sara, demanderont pension, reparation d'honneur, mariage, à leur maistre, encor que l'enfant appar-

---

1. Faire *pieds-neufs*, c'étoit accoucher. « Gargamelle, dit Rabelais (liv. 1er, ch. 7), commença se porter mal du bas, dont Grangousier se leva dessus l'herbe... pensant que ce feust mal d'enfant..., et qu'en brief elle feroit *pieds neufs*. » Des Perriers donne une variante de cette locution. « Il envoye, dit-il, sa fille aisnée... chez une de leurs tantes, sous couleur de maladie... et ce en attendant que les *petits pieds* sortissent. » *Contes et joyeux devis*, Amsterdam, 1735, in-12, t. 1er, p. 58.

AUX SERVANTES.

tienne à quelque clerc, cocher ou vallet d'estable[1]; et, après s'estre gaillardement resjoüies et donné du bon temps, elles se retireront avec cent escus ou quatre cens livres, mettront leur enfant en nourrice, et tiendront par après boutique ouverte à tout le monde. Telle est nostre volonté en dernier ressort, contre laquelle il n'y a point d'appel. Faict le jour et an que dessus, aussi matin que vous voudrez.

Vramy voire! dit une grosse servante de la ruë Sainct-Honoré qui a desjà joué deux fois du mannequin à basse marche [2], vous nous la baillez belle avec vostre ordonnance! Croyez-vous que nous ayons attendu jusqu'icy? De ma part, je veux bien qu'on sçache que je suis en un logis où veritablement je ne gaigne pas grand gaige; mais en recompense je vais au marché. Depuis deux ans je me suis fait enfler le ventre deux fois par nos laquais, qui joüent assez bien de la flutte, et si ay bien eu l'industrie de donner les enfans à nostre maistre. Il est vray que la maistresse n'en sçait rien, et que pour accoucher j'ay faict semblant d'aller en mon pays; mais il n'est que d'enfourner quand la paste est levée.

1. V. *la Conférance des servantes de Paris*, dans notre tome 1ᵉʳ, p. 320.
2. Cette expression est aussi employée par Rabelais (liv. 2, ch. 21), et de manière à nous convaincre qu'il y est fait allusion, non pas, comme le pense Le Duchat, au mannequin mobile et pliant des peintres, mais à quelque instrument de musique dont se servoient les ménétriers, et qui, venu d'Italie, devoit son nom au manche *manico*) dont étoit muni.

Une brunette d'auprès de la porte de Sainct-Victor, qui le faisoit autrefois à ceux qu'elle rencontroit, et maintenant le faict à tous venans, allonge le col et commence à dire : Pour moy, je suis d'une humeur que j'ayme mieux le futur que le passé, et la besongne à faire que celle qui est faicte, et ne suis pas si folle comme une esventée de nostre quartier, laquelle, ayant donné l'heure et le mot du guet à un honorable et authentique savetier qui la poursuivoit d'amour, après l'avoir faict despouiller et mettre entre deux draps, elle enferma ses habits et sa chemise dans un coffre et fit entrer deux soldats, ou pour mieux dire deux fillous et macquereaux, et fallut que le pauvre savetier prit la fuitte nud comme un ver, n'ayant rien que le tirepied en escharpe.

— De ma part, je trouvay ceste action mauvaise ; et, toutes les fois que nostre maistre est venu en ma garde-robbe, si j'eusse crié au secours ou que je luy eusse faict tel affront, c'estoit perdre l'usufruit que j'en ay receu depuis.

— Pour mon particulier, dict une saffrette [1] de la ruë de Bièvre qui travaille derrière les tapisseries [2], je suis bien aise quand ma maistresse est dehors, car je n'ayme point à coucher toute seule, et est assez facile de juger en mon visage que je suis misericordieuse et que j'ayme mieux loger les nuds

---

1. Mot encore employé par Rabelais (liv. 4, ch. 51). C'est le féminin de *saffre*, gourmand, glouton ; mais il signifie plutôt ici *friande*. Oudin donne le même sens à *savouret*, *savourette*.

2. C'est-à-dire derrière les Gobelins.

que de les laisser refroidir à ma porte ; je leur laisse manger leur souppe dans mon escuelle, et preste le mien à ceux qui me le demandent. Mais je suis malheureuse en fricassée, car encore ceste nuict mon maistre s'est levé, feignant d'avoir un cours de ventre, et à peine a-t-il esté acroquillé sur moy, que la maistresse est venue et nous a trouvés brimbalant. J'ay bien peur qu'on m'oste le demy-ceint d'argent [1] que j'avois eu, et qu'on ne me donne la porte pour recompense.

Par la mercy de ma vie ! dit la grosse Magdelon de la rue Sainct-Jacques, voilà bien comme il faut pondre ! Que ne regardez-vous à vos affaires de plus près ? ne sçavez-vous pas que les femmes sont jalouses de leurs maris, et qu'ils n'osent trancher une esclanche sans leur en donner le jus ? J'ay un maistre que je gouverne mieux que cela ; il est vray qu'il ressemble aux poreaux : il a la teste blanche, mais il a aussi la queue verte [2]. Je sçay prendre mon temps à propos : sur les montées, dans l'antichambre, dans son estude, il y a tousjours quelque petit coup en passant. — J'ay mieux faict, dit une bavolette [3] qui demeure en la rue Sainct-Anthoine : pour oster

1. V. encore *la Conférance des servantes...*, dans notre tome 1er, p. 317, note.

2. Ceci prouve qu'un *mot* de la fameuse pièce du *Demi-Monde* dit aux répétitions, même à la dernière, qui fut publique, mais supprimé aux représentations, n'avoit pas même pour soi une bien fraîche nouveauté.

3. Le *bas-volet* ou *bas-voilet* étoit la coiffure des paysannes des environs de Paris. Le nom qu'on donne à celle-ci

tout soupçon de ma maistresse, je luy ay dit que mon maistre me poursuivoit à outrance et que je m'en voulois aller, et, soubs cette feintise, nous faisons des coups fourrez. J'ay desjà gaigné plus de vingt escus depuis deux mois, et outre tout cela je ne laisse point de me faire fourbir à un jeune clerc qui demeure chez nous.

— Mon maistre n'est que chaudronnier, dit la petite Janne, mais il sçait bien adjouster la pièce au trou, et croy qu'il n'y a homme qui sçache mieux mettre un pied à une marmitte que luy. Il me charge tout au contraire des chevaux et des asnes, qui ne portent que sur le dos; mais il me charge sur le devant et j'en porte mieux.

— Lorsque mon maistre est absent, dit Jacqueline, la fille de chambre d'un marchand du pont Nostre-Dame, je ressemble à une statue, et ceux qui me verroient pourroient dire que je suis comme Andromède : je n'aspire que sa venue, car je ne puis tirer vent de ma pièce si je ne la mets en perce.

Là-dessus Margot la fine, qui tenoit un panier à son bras, se lève : On dit bien vray, dit-elle, que les hommes nagent mieux que les femmes, car ils ont deux vessies au bas du ventre ; mais quand je suis avec mon maistre, qui est procureur du Chastelet, il me semble qu'il nage, et moy aussi, tant nous nous roulons avec contentement l'un sur l'autre, et ma mais-

---

leur en venoit. On disoit indistinctement une *bavolette* ou un *bavolet*, comme Bois-Robert :

> Loin de la cour je me contente
> D'aimer un petit *bavolet*.

tresse a beau dire, en despit d'elle je le feray, y deussé-je demeurer embourbée jusques aux oreilles.

— Pour moy, dit Alison, je crois que mon... vous m'entendez bien, est tout plein de cirons, car plus je le gratte, plus il me demange, et suis resolue doresnavant de me faire esventer par mon maistre : il a une bonne queue de renard. A tout le moins m'ostera-il la demangeson. Il est vray que je ressemble à terre de marets : il y enfoncera jusques au ventre, mais il n'importe.

A peine achevoit-elle ces mots qu'on fit un grand bruit à la porte. Trois ou quatre vieilles mégères arrivent avec un papier en leur main, signifiant de la part des maistresses à l'assemblée qu'elle eust promptement à se retirer. L'arrest portoit ces mots :

Arrest intervenu de la part des maistresses.

« Nous, damoiselles crottées, bourgeoises à petit chaperon, femmes mariées, vieilles sempiternelles, fiancées, et generalement toutes appetans copulation, enjoignons aux servantes de se departir de coucher avec nos maris, sur peines d'estre frottées, chassées, emprisonnées, testonnées, battues, pelaudées, estrillées, mal menées, despoüillées d'habits, etc., ayant interest qu'on ne vienne pas manger nostre viande, ny cuire en nostre four. »

Dame Avoye avoit quelque chose à respondre là-dessus ; mais elle remit le tout à vendredy prochain.

*La Muse infortunée
contre les froids amis du temps.*

M. DC. XXIIII.

In-8.

A Monsieur des Yveteaux, precepteur du Roi[1].

ODE.

Hé quoy! des Yveteaux, n'est-ce pas un grand
[fait
Qu'un poëte ignorant, un rimeur imparfait,
Trouve ce qu'il désire,
Et que le vray poëte, en ce mal-heureux temps,

---

1. Le poète Vauquelin des Yveteaux, dont M. P. Blanchemain a réuni pour la première fois les *Œuvres poétiques* (Paris, Aubry, 1854, gr. in-8), n'avoit été que deux ans, de 1609 à 1611, précepteur de Louis XIII; mais il avoit conservé du crédit à la cour. — Cette pièce, qui témoigne de l'idée qu'on avoit de sa puissance, même dans sa retraite, et qui n'est pas, par conséquent, indifférente pour sa biographie, n'a été connue ni de M. P. Blanchemain, ni de M. J. Pichon dans ses *Notices biographiques et littéraires sur la vie et les ouvrages de Jean Vauquelin de la Fresnaye et Nicolas Vauquelin des Yveteaux*, Paris, Techener, 1846, in-8.

Languit en son bien-dire,
Comme la fleur sechée au declin du printemps!

Que les moins relevés et les plus tard venus
Sont les plus en fortune et les mieux recogneus
    De biens et de loüange ;
Et qu'estant le sçavoir en l'oubliance mis,
    Et le prix dans la fange,
L'erreur est au Pactole, ayant de bons amys !

Est-ce honte ou forfait de tesmoigner aux roys
Qui sont les bons esprits, qui sont les bonnes voix
    Dignes de leurs merveilles !
Les cygnes verront-ils, à faute de secours,
    Preferer les corneilles !
L'or, cedant à la paille, aura-t-il moins de cours !

Faut-il abandonner et les roys et leur cour !
Faut-il chercher loing d'eux un moins noble sejour
    Pour avoir de la gloire !
Et pour estre en lumière (accident nompareil,
    Hideux à la mémoire !)
Faut-il aimer l'ombrage en fuyant le soleil !

O le barbare siècle in-experimenté !
Qu'en diront les mieux nays de la posterité !
    Car tousjours la froidure
Ne blanchit la campagne, et tousjours les frimas
    Ne gastent la verdure :
C'est une loy d'en haut qui respond ici-bas.

Quand l'orage est passé l'on void rire les airs ;
Quand la tempeste cesse on void flamber les mers
    Soubs les frères d'Heleine.
On pourra voir de mesme un temps comme jadis,

Où la saincte neufvaine
Aura pour nostre enfer un heureux paradis.

Que les hommes sont froids! qu'ils ont peu de vou-
Ha! que leur amitié se fait bien peu valoir [loir!
    Au climat où nous sommes!
Les bois et les rochers ont plus de sentiment
    Aujourd'huy que les hommes :
La chose qui leur touche est leur seul element.

Ceux qui vers l'Amerique ont la zone sur eux
Ont plus d'humanité dix mille fois, et ceux
    Que l'amant d'Orithie
Fait marcher dessus l'onde avecques leurs maisons,
    Ès plaines de Scythie,
Où l'hiver a tousjours l'empire des saisons.

L'un ne veut dire un mot quand il en est prié;
L'autre en vous obligeant veut estre apparié[1]
    D'un homme de creance ;
L'autre met en privé la gloire sur les rangs,
    Mais il est au silence,
Et prest à s'en desdire estant devant les grands.

L'un dessus la montée en bas vous cherira,
Qui dans la chambre en haut ne vous regardera;
    L'autre avec du langage
Vous dira, le priant, qu'obeissant à Mars
    On parle d'un voyage,
Et que l'heure n'est propre à maintenir les arts.

---

1. *Accouplé, doublé.* Dans ce sens, on avoit le substantif *appariation.* V. Montaigne, liv. 2, ch. 12.

L'autre, faisant l'habile aux choses de la court,
Mettra devant les yeux que l'argent est bien court
 Pour en donner aux muses.
Les museaux neantmoins en ont plus qu'il ne faut ;
 Mais c'est le temps des buses,
Qui met les esperviers et leur chasse en deffaut.

Les rois ont en l'esprit (digne de grands objets)
Les affaires d'Estat ; mais les autres subjects
 N'obligeant leur memoire,
C'est aux inferieurs à leur r'amenteveoir
 En faveur de leur gloire,
Comme au nom de la muse ils le firent sçavoir.

Ronsard vivoit alors, Saincte-Marthe et Baïf,
Et Garnier, et Belleau qui parut si naïf ;
 Et toutesfois Desportes,
De Charles de Vallois, estant bien jeune encor,
 En de telles escortes,
Eut pour son Rodomont huict cents couronnes d'or [1].

Je le tiens de luy-mesme, et qu'il eut de Henry,
Dont il estoit alors le poëte favori,
 Dix mille escus pour faire
Que ses premiers labeurs honorassent le jour
 Sous la bannière claire [2]
Et desous les blasons de Vénus et d'Amour.

[1]. « Son *Rodomont*, autre imitation (de l'Arioste) qui n'a guère plus de sept cents vers, lui étoit payé plus de 800 écus d'or, de ces écus dits *à la couronne* : plus d'un écu par vers. » Sainte-Beuve, *Tableau historique et critique de la poésie françoise au XVIᵉ siècle*, Paris, Charpentier, 1843, in-12, p. 423 (art. sur Desportes).

[2]. Brossette mentionne, dans une de ses notes sur la *sa-*

O le bel age d'or aux effets inoüis !
Capable de regner au regne de Louys
    Victorieux et juste !
Comme roy meritant et la gloire et le nom
    De l'empereur Auguste,
En Mecènes plus riche, et non pas en renom.

tire 4ᵉ de Regnier, ce passage de *la Muse infortunée*, qu'il dit être confirmé par Colletet. Ainsi, selon lui, il est certain que Henri III donna à Desportes « dix mille écus d'argent comptant pour mettre au jour un très petit nombre de sonnets. » Balzac, dans un de ses *Entretiens*, énumère les dons que Desportes reçut en récompense de ses poésies, sans oublier l'abbaye dont M. de Joyeuse le gratifia pour un sonnet ; et il ajoute : « Dans cette même cour où l'on exerçoit de ces libéralités et où l'on faisoit de ces fortunes, plusieurs poètes étoient morts de faim, sans compter les orateurs et les historiens, dont le destin ne fut pas meilleur. Dans la même cour, Torquato Tasso a eu besoin d'un écu, et l'a demandé par aumône à une dame de sa connoissance. Il rapporta en Italie l'habillement qu'il avoit apporté en France après y avoir fait un an de séjour, et toutesfois je m'assure qu'il n'y a point de stance de Torquato Tasso qui ne vaille autant pour le moins que le sonnet qui valut une abbaye. Concluons que l'exemple de M. Desportes est un dangereux exemple ; qu'il a bien causé du mal à la nation des poètes ; qu'il a bien fait faire des sonnets et des élégies à faux, bien fait perdre des rimes et des mesures. Ce loisir de dix mille escus de rente est un écueil contre lequel les espérances de dix mille poëtes se sont brisées. C'est un prodige de ce temps-là, c'est un des miracles de Henri III, et vous m'avouerez que les miracles ne doivent pas être tirez en exemple. »

LA MUSE INFORTUNÉE.

Mecènes genereux, qui n'eussent veu jamais
Un poëte vingt ans suer après les faits
    Des rois sans recompense.
Tairay-je ou puniray-je aux siècles advenir,
    Maintenant que la France
A de ce qu'elle estoit perdu le souvenir?

Comme je blanchiroy, par debvoir engagé,
Les hommes de vertu qui m'auroient obligé,
    Noirciray-je de mesme
Ceux qui de la vertu ne daignent faire cas?
    Plein de colère extrême
Envoiray-je leurs noms au fleuve du trespas?

Jupiter nous enseigne, en retenant ses feus,
Que le patienter en un cœur genereux
    Se donne la victoire.
Ainsi, des Yveteaux, nous patienterons;
    Mais l'oseray-je croire?
Et l'estimerez-vous que ce bien nous aurons?

Il est très difficile; en cour on n'aime plus
Ces vers ronsardisez, que l'on dit superflus,
    Et de la vieille guerre.
Les bois et les forêts y perdent leurs valeurs;
    On n'y veut qu'un parterre
Sans fueille et sans ombrage esmaillé de couleurs.

Il faut que le bon mot y glisse dans les vers,
Comme fait la chenille entre les rameaux vers,
    Et forcer la nature,
Ou que, tournant le dos à la veine des Grecs,
    On batte la mesure
Des chantres espagnols quand ils font leurs regrets.

En may, les rossignols desgoisant leurs chansons,
Ne peuvent imitter la gorge des pinçons ;
 Un luth, ou je me trompe,
Ne sçait du flageolet ensuivre les accords,
 Ni moins l'air d'une trompe
Dont un lacquais se joüe à la porte en dehors.

Voilà ce que j'en dis à la barbe de tous,
Et, le disant ainsi, je prens congé de vous,
 Digne maistre du maistre
Des peuples de la France et du plus grand des rois
 Qui sçauront jamais estre
Du levant au couchant pour y faire des loix.

Vous estes un bon juge au fait des bons escrits,
L'on n'y peut contredire, et n'avez point de prix
 A les mettre en usage.
Vostre plume, où Cesar apprend à se regler [1],
 En donne tesmoignage.
C'est pourquoy je vous parle avant que de cingler.

Adieu ! la nef est preste ; elle est dessus le bord,
Attendant, pour lui faire abandonner le port,

---

1. C'est de l'*Institution du Prince*, épître didactique dédiée par des Yveteaux à monseigneur le duc de Vendôme, dont il avoit d'abord été le précepteur, que le poète veut parler. Elle fut publiée pour la première fois à Paris, 1604, in-4. M. P. Blanchemain en a fait la première pièce de son édition de Des Yveteaux. Elle commence par ce vers, qui rappelle le prénom du jeune prince à qui elle est adressée et qui explique ce qu'on lit ici :

 César, fils de Henri, le miracle du monde.

Après la mort de Louis XIII, Des Yveteaux, qui espéroit

254 LA MUSE INFORTUNÉE.

Que l'arondelle chante ;
Et rien ne l'en sçauroit empescher nullement
Qu'une lettre-patente,
Où je suis recogneu d'un entretennement :

Car de languir ici, me tuant jour et nuict,
En despensant le mien, sans tirer aucun fruict
De mes veilles perduës,
Seroit estre abusé par une illusion,
N'embrassant que des nuës,
Comme l'on nous a dit que faisoit Ixion.

GARNIER[1].

*A Monsieur de Belin,
escuyer de la feu reyne Marguerite.*

Belin ! quels effects ! en quels temps som-
[mes-nous !
L'ignorance a la palme, elle a toute la
[gloire :
La corneille à chanter se donne la victoire,

sans doute devenir précepteur du fils comme il l'avoit été du père, écrivit à l'intention du jeune Louis XIV une *Institution du Prince*, en prose, de laquelle il ne retira aucun des avantages qu'il espéroit, et qu'il ne fit pas même imprimer. M. Blanchemain l'a donnée d'après un manuscrit de la Bibliothèque impériale.

1. Brossette, dans la note citée tout à l'heure, l'appelle Claude Garnier, et il faut voir, par conséquent, en lui, le

LA MUSE INFORTUNÉE.   255

Et le cigne est en cour à l'oreille moins doux.
Quand Ronsard reviendroit, il iroit au dessous
Des escrivains du temps, et le chantre de Loire,
Et ces autres mignons des Filles de memoire,
Desportes et Garnier, dont ils se gaussent tous.

poète famélique qui fit alors sous ce nom tant de congratulations rimées pour toutes sortes de circonstances : *Discours au Roy; Ode pindarique sur la naissance du Dauphin*, en 38 strophes, anti-strophes et épodes ; *Ode pindarique à la Royne ; Elégie à la Royne ; Chant de réjouissance en la neuvième année de la réduction de Paris ;* — pièces recueillies toutes sous le titre de *les Royales couches ou les naissances de Monsieur le Dauphin et de Madame*, composées en vers françois par Claude Garnier, Parisien..., Paris, Abel L'Angelier, 1606, in-8. Il faut ajouter à ce volume, très rare, d'abord un poème en 4 chants intitulé *l'Amour victorieux*, puis le *Livre de la Franciade, à la suite de celle de Ronsard*, par Cl. Garnier, Parisien, 1604, in-8 ; quelques vers insérés dans le volume qui a pour titre : *le Temple d'honneur, où sont compris les plus beaux et héroïques vers de ce temps non encore veus et imprimés sur la mort de Florimond d'Ardres...* Paris, 1622 ; et enfin une pièce qui rentre dans le genre des premières et de celle que nous donnons ici. Elle a pour titre : *Panégyrique sur la promotion de monseigneur le président Séguier à la dignité de garde des sceaux, dédié au Roy*, par Garnier, Paris, 1633, in-8. La date de cette pièce, comme déjà celle de 1624 que porte *la Muse infortunée*, prouve qu'on s'est trompé, dans toutes les biographies poétiques, lorsqu'on a fait mourir notre poète en 1616. On se fondoit sur ce que, après 1615, époque où, selon Beauchamps, il fit représenter une pastorale, on n'avoit plus vu rien paroître de lui. Cette note bibliographique, en même temps qu'elle complètera la liste de ses œuvres, lui servira donc de certificat de vie pour plus de dix-sept années.

Qui n'habite au pays de la Samaritaine,
Il est nommé barbare, eust-il meilleure veine
Que le meilleur des Grecs. Quiconque y fait sejour,
Fust-il comme un Cherille, ignorant à merveille,
On en fait un miracle. En ce temps, à la cour,
Voilà comme pour cigne on volle pour corneille.

GARNIER.

Remontrance aux nouveaux mariez et mariées et ceux qui desirent de l'estre, ensemble pour cognoistre les humeurs des femmes, trouvées dans le cabinet d'une femme après sa mort. Sur l'imprimé à Troyes, chez Jean Oudot.

M. DC. XXXXIIII.

In-8.

Deux choses desplaisent :
Rire souvent, et parler superbement.
Deux choses sont mauvaises :
Estre vaincu de ses ennemis, estre surmonté en bien-fait de ses amis.
Deux sortes de larmes aux yeux des femmes :
Les unes de douleur, et les autres de finesse et tromperie.
Trois choses belles et agreables :
La concorde entre les frères, l'amitié entre les voisins, et l'amour entre l'homme et sa femme.
Trois choses sont desagreables :
Un pauvre superbe, un riche menteur, et un vieillard lascif et des-honneste.
Trois choses sont dignes de compassion :
Un pauvre soldat estropiat, un sage meprisé, et celuy qui se destourne de son chemin.

Il se faut souvenir de trois choses :
Des commandemens de Dieu, du bienfait de ses amis, et des trespassez qui ont fait du bien.

Trois choses contentent l'homme :
Estre sain, beau et prudent.

A trois personnes faut dire verité :
Au confesseur, au medecin et à l'advocat.

Trois choses difficiles à supporter :
Attendre quelqu'un qui ne vient point, estre au lict ne pouvant dormir, et servir sans guerdon et recompense.

On trouve trois choses qu'on ne voudroit point trouver :
Les souliers rompus, un serviteur vilain, et femme lubrique.

De grande depense sont trois choses :
Amour des femmes qui toujours demandent, caresses des chiens, et invist[1] d'hostes.

La fille à marier trois choses doit avoir :
Qu'elle soit belle, bien née, et instruite aux bonnes mœurs.

Trois choses necessaires pour entretenir un amy :
L'honorer en sa presence, le loüer en son absence, et le secourir au besoin.

Trois choses resjouïssent l'homme :
Estre en la grace de Dieu, parler de Dieu, et penser à Dieu.

A trois choses on doit obeyr :
A la parole de Dieu, à ceux qui conseillent le bien, et aux commandemens du père et de la mère.

---

1. Pour *invitation*.

Trois choses doit avoir le pecheur :

Contrition de cœur, confession de bouche, et satisfaction d'œuvre.

Un bon chapon requiert trois choses :

Bien gras, bien cuit, et un bon compagnon qui ait bon appetit.

Trois qualitez doit avoir le bon vin :

Bon de saveur, beau de couleur, et qu'il resjouïsse l'esprit.

Trois qualitez au bon soldat :

Plein de courage, adroit aux armes, et patient à la fatigue.

Quatre choses ne te doivent estre fascheuses :

Te marier legitimement, aller à l'estude, ayder à celuy qui est oppressé, et ne delaisser celuy qui se convertit de sa mauvaise vie.

Quatre choses sont bonnes en un logis :

Bonne cheminée, bonne gelinière, bon chat, et une bonne femme.

Quatre choses nuisent au logis :

Un degré rompu, un serviteur amoureux, une cheminée fumeuse et une femme de mauvaise vie.

On ne se doit vanter de quatre choses :

D'avoir du bon vin, du bon formage, une belle femme, et d'avoir force pistoles.

Quatre choses doit avoir un comedien :

La hardiesse, se plaire à ce qu'il dit, estre sçavant, et avoir l'usage.

On ne doit prester quatre choses :

Un bon cheval, une femme loyale, un serviteur fidèle, et une belle armure.

Quatre choses crient vengeance devant Dieu :

Espandre le sang innocent[1], opprimer les pauvres, pecher contre nature, et retenir le salaire des serviteurs.

Quatre choses sont inestimables :
Sagesse, santé, liberté, et vertu.

Quatre choses arrivent sans y penser :
Ennemis, pechez, ans, et debtes.

Quatre choses sont meilleures vieilles que nouvelles :
Vin vieil, formage vieil, vieil huille, et vieil amy.

Garde-toi de quatre choses :
De faim, de feu, de rivière, et de mauvaise femme.

Quatre choses sont bonnes :
Un œuf d'une heure, un pain d'un jour, chair d'un an, et vin de deux.

Quatre choses desire la fille à marier :
Avoir un beau mary, du bien à son desir, avoir de beaux enfans, et estre maistresse en l'opinion.

Le mary souhaite quatre choses :

---

1. Dans les comédies pieuses de ce temps-là, s'il s'agissoit, comme ici, du sang de quelque innocent *criant vengeance*, par exemple du sang d'Abel, on trouvoit moyen de mettre la chose en action. Voici ce que Tallemant fait raconter à ce sujet par Bois-Robert (*Historiettes*, édit. in-12, t. 3, p. 142) : « Il dit que, de ce temps-là, on s'avisa de jouer dans un quartier de Rouen une tragédie de *la Mort d'Abel*. Une femme vint prier que son fils en fût, et qu'elle fourniroit ce qu'on voudroit. Tous les personnages étoient donnés ; cependant les offres étoient grandes. On s'avisa de lui donner le personnage du *Sang d'Abel*. On le mit dans un porte-manteau de satin rouge cramoisi ; on le rouloit de derrière le théâtre, et il crioit : *Vengeance ! vengeance !* »

Richesse à suffisance, parfaite conscience, continuel repos, et plaisir d'ame et de corps.

Le père doit procurer quatre choses à son fils :
Le faire instruire aux bonnes mœurs, luy faire apprendre ung mestier, le reduire à son obeyssance, et le chastier mediocrement.

L'enfant doit quatre choses au père :
Honneur et respect, luy obeyr en bien faisant, ne le provoquer à courroux, et procurer le bien et utilité de la maison.

Quatre choses doit faire un mary à sa femme :
La tenir en crainte, la maintenir en santé de l'ame et du corps, luy porter amour, et l'habiller honnestement.

Quatre choses doit faire la femme à son mary :
L'aymer avec plaisir et patience, ne lui respondre point quand il est fasché, le tenir en bon regime de vivre, et le tenir net.

Quatre choses doit avoir une fille :
Sobre en son manger, propre en habits, modeste en parler, et grave à marcher.

La femme doit avoir quatre qualitez :
Honneste en son alleure, soigneuse de son mesnage, devote en l'eglise, et obeyssante à son mary.

Quatre choses doivent avoir l'homme et la femme envers Dieu :
Foy, esperance, charité, humilité.

Quatre fins dernières de l'homme :
La mort, le jugement, l'enfer, et le royaume des cieux.

Cinq choses deplaisent à Dieu :
La langue mensongère, le sang innocent espandu,

le cœur qui pense en mal, le faux temoignage, et celuy qui allume la discorde.

Cinq pauvretez acquièrent les chercheurs de pierre philosophale :
Faim, froid, puanteur, travail, et fumée.

Six choses sans profit à la maison :
Femme jeune esventée, enfans desobeyssans, serviteurs qui se mirent, servante enceinte, bource sans argent, et geline qui ne pont point.

Cinq choses contre nature :
Belle femme sans amour, ville marchande sans larrons, jeunes enfans sans gaillardise, greniers sans rats, et chiens sans puces.

Cinq choses appauvrissent l'homme :
La femme de mauvaise vie, hanter mauvaise compagnie, procez mal intenté, l'ivrognerie, et ne croire bon conseil.

Neuf choses s'accordent bien ensemble :
Bonne compagnie et le plaisir, une poste[1] et un goulu, une belle femme et un bel habit, femme opiniastre et un baston, mauvais enfant et les verges, avare et force argent, bon escolier et beaux livres, larron et bonne foire, grand appetit et table bien garnie.

---

1. Pour trouver un sens ici, il faut lire *toste*, je crois. On appeloit *toste*, et, mieux encore, *tostée* ou *toustée*, la tranche de pain-rôtie qu'on mettoit au fond du verre, et qui restoit à celui à la santé de qui l'on buvoit, et qui le dernier prenoit le verre passé de main en main. Le mot *toast* en vient. Dans *l'Histoyre et plaisante cronicque du petit Jehan de Saintré* (édit. Guichard, p. 230, 234, 235), il est parlé de « *tostées* à l'ypocras blanc, à la pouldre de duc, etc. »

AUX MARIEZ ET MARIÉES.

La lune et la femme legère sont d'une mesme qualité.

a lune seroit tousjours noire
Si le soleil ne la baisoit,
Et la femme seroit sans gloire
Si l'homme ne la caressoit.

Souvent la lune entre en furie,
Jalouse des amours des dieux,
Et la femme, par jalousie,
Trouble l'air, la terre et les cieux.

La lune renverse, cruelle,
L'esprit leger et vacillant ;
Mais il n'est si ferme cervelle
Que la femme n'aille troublant.

Il est bien vray qu'en contre-eschange
Ces deux ne se suivent tousjours :
Car tous les mois la lune change ;
La femme change tous les jours.

La lune pleine enfle les sources
Et les moësles des os creux ;
La femme desenfle nos bourses
Et vuide nos os moësleux.

La lune est fidèle et n'estime
Qu'Endimion, son bel amant ;
Mais la femme n'est qu'un abisme
Qui n'a point d'assouvissement.

Donc la lune, en tout peu constante,
Est constante en fidelité;
Mais la femme, en tout inconstante,
Est constante en desloyauté.

Bref, ce qui plante plus de bornes
Et qui les fait plus differer,
C'est que la lune porte cornes,
Et les femmes les font porter.

Le Tocsin des filles d'amour.
A Paris, chez Joseph Bouïllerot, ruë de la Calandre, près le Palais.

M. D. C. X V I I I.

In-8.

essieurs,

Autant de frais comme de salé, autant de bond comme de volée¹, disposé de tout sens, ainsi qu'un compteur de fagots à la douzaine², de vous reciter de quoy satisfaire à vos curiositez plus curieuses, et sçachant bien qu'il estoit permis de mentir à ceux-là qui viennent de loing, j'ay tracé ces plaisantes nouvelles qui vous serviront de cure-dent (si bon vous semble) et à telle heure qu'il vous plaira.

1. Terme du jeu de paume. On disoit *à bond* et *à volée* pour à tort et à travers. V. notre édition des *Caquets de l'Accouchée*, p. 164.
2. Dans une facétie de la même époque, *la Querelle de*

In primo loco, dans l'université de Vaugirar, quatre sophistes de haut appareil, disputant sur la misère du monde, dont ils estoient grandement entachez, par leurs conclusions m'ont appris que quiconque est à son aise, à gogo, et qui est dans la paille jusques au ventre, ne doibt estre estimé pour partisan de la necessité, *aut omnino regula fallit*.

Secundo, vous tiendrez pour article de foy, en forme probante, et passé par l'alambic de mes plus fertiles curiositez, qu'il est arrivé un grand miracle dans Monceaux[1] lorsque j'estois à la suitte de la

---

Jean Pousse et de Jeanneton sa cousine, qui n'est que la reproduction de celle qui a pour titre *la Querelle de Gautier Garguille et de Perine sa femme*, nous trouvons cette locution : « Tu me comptes des fagots pour des cotterets. » Or, ce qui est dit ici et l'expression encore employée *conter des fagots* trouvent là leur origine et leur explication. Il est facile de voir que, pour arriver à la phrase encore en cours, il a suffi d'abréger la première, d'où elle dérive, et, par une équivoque naturelle en pareil cas, de changer l'orthographe et en même temps le sens du mot *compter*. M. Quitard, qui avoit lu *la Querelle de Gautier Garguille*., est tout à fait de notre avis. (*Dict. des proverbes*, p. 367.)

1. Château situé dans le département de Seine-et-Oise, près de Corbeil, et qu'il faut bien se garder de confondre, comme on le fait souvent, avec celui dont le parc existe encore au bas de la butte Montmartre, près de Batignolles. De Henri II à Louis XIII, la cour y fit de fréquents séjours. C'est là qu'en 1567, les huguenots, commandés par le prince de Condé, faillirent enlever Charles IX. Gabrielle d'Estrées avoit été faite par Henri IV marquise de Monceaux.

cour. Les uns vous diront que c'est un grand bien que la multiplication ; les autres soutiendront que non, et, faisant des argumens à boisseaux sur la pointe d'un esguille, diront, avec le bonnet sur le coin de l'aureille : *Vel est, vel non est; aut est verum, aut est falsum.* Ainsi ce sera un plaisant passe-temps d'Antimèmes, qui eschauferont plus la teste que l'estomach. Revenons à nostre matière (je ne dis pas à celle qui vous pourroit bien brider le nez), mais à ce miracle extraordinaire de nature. Vous apprendrez donc, Messieurs, qu'un jeune homme ne fut pas si tost marié qu'il eut une femme, et bien davantage, car, deux jours après ses nopces, il trouva, revenant de quelque visite, deux plaisans resveil-matin au chevet de son lict, qui, luy rompant la teste plus que de coustume, attendu que c'estoit de la façon de sa chaste femme, il en voulut avoir raison par la justice. Donc grand debat entre les parties ; mais, sur toutes leurs contestations, à cause de la grande diligence et du grand mesnage de la dite femme (dont le juge mesme en pouvoit discourir pertinement), et veu l'orgueil du compagnon, l'on mit les parties hors de cour et de procez, sauf au pauvre badin de se pourvoir par devers les rentrayeurs pour retressir sa dite femme.

Tertio, estant à Soissons, j'allay loger en une hostellerie qui ne se nomme point, où l'on estoit fort bien traicté pour son argent et où l'on n'engendroit point de melancolie ; mais au reste une grande question estoit agitée à chaque quart d'heure entre la maistresse du logis, sa fille et sa servante. Si vous estes bons coursiers, je vous baille de bonne avoyne ;

si vous n'estes que des asnes, vous n'aurez qu'une baye[1] en forme de chardons. Donc disposez de vos qualitez, aages, noms et demeurances. Pour moy, je suis resolu de cotter dans ces croniques boufonnesques que ces trois espèces de foureaux estoient fort avides et desireuses de pistolets. Je ne sçay si c'estoit à cause que le vuide en bonne philosophie est un vice en la nature, ou si leur contentement estoit limité à tirer plus tost au noir qu'au blanc. Quoy que ce soit, la dite maistresse, authorisée de ses propres volontez au reffus de son mary, se rendit tellement diligente à conduire en haut ceux qui abordoient chez elle, que la fille en avoit mal au cœur et à la teste; si bien que, feignant la vouloir soulager de cette peine, elle luy faisoit maintes remonstrances familières pour parvenir à ses desseings, ausquels la servante s'opposant formellement, et d'autant qu'elle ne pouvoit esteindre le feu de sa cheminée que par l'ayde et le secours des bons ramoneurs, elle ne fut honteuse de dire en bonne compagnie qu'elle ne s'estoit point loüée à si bon marché, si ce n'estoit soubs l'esperance des profits. Sur quoy, grand desordre dans le dit logis, l'une prenant le pot à pisser à la main, l'autre la marmite, l'autre la clef de la cave; et en effet querelle qui eust esté de durée si

---

[1]. Equivoque sur le double sens du mot *baye*, qui signifie une sorte de fruit, et qui s'entendoit aussi alors pour *moquerie, tromperie*. Corneille a dit dans *le Menteur* (acte 1er, scène 6) :

> . . . . On les étonne,
> On leur fait admirer les *baies* qu'on leur donne.

je ne fusse arrivé avec mes compagnons, qui faisions en nombre douze ou treize escuyers, sans le regiment de nos goujats, laquelle nous fismes cesser en moins de rien, ce pendant que le maistre du logis nous faisoit à chacun un boüillon pour nous sallarier de nos peines, et de cecy *experto crede Roberto*.

Quarto, pour ne rien oublier que ce qui est mis hors de mon souvenir, suivant mon mesme stille, ma mesme intention, mes semblables inventions, mensonges et consors, vous apprendrez que je n'eus pas plustost recogneu que les Picardes avoient le cul plus chaud que la teste, que je leur fis promesse de les servir le jour du jugement si j'avois le loisir. Si bien que, sortant par la porte de derrière et n'oubliant rien qu'à dire à Dieu, je fus contrainct de louer un viel asne galeux pour aller en poste jusques à Reims, où je ne fus pas sitost arrivé qu'une jeune bourgeoise, me prenant pour un marchand d'huille, me conjura d'affection de lui bailler trois ou quatre dragmes de la mienne. Ma courtoisie fut cause que je la pris au mot, de sorte qu'elle tendit sa lampe, où j'en fis distiller à bon escient : à quoi je fus employé près de huict jours entiers sans recevoir aucun argent pour parachever mon voyage ; et d'avantage j'eusse demeuré en ce bel exercice sans que messire Jean Cornette, propre mary de ceste affetée, revint de vendange, qui, me trouvant mettre le feu au lumignon, me fit prendre en diligence très humble congé de la compagnie. Ainsi je partis de cette fameuse cité pour revenir en cette ville, d'où estant proche environ de sept ou huict lieües, je rencontray un courier assez mal monté qui venoit au devant de moy affin de m'apprendre les stratagèmes qui s'estoient passez au marché aux pourceaux [1]; sur quoy, l'interrogeant particulierement, il me dict qu'un frippon d'advocat, voyant que sa practique n'estoit bonne que pour enveloper des andoüilles ou des cervelas, s'en estoit allé audit marché avec un charlatan, et que là ils avoient affronté un marchand, mais toutes fois que le retour avoit esté pire que les matines, d'autant qu'au bout de trois sepmaines son logis fut descouvert, où l'on chanta de terribles *Gaudeamus*.

Quinto, si je croyois que l'on me deubt croire, je reciterois un faict estrange arrivé pendant ces vendanges dernières, proche du village de Fontenay sur Baigneux. Qu'on me croye ou qu'on ne me croye pas, puisque j'ay entrepris de reciter tant en gros qu'en destail les nouvelles de ce temps, je vous diray qu'une fille aagée de vingt-deux à vingt-trois ans, ayant les vazes plus secrets de la nature bouchez et obtuperez, en sorte qu'elle ne pouvoit faire la lescive au declin de la lune, ainsi qu'elle avoit accoustumé, trouva un remède très souverain pour sa douleur : c'est qu'elle fist accroire à sa mère qu'elle estoit subjecte à un mal pour le remède duquel son confesseur luy avoit conseillé de faire un

---

1. On sait qu'il se tenoit au bas de la butte S.-Roch, et que c'étoit une sorte de foire permanente. V. notre *Paris démoli*, 2ᵉ édit., p. 177, 366-367.

voyage en Brie, tellement que le bon naturel de ceste mère permist à nostre petite effrontée d'y aller descharger son pacquet, où elle accreut le nombre des veaux ; toutes fois c'estoit un veau retourné, car il portoit la queüe devant, et les autres la portent derrière.

Si je passe plus outre et que l'humeur me prenne de vous faire rire à gueule bée, je ne sçay si vous dirés que je suis un drolle et que j'en sçais de bonnes. Je l'espère ainsi : voilà pourquoy, *messiores drolissimi, galandissimi et curiosissimi*, sachez *in globo* qu'estant retourné de par deçà je n'estois plus par les chemins, et que j'ay trouvé aux fauxbourgs S.-Germain, en une fameuse academie[1] où l'on ne court jamais en lice que l'on ne rompe, une certaine damoiselle natifve de Paris, des mieux equipées et caparasonnées, gouluë au possible, qui, s'estant delectée dans les jardinages du père d'Amour, et qui, pour avoir mis trop souvent le cul contre terre, le ventre luy en est tellement enflé pendant l'absence de son mary, que quelque dix ou onze mois après elle a remis le paradis terrestre au monde en produisant le fruict de vie, que l'on dit pourtant avoir esté planté aux despens d'une abbaye : *Et hoc plusquam verum*.

Item, si le loisir me permettoit de faire deduction

1. Le faubourg S.-Germain étoit rempli d'académies de toutes sortes : académies d'armes, de jeu, etc., et plus encore de celles dont il est parlé ici. V. notre tome 1er, p. 207-208 et 219, note.

de la force, de l'honneur et de l'utilité des cornes d'un jeune Gascon de la paroisse S.-Paul, je vous dirois que pour avoir rembouré le bas d'une vieille mule, qu'il avoit fait une assez jolie fortune, mais que son indiscretion l'ayant conduit aveuglement au bordel, qu'il y trouva une jeune Bourguignote, à qui il fit franchement cession et transport de ses bonnes volontez; mesmes, pour la faire damoiselle, qu'il vendit l'office dont il estoit assez honoré. Ainsi le drolle est tombé de fièvre en chaud mal, qui neantmoins n'apporte pas grand dommage en sa maison : car la saincte Escriture y est fort enseignée. Devinez si bon vous semble.

Pour conclusion de la presente histoire, vous remarquerez une grande justice et une grande debonnaireté en la personne d'un gros prebendé de cette ville, lequel donne en faveur de mariage à sa monture la somme de douze mille livres argent content, sans comprendre les menus suffrages, et sans specifier comme il a promis et promet de faire eslever, nourir et entretenir jusques en aage de maturité le fruict qui est prevenu des hantes [1] qu'il a faites plus en fante qu'en escusson avec la dite monture.

Toutes lesquelles choses cy-dessus je vous certifie estre vrayes et avoir esté faites de la façon, vous promettant que, si vous les croyez, de vous en descouvrir dans peu de jours des plus nouvelles et des mieux couzues : car ainsi a esté accordé et sti-

---

1. *Entes*, terme de jardinage, comme ceux qui suivent.

pulé entre mes plus joyeuses fantaisies les an et jour que dessus.

Signé : *Turlupin*[1] et *Pierre Dupuis*[2].

1. Son nom de famille étoit *Henri Legrand*, son sobriquet *Belleville*, et son nom de théâtre *Turlupin*. Il jouoit les valets fourbes et intrigants, et étoit ainsi à l'hôtel de Bourgogne ce qu'étoit *le Briguella* au théâtre italien du Petit-Bourbon. « Ils portoient un même masque, dit Boucher d'Argis, et on ne voyoit d'autre différence entre eux que celle qu'on remarque en un tableau, entre un original et une excellente copie. » *Var. histor., phys. et litt.*, t. 1er, 2e partie, p. 505. — Un faiseur de pasquils de ce temps-là l'a appelé

Grand maistre Alliboron, ennemi de tristesse.

« Quoiqu'il fût roussâtre, dit Robinet, il étoit bel homme, bien fait, et avoit bonne mine. Il étoit adroit, fin, dissimulé et agréable dans la conversation. » C'est ce qui mit à la mode ce genre de plaisanteries équivoquées dont Boileau a gémi, dont s'est moqué Molière. Sorel, avant eux, avoit ainsi parlé de ce genre d'esprit à propos d'un livre bourré de *turlupinades* : « Il n'y avoit rien là dedans à apprendre que des pointes qui avoient beaucoup d'air de celles de Turlupin, lesquelles estoient mêlées hors de propos parmy les choses sérieuses. » *Histoire comique de Francion*, Paris, 1663, in-8, p. 584.

2. V. sur ce fou, qui couroit alors les rues de Paris, une longue note de notre édition des *Caquets de l'Accouchée*, p. 266. Nous ajouterons ici que Regnier le nomme au 72e vers de la 6e satire ; que Bruscambille, dans ses *Paradoxes* (Paris 1622, p. 45), l'appelle *maistre Pierre Dupuy, archifol en robe longue*, et que, selon Desmarais, il couroit les rues, portant un vieux chapeau à son pié en guise de soulier (*Défense du poème épique*, p. 73).

Plaisant Galimatias d'un Gascon et d'un Provençal, nommez Jacques Chagrin et Ruffin Allegret.
A Paris, chez Pierre Ramier, ruë des Carmes, à l'Image Sainct-Martin.

M.DC.XIX. In-8.

Au Lecteur.

Si ce dialogue ne vous duit,
Que la fin luy soit pardonnée ;
De peu de perte peu de bruit :
S'il ne dure qu'une journée,
Il ne me couste qu'une nuict.

Allegret.

Bon-jour, compagnon, bon-jour et bien à boire, camarade.

Chagrin. Ce dernier bon-heur que tu me desires te convient merveilleusement bien, Allegret, qui ouvres en mesme temps la bouche et les yeux. Je ne m'estonne pas si tes chevaux vont mieux que les miens, car c'est un dire commun que les chevaux des charretiers (sans toutefois que les comparaisons des qualitez nous puissent nuire ny prejudicier, puisque nous botant à la savaterie on nous donne aussi bien du Monsieur par le nez qu'aux autres courtisans), les chevaux, veux-je dire, marchent plus viste quand les maistres, cochez ou charretiers, ont bien beu, parce qu'alors nous les foüettons comme tous les diables ; et dit-on (pour entrer tousjours plus avant en similitude avec la noblesse) qu'il n'appartient qu'à eux et à nous de jurer Dieu, eux lorsqu'ils sont endebtez, et que, pressez de leurs creanciers, ils voudroient rendre avec le pied ce qu'ils ont receu avec la main, et nous, quand sommes embourbez, ne sommes pas moins jureurs. Mais parlons d'un plus haut style et de choses plus relevées. Je m'asseure, Allegret, que tu es dans la paille jusques au ventre, as plus d'argent qu'un chien n'a de puces, manges tous les jours la souppe grasse, travailles fort peu et disnes beaucoup ; soit que tu montes et que je descende, gardons tous deux que, de riches marchans que nous nous estimons, devenus enfin pauvres poulaliers, ne nous rencontrions l'un à la descente du pont aux oyseaux [1], sifflant des linottes, et l'autre pas loing de là, à la vallée de Misère, vendant des cocqs chastrez pour des chappons du Mans.

ALLEGRET. Parbieu ! Chagrin, tu verras beau jeu

---

1. Il étoit placé entre le Pont-au-Change et le Pont-Neuf. Du côté de la Vallée de Misère (quai de la Mégisserie), dont il est parlé plus loin, il débouchoit près l'Arche-Marion, en face le For-l'Evêque. Avant qu'il eût été détruit, en 1596,

si la corde ne rompt; si tu me croy, *del tempo et de la seignoria non si da melancolia.* On diroit, à te voir ainsi pasle et deffait, que tu ne manges que des ails, qui sont le poivre de ton pays de Gascongne, encores qu'en Provence on vive assez sobrement et frugalement, et que pour telle raison la saignée et phlebotomie ne soit pas tant en usage qu'à Paris, où nos chirurgiens viennent tant seulement pour mieux apprendre l'anatomie. Je me suis accoustumé à la façon de vivre des autres; j'ai retenu ce proverbe italien : *Secondo che tu ti senti socca di denti.* J'estens plus de nappe maintenant que j'ay plus de table et que ma bourse s'enfle, outre que de mon naturel j'ayme extremement à faire bonne chère et gros feu. Je me plais à porter la devise des enfans de Lyon : Le dos au feu, le ventre à table, et une escuèle bien profonde. Ma carogne de femme a beau me dire : Aujourd'hui bon, demain meilleur, nous font bientost monstrer le cul. Je n'y sçaurois que faire, tous les mestiers qui ont le C pour la première lettre de leur nom, comme cochers, charretiers, cuisiniers, crocheteurs, prennent, selon l'ordre de l'alphabet, la suivante, qui est D, debauché, drolle, etc.

par une inondation, on l'appeloit le *Pont-aux-Colombes* ou à *Coulons*, ou bien le *Pont-aux-Meuniers*, à cause des moulins accrochés sous ses arches. G. Marchand, qui acheva de le reconstruire en 1606, lui donna son nom; mais le peuple l'appela de préférence *Pont-aux-Oiseaux*, soit à cause des oiseliers et poulaillers, très nombreux sur le quai voisin, soit plutôt parceque chaque maison avoit pour enseigne un oiseau peint sur un cartouche.

C'est pourquoy j'estime que de là m'est venüe cette mauvaise habitude et naturelle inclination culinaire que j'ay au couvercle du pot et à la fumée du rost, car, à mesure que je m'esveille en sursaut, je fais un saut du lict à la cuisine, et cours plus viste à la table qu'à l'estable. Mon asne m'est plus en recommendation que les chevaux de mon maistre. Il me fait bon voir depescher besongne, vuider les escuelles, de peur que le cuisinier n'en ait à faire. Si j'ai haste, au lieu de mascher, j'avalle, ressemblant à ces pages et lacquais qu'on fait disner quand monsieur est au fruict et fait mine de sortir promptement du logis. Trefve pour maintenant des mots de gueule; monstrons que nous avons la teste bien faite, participons au soin qu'ont nos maistres. Que deviendront ces orages et tempestes que chacun d'eux tasche de destourner de son chef? Vertu bleu! j'entens bien d'autre cliquetis que celuy des plats! Le bruit des armes, le son des trompettes et clairons, le colin-tan-pon des tambours, feront sans doute taire tout court les cornemuses de Poictou. Que je prevoy de pleurs, que de malheurs si Dieu n'a pitié de nous! Gardez vos femmes et vos filles, bonnes gens; serrez de bonne heure vos poules et poulets. Manans à la longue jacquette, puisque les sous-delards sont aux champs, tout va passer par Angoulesme[1] et Angoulement. Peu s'en faut que je ne dise clairement la verité de ce que la lunette de mon jugement m'a fait voir dans le mal-entendu de la cour, et, comme les soldats de Philippe, je ne nomme

---

1. *La bouche*, équivoque sur le vieux mot *engouler*.

toutes choses par leurs noms. Aussi bien dit-on que
les grands n'ont faute que d'une chose, sçavoir, des
gens qui leur disent leurs veritez. Nous autres Provençaux, qui sommes nais en un pays solaire, avons
l'esprit par consequent esveillé, cognoissons bientost une verte entre deux meures, et si avons la
teste chaude et près du bonnet, ne portons pas volontiers croppière, aimons trop nostre liberté. C'est
pourquoy nous nous contentons en nos maisons
d'une honneste pauvreté, estimans que qui est content est riche ; n'importunons pas tant le roy comme
vous autres Gascons, qui vous dittes tous neantmoins cadets de dix mil livres de rente. Il faut donc
que vos aisnez soient tous des mille-soudiers[1] d'Orleans, et que, si je n'avois esté en ce païs, on m'en
feroit accroire de belles. Toutes les bordes de Gascongne ne sont pas semblables : à Saint-Germain ou
à Fontaine-bleau, ce sont bourdes que vous nous
contez. Vous vous mecontez en vos supputations ;
vous sçavez faire valoir le triomphe toutefois, et
soustenez mieux une menterie que nous autres Provençaux, dissimulez une injure long-temps à l'ita-

1. Mot du vieux *gof* parisien qui servoit à désigner les
gens assez riches pour pouvoir dépenser *mille sols* par jour,
c'est-à-dire par an 18,250 livres. Quant à Orléans, je ne
sais pourquoi l'on parle plutôt de ses mille-soudiers que de
ceux de toute autre ville. Il faut peut-être voir ici une ironie, une antiphrase, eu égard à la réputation toute contraire qu'au XVe et au XVIe siècle, le bonhomme *Peto d'Orléans*, patron des mendiants et des gueux, avoit faite à sa
ville.—V. Eutrapel, chap. 10, *Des bons larrecins*, et une note
de Le Duchat sur Rabelais, liv. 3, ch. 6.

lienne, promettez à la normande sans jamais vous engager par vos paroles, et parlez ambigüement par monosyllabes en galimatisant, hardis et prompts en rodomontades. Bref, vous autres Gascons estes fins en diable et demy; aussi en avez-vous la plus part le poil et les griffes, et, meschans comme vieux singes qui tirent les marrons du feu avec la patte du levrier et du chat, vous dressez en sorte vos parties que, faisant tenir le dedans à ceux ausquels vous vous accouplez, vous gardez les galleries et faites beau jeu de l'argent et reputation d'autruy. Mais prenez garde aussi que ceux qui tiennent le dedans, recognoissent les seconds foibles, ne tirent souvent aux galleries ou frisent des coups que vous ne sçauriez parer sans mettre sous la corde[1]. Je trouve escrit en un grand livre couvert de bazane verte, que mon fils porte à l'eschole, que la plus grande finesse est d'estre homme de bien, et non point si fin, et qu'on aura beau faire, car il faudra tousjours rendre à Cesar ce qui appartiendra à Cesar, par brevet ou autrement, en quelque façon que ce soit, termes de parler que j'ay appris des refferendaires de Rome, qui voyoient souvent le cardinal que je servois. Que si cette viande est de mauvaise digestion, prenez quelques onces de poudre digestive d'une saine et saincte obeïssance, et ne donnez jamais sujet de preparer les pillules corrosives et destructives du grand maistre de l'artillerie, qui font bien d'autre effect que le cotignac gluant qu'on sert dans ces boistes de Flandres dont on a usé naguères. Ha!

---

1. Terme du jeu de paume.

mais je sçay bien que vous estes baillans comme l'espée de Rolland, qui, à la journée de Roncevaux, fendit un grand rocher en deux, pensant trouver de l'eau pour appaiser son ardeur, et si mourut de soif le brave cavalier, et fut un très grand dommage. C'est pourquoy j'estime que les Suisses, ayant leu cette deplorable histoire, craignant un semblable malheur, portent en tout temps une bouteille pendüe à la ceinture. Croy-moy, que la petite verge du grand capitaine Moyse fit bien autre effect que ceste espée rollandine : car, au premier coup qu'il en frappa, maistre Guillaume m'a juré, comme present en cette action, qu'il rejalit de la dure pierre une telle abondance d'eau, que tant de milliers de peuples beurent à leur benoist saoul.

CHAGRIN. Si tu avois l'appetit aussi subtil, Allegret, comme nous avons la main habile (qui est la cause qu'on ne nous donne guères de bources à garder, et que du costé que nous sommes on les change promptement en l'autre), tu ne t'arresterois pas à ces comparaisons d'Onosandre [1].

ALLEGRET. Veritablement, Dieu est un bon gouverneur et un grand maistre ! Il peut hausser et abaisser, et faire de nous comme un potier de ses vases de terre, voire plus que cela. C'est luy sans doute qui nous a donné le beau temps dont nous

---

[1]. Ecrivain grec dont, au commencement de ce siècle, Rigault avoit traduit en latin, et Vigenère en françois, le *Traité du devoir et des vertus d'un général d'armée*. On connoît une mazarinade intitulée *Onosandre ou le mangeur d'asne*.

avons jouy trois ou quatre mois. O! que les cochez à douzaine qu'on ira enfin louer chez les recommanderesses [1] à la descente du pont Nostre-Dame, tirant devers la Grève, ont eu beau se bransler les jambes attendant leurs maistres et maistresses aux portes des hostels, au lieu qu'ils trembloient le grelot auparavant! car l'hyver cette année a esté long, rude et tardif, comme tu sçais.

CHAGRIN. J'en suis encore tout morfondu, et si je n'ay pas fait la sentinelle, car je suis des appointez, marchant sous l'enseigne couronnelle. Mal de terre! je me promettois bien que tant de cochons et cocherots eussent du foye de connil et de la cassette, quand j'entendis publier ces belles deffences contre les carrosses [2], et qu'on parloit qu'il y avoit un si

---

1. V., sur ce mot et sur ce qu'il signifioit, une note d'une pièce précédente, p.   .

2. Les carrosses durent être, en effet, compris alors dans les édits somptuaires qu'on préparoit de nouveau pour compléter ceux de 1601 et 1606. L'un des vœux des gens du peuple avoit été que les Etats de 1614 statuassent quelque bonne défense à ce sujet. Une pièce du temps, *Discours véritable de deux artisans de Paris, mareschaux de leur estat*, 1615, in-8, p. 11, déclare nettement, comme conclusion, « que les carrosses seront deffendus, sinon à ceux qui auront qualité requise, comme princes, seigneurs, barons, présidents, conseillers et messieurs du conseil, et les chefs des finances, comme superintendant, intendant, messieurs les trésoriers de l'espargne ordinaire et extraordinaire. Cela est de trop grand entretien, et cause que l'on reçoit trop d'incommodité dedans Paris; et aussi, pour entretenir le train de carrosse, il faut trop dérober le peuple. »

beau reiglement dressé pour distinguer les qualitez des personnes de merite d'avec les autres. Grand cas, rien ne s'observe, tant la licence est grande en France, où l'on se plaist de vivre en confusion. L'on dit aux pays estrangers qu'en ce royaume nous avons les plus belles lois et ordonnances du monde, mais qu'elles sont très mal observées; tous les François veullent estre egaux comme de cire. C'est l'un des principaux pactes de mariage que de stipuler une maison à porte cochère[1] et un carrosse pour madamoiselle. Et Dieu sçait, s'il manque en après quelque chose, si on court au voisin ou à l'amy! Ceux qui ont donné le nom de macquerelle à ceste isle agreable proche le Pré aux Clercs[2], s'ils retournoient en vie, pourroient bien appeler les carrosses macquereaux et les cochez maccabées. Teste d'un petit poisson! si les putains par Paris n'alloient point en carrosse, comme il est deffendu à Rome aux cour-

---

1. V., sur l'importance que donnoit à son propriétaire et à ceux qui l'habitoient une maison à porte cochère, une note de notre édition du *Roman bourgeois*, p. 294.

2. On pense qu'elle devoit son nom aux rixes fréquentes (*mal querelles*) qui s'y livroient entre les écoliers de l'Université, et non pas, comme l'a dit M. Eloi Johanneau dans une note de son *Rabelais* (t. 2, p. 335), au voisinage du moulin de Javelle, dont la réputation de débauche ne commença que bien plus tard. On l'appelle aujourd'hui *l'île des Cygnes*, à cause d'un certain nombre de ces oiseaux que Louis XIV y fit mettre, « sous la protection du public », par ordonnance du 16 octobre 1676, et dont il est parlé avec de grands détails dans *l'Ambigu d'Auteuil* (1718, in-12, p. 70).

tisanes, on verroit un beau retranchement ! Vous ne voyez que carrosses de ces femmes courir de çà, courir de là, et carrognes dedans. Entendez parler ces perroquets et ces chèvres coiffées : Je vous envoyeray mon coché ; vous cognoistrez bien la livrée de mon coché ? Il attendra à cette porte, il fera, il dira; bref, il aura autant d'occupation et d'affaires qu'un greffier commissionnaire. C'est bien vrayement le paradis des femmes que Paris, qui ont gaigné en ce temps leur cause contre les hommes : car, leur requeste tendante à bransler et brimballer, elles vont en des carrosses branslans et suspendus [1], et que, pour entretenir souvent ce train, leurs maris jouent parfois à se faire pendre, par le moyen de mille meschancetez et volleries qu'ils commettent. Paris, dis-je encores, est plus que jamais l'enfer des chevaux, plus cruel qu'on le vit onques. Le bon Panurge, autrefois chez maistre François Rabelais, avoit appellé cette ville la ville des bouteilles et des lanternes; j'adjouste : et des carrosses [2]; et est le purga-

[1]. Ces carrosses étoient de lourdes caisses, grossièrement vernies, suspendues sur de larges courroies, ou simplement sur des cordes. Le premier qu'on vit à Paris en ce genre fut celui dans lequel se montra, au commencement du règne de Henri IV, la veuve du maître des comptes Bordeaux (Sauval, *Antiq. de Paris*, liv. 2, ch. Voitures). Il y a loin de là aux *carrosses à ressort bien liant* dont parle Regnard (*le Joueur*, art. 1, sc. 1), et encore plus à nos voitures d'aujourd'hui.

[2]. Le proverbe *Paris, paradis des femmes, purgatoire des hommes, enfer des chevaux*, qu'on croyoit ne remonter qu'à la fin du XVIIe siècle, se trouve ainsi au complet.

toire encores non seulement des plaidans, mais de toute sorte de gens qui vont à pied, bottez et non bottez, appuyez sur baguettes et non baguettez, qui sont tousjours en cervelle pour se garder, non des charrettes ferrées, mais bien des carrosses, tousjours courant comme si la foire estoit sur le pont. Que j'ay plusieurs fois desiré d'introduire en France cette gravité de marcher des carrosses de Rome, lesquels, au moindre signal du carrossier d'un cardinal, font alte! Et à Paris à peine s'arreste-on pour le carrosse du roy. O! que les gondoliers de Venise sont bien heureux, qui, ayant mené leurs seigneurs Pantalons chez eux (gens qui ne veulent point entretenir des animaux qui mangent leur bien cependant qu'eux dorment), les gonfalins, dis-je, ne font qu'attacher leurs esquifs, et puis *bassa la man!* Non pas en ce païs, où il y a plus d'affaires à atteler et harnacher un carrosse qu'à Venise de construire un vaisseau ou d'armer une galère.

ALLEGRET. De quoy vas-tu, Chagrin, emberliquoquer ta pauvre cervelle? Si à Paris n'ont assez d'aller en carrosse, qu'ils se fassent traisner dans une brouette de vinaigrier, ou porter par la ville sur

---

Nous l'avons vu servir de texte à une caricature parue dans la dernière partie du règne de Louis XIV, et qui a été reproduite par le *Musée de la Caricature*, 11e liv., et par le *Magasin pittoresque*, t. 7, p. 36. — Le proverbe liégeois étoit différent : Liége, à l'entendre, étoit le *paradis des prêtres, l'enfer des femmes, le purgatoire des hommes.* (Michelet, *Hist. de France*, 6, 146.)

les espaules, comme à Aix, en Provence, on porte le duc d'Urbin[1]. Il est vray que vous autres Gascons ne prenez pas beaucoup de plaisir à cette feste, non plus que d'ouyr renouveller vos douleurs pendant le fort d'Aix[2], où plusieurs des vostres, pour n'avoir sceu dire *Cabre*, ains *Crabe*, furent mal menez, et fit-on déloger les autres sans trompette et plus viste que le pas. Vous avez beau dire : Va, Provençal, pis je ne te puis dire : car, outre que la Provence a des pertinens objects et reproches contre l'autheur et inventeur de ce blason, on dit qu'il est permis sur la chaude, à un qui pert sa cause, d'injurier la justice et ceux qui l'administrent. Ainsi cestuy-cy se trouvant depossedé de son tiltre, tout luy estoit loisible, comme à nous de faire des chansons

1. Notre auteur se trompe : les images grotesques du duc et de la duchesse d'Urbin n'étoient pas portées sur les épaules, mais placées sur des ânes, pour être promenées à la procession de la Fête-Dieu d'Aix, à la suite de la statue du roi René. C'étoit en souvenir de la victoire que ce prince avoit remportée en 1460 sur le duc d'Urbin.

2. Il s'agit sans doute ici de quelque événement du siége d'Aix, durant la Ligue, par M. d'Epernon et ses troupes gasconnes. V. Bouche, *Hist. de Provence*, t. 1, p. 775-783. Le fait, du reste, sauf le mot à prononcer, est renouvelé d'un épisode bien connu des guerres des Israélites. Dans les *Histoires byzantines* on l'avoit déjà repris au sujet de je ne sais plus quel mot grec qu'il falloit bien prononcer, sous peine de passer pour ennemi et d'être immédiatement massacré. On raconte une anecdote semblable au sujet des deux mots polonois *Orzeł Biały*, que les Allemands ne pouvoient prononcer.

sur tous les tons et semy-tons de musique : il n'est pas que tu n'ayes ouy chanter le Hay Bernard et autres, touchées sur diverses cordes. Prend seulement garde que le roy, pour le service du quel nous formions telles oppositions, n'aye suject de dire de plusieurs de vous autres Gascons (sans blesser la nation, car de toute taille bon levrier) : Allez, Gascons, ou plustost Gavestons, pis je ne vous puis dire ; ou que, par permission divine, la bien heureuse ame de Henry III ne se represente à eux en songe ou autrement, et ne leur dise, avec une voix terrible et menaçante de quelque grand malheur : Petits cadets, je vous ay autrefois eslevé par dessus vos frères, comme un autre Joseph en Ægypte ; j'ay garenty vos pas de tant d'embusches, que mes autres courtisans, envieux de vos fortunes, vous dressoient pour vous ruiner et perdre ; je vous ay comblez d'honneurs et de moyens : vous en voudriez-vous bien rendre indignes maintenant, et, ingrats envers moy, vous rebeller contre mon digne successeur, petit-fils de sainct Louys et imitateur de ses vertus? Si vous faites desscin d'employer le glaive ennemy contre le roy vostre seigneur et maistre, qu'à jamais le glaive puisse regner dans vos maisons ! que vos propres enfans se bandent contre vous ! que plus tost ils soüillent leurs mains parricides dans vostre sang ! et que le soleil, après avoir veu ce scandale, pallisse d'horreur d'un tel crime, perpetré et permis par juste jugement de Dieu ! Par ce, je supplie tous les jours la divine bonté d'illuminer vos entendemens, à fin de vous faire recognoistre vostre erreur et venir à un amendement. Certes, Chagrin, proferant ces belles paroles, forgées dans le tymbre de mon jugement et alambyquées dans le cerveau de ma grande capacité, je pense avoir aussi bien parlé qu'un savetier qui list la Bible, et si je ne suis pas Thessalonicien. Çà, reprenons nos flustes; aille comme voudra l'affaire des carrosses : j'ayme autant l'entier que le rompu. Tout m'est indifferent; qu'il y ait reglement ou non, peu m'importe : je n'en boiray pas un coup moins. Ne meiné-je pas avec le mien la faveur, et par consequent Cesar et sa fortune? L'herbe sera bien courte si je ne puis paistre. Quel retranchement qu'il y ait de colonel, maistre de camp ou regiment de cette grande armée de carrosses qu'on voit par Paris, le mien roulera tousjours, en despit des Simons et Simonets[1]. Comme nos maistres changent quelquefois de livrées, aussi ils changent parfois de devises. Je porte maintenant la mesme qu'un

---

1. Nous n'avons pu trouver le sens de ces mots *Simons* et *Simonets*; mais il est certain qu'on les employoit alors quand on vouloit parler de la *braverie* et de la *piaffe* des gens du bel air. *Faire du Simonet*, par exemple, se disoit, je crois, ce passage-ci me le confirme, dans le sens de *se pavaner en carrosse*, etc. Nous lisons dans l'une des satires du sieur Auvray, *les Nompareilles* :

> Esclatter en clinquant, gossierement vestu,
> Piaffer en un bal, gausser, dire sornettes,
> . . . .
> Savoir guerir la galle à quelques chiens courrans,
> Mener levrette en lesse, assomer paysans,
> . . . .
> Faire du Simonet à la porte du Louvre.
> Sont les perfections dont aujourd'hui se couvre
>   La noblesse françoise.

grand-duc, fils de Mars, a ès vieilles tapisseries de son hostel. Chacun à son tour : la Gascogne n'a-elle pas tenu assez long-temps le haut bout à la cour? L'on dit qu'un contraire succède volontiers à son contraire : les Anglois et les Ecossois, les Portugais et les Espagnols, les Normans aux Parisiens, principalement aux marchandes du Palais (qui disent qu'elles ont fait un Normand quand quelqu'un se dedit), ne sont pas plus diametralement opposés que les Gascons aux Provençaux. Je croy que cette grande haine provient de ce que vous autres vous voulustes opiniatrer de manger nos figues de Marseille avec du sel, contre la coutume du pays, ou bien de ce que vous mangiez les plus belles prunes de Brignoles et nous donniez la trialle[1]. C'est pourquoy on vous fist sauter des pruniers en bas, sortir bien viste du clos sans vendanger, et eustes contraires jusques aux bœufs et aux bouviers, qui vous coururent à force et vous firent arpenter la Provence au grand dextre et pied de roy. Quelle merveille si maintenant les braves et courageux Provençaux ont sceu prendre leur tems et leur advantage! *La conjectura de lor cosse* est le plus beau secret qu'ayent les prudens Italiens en matière de cour. Les Provençaux, dis-je, sont venus à la cadance croiser leurs picques d'une parfaicte obeïssance aux volontez du roy et grande fidelité à son service, et pour le soustien de ses favoris, l'honneur de la nation provençale; et à ces fins, comme on n'entendoit autrefois à Paris que : De cap de jou! et Mal de terre! à present vous

---

1. C'est-à-dire ce qui reste de déchet après qu'on a *trié*.

n'oyez dire que : *Corps de stioure! otte vez* et le *Dieu me damne!* de Languedoc. La faveur durera tant qu'il pourra, *gauderemo questo pocco*, et dirons avec les astrologues : Dieu sur tout. Pour moy, je suis si bon François et tellement passionné au service de mon roy, que, si j'estimois que Messieurs de la faveur luy fussent un jour si ingrats qu'on bruit de quelques seigneurs gascons, je conjurerois dès asture tous les astres de leur influer un pareil desastre que naguères arriva à ce superbe Phaëton, qui, par son arrogance, fut precipité du chariot de sa presomption, et traisné après sa mort, ayant laissé emporter durant sa vie le char triomphant de la raison, le siége de nostre ame, par les chevaux indomptables de ses passions aveuglées et cruelles vengeances, ausquelles il avoit par trop lasché les resnes d'une grande indiscretion et inconsideration, pensant, par ce moyen, parvenir au but de sa damnable et fole ambition. Nous ne verrons jamais, Dieu aidant, de tels spectacles. L'exemple de la punition de ce temeraire et presomptueux fera aller bride en main tous les courtisans judicieux, et ceux de mon pays entendront mon langage, *que mal usa non pou dura*. Les exemples n'en sont que trop frequens, et les histoires remplies de pareils accidens. Je recognois une humeur si douce, un naturel si humain et une disposition si grande en ces trois genereuses ames, aimées et animées de l'air de la faveur de mon prince, qu'elles ne respireront jamais que l'air de son très humble service, et diront franchement : Il n'y a pas un de nous si fol et insensé qui se vueille joüer à son maistre, s'opposer à la volonté de son roy et bienfaicteur, sur la grandeur et puissance duquel jettant les yeux de nostre consideration, nous nous estimons petits mouscherons envers cet aigle royal. Qu'il frappe, qu'il tuë, qu'il taille en pièces et morceaux ceux qui seront rebelles à ses commandements ! Quand ce seroient nos femmes, nos enfans et proches parens, ce sera sans aucune resistance qu'il chastiera les coupables de crime de léze-majesté. Nous garderons ce commandement jusques à la mort d'avoir presté tout devoir et obeïssance à nostre prince legitime et naturel, sans violer ny contrevenir jamais aux lois de nostre Dieu. Voilà comme j'ay ouy prescher autrefois un bon religieux au village de mon maistre, et qui luy dit un jour, et à ses frères, en sortant de la predication : Retenez cela, mes enfans; soyez gens de bien, craignans Dieu et bons serviteurs du roy : vostre fortune n'est pas perdüe.—Non, vrayement, ay-je dit depuis ; car ils l'ont bien trouvée. Je fais ce jugement de mes maistres qu'ils continueront de servir le roy, encores que je ne vueille respondre de rien : car qui respond paye le plus souvent. Je sçay qu'il a mal pris à mon père pour avoir cautionné mon grand-oncle Magloire. Cela le mit si bas, qu'il fut contraint à boire de l'eau, la chose du monde qu'il a tousjours la plus haïe jusques à la mort, et ne voulut jamais humer bouillon, de peur d'en mettre dans son ventre. Or, se voyant proche de sa fin, il s'en fit apporter un plein verre; et, comme on luy eust demandé quelle humeur le prenoit, veu le mal qu'il avoit voulu toute sa vie à cette liqueur : C'est la raison, dit-il, pour laquelle j'en veux boire à cest heure ;

car il se faut reconcilier avec ses ennemis. Mais tout ce discours est un peu hors de propos : je reviens à mon affaire. S'il m'estoit aussi aisé de mettre une cheville à la roüe de leur fortune comme aux roües de leurs carrosses, j'en mettrois une qui tiendroit bien, et regarderois souvent s'il y auroit rien à refaire : car malheureux est qui se fie à fortune, disent nos anciens.

CHAGRIN. Tu es tellement transporté dans le bonheur de tes maistres, que tu vas à travers champ le chemin des ivrongnes par tes discours extravagans, et je m'asseure que qui te laisseroit parler, tu en aurois pour toute ta journée. Nous en sçavons assez, quoy que logez loing des cuisines du roy, et où tu as maintenant ton plat ordinaire. Dy-nous, de grace, quelque chose de la guerre. Je voy tant de milliers de personnes qui vont, viennent, courent, discourent à perte de veuë ! Tout le monde se produit pour avoir des commissions, mais plustost de l'argent de l'espargne, où il se fait de grands barats[1], principalement des sacs qui viennent des receptes normandes. Il est vray que la pluspart de ces guerriers, s'appercevant de tels barats, disent comme l'advocat à qui un paysan avoit donné un escu qui n'estoit pas de poids : Mon advis et conseil est encores plus leger. Le service que je rendray à la guerre vaudra bien peu s'il ne vaut le payement qu'on m'a faict. Où es-tu maintenant, brave Castel Bayard, qui, ayant accompagné une fois le deffunct roy jusques à Saint-Ger-

1. Trahisons, tromperies. Au XVIIe siècle on disoit encore à Paris, dans le peuple, *barateur* pour trompeur.

main, t'en retournas coucher à Paris parceque ton valet de chambre avoit oublié d'apporter ton sac où estoient tes besongnes[1] de nuict, et qui te ventois neantmoins de coucher sur des matelats faits de moustaches de capitaines que tu avois tués en duel ou en combat general.

ALLEGRET. Que c'est d'un homme qui ne sçait pas du latin, qui n'est pas congru, et veut neantmoins parler comme un qui entend l'art oratoire et la gregorique ! En pençant louer ceux de ta nation, tu les mesprises, et tantost peut-estre tu compareras son espèce à celle de Gouville, Champenois, auquel le deffunct roy commanda de ne plus porter qu'un baston, avec lequel, neantmoins, il a souvent attaqué des personnes qui avoient espée et dague. Tu veux donc sçavoir des nouvelles de la guerre, vieux renard, le nom qu'ont donné les ministres fidèles du saint Evangile à un que je cognois bien, que le nouveau Aristarque appelle en ses visions hipocrite à visage d'hermite ? Sçaches que, puisque je n'entens crier par Paris que des lettres, que ces mouvemens ne seront que remuemens des lèvres et de la langue, et mouvemens de plume que le vent emportera, quoy qu'on nous conte de ce vaillant comte[2], venu

1. *Hardes.* V., sur ce mot ainsi employé, une note de notre édition des *Caquets de l'Accouchée*, p. 19.

2. Il s'agit ici de ce que M. de Schomberg avoit mandé au roi touchant le fort d'Uzarche, en Limosin, enlevé au comte d'Epernon le 11 avril de cette année-là. Entre autres pièces sur cette affaire, nous connaissons celle-ci : *Lettre envoyée au roi par M. le comte de Schomberg sur la prise d'Uzarche*, Paris, par F. Morel, 1619, in-8.

de Germanie, qui a fait de meilleures rodomontades en douze lignes de sa lettre que le non pareil don Pietro de Toledo[1], ou le duc d'Aussonne[2], en toute leur vie. Je loüe grandement son courage, car il n'en manque jamais, et son zèle au service du roy doit excuser l'essor de sa plume, qu'on ne doit pas pour cela tant rongner au Palais, comme certains Aristarques font, qui glosent sur la glose d'Orleans[3]. Si ces rongneurs et gloseurs ordinaires venoient ainsi corriger les actions des serviteurs du roy sur le pont Neuf, ils ne s'en retourneroient pas sans beste vendre, et seroient endossez comme les mandemens de l'Espagne : car il y a d'ordinaire une trouppe de Provençaux, frezez comme les testons de Lorraine, qui font corps de garde du costé de l'isle du Palais, et

1. D. Pedro Manriquez, connétable de Castille, qui, en allant en Flandre, s'arrêta quelque temps à Paris, où il se rendit ridicule par son faste et ses fanfaronnades. (V. *Œconomies* de Sully, 2ᵉ part., chap. 26; Mathieu, *Hist. de Henri IV*, t. 2, p. 292.) Ce passage de D. Pèdre, qui eut lieu à la fin de 1603, fit si bien événement, qu'un proverbe en resta, dont Régnier a fait un vers. L'un des personnages de sa 10ᵉ satire dit :

Si don Pèdre est venu, qu'il s'en peut retourner.

2. C'est le fameux D. Pedro Tellez y Gyron, duc d'Ossuna, qui fit tant parler de lui, de 1610 à 1621, comme vice-roi de Sicile, puis comme vice-roi de Naples, et surtout au sujet de la conjuration des Espagnols contre Venise, pour laquelle le marquis de Bedmar ne fut que son instrument. Tallemant a beaucoup parlé du duc d'Ossone.

3. C'est-à-dire commentent le commentaire, tirent le fin du fin. On sait le dicton : « C'est la glose d'Orléans, plus forte que le texte. »

sont logez en garnison dans ces maisons ainsi que les lapins dans la garenne de Boulongne, les quels s'en font bien accroire, et ont tantost deslogé de ce pont les huissiers de la Samaritaine, qui vacquoient continuellement à exploicter de prinse de corps, ou donner des assignations aux masles pour se joindre aux femelles, à celle fin de communiquer les pièces des quelles ils desirent s'aider au procez, dont le jugement ne peut estre jamais autre qu'un appointement de contraires. Que diable avons-nous affaire de guerre?

> La guerre abbat l'honneur des villes,
> Aneantist des lois civiles
> La crainte, par impunité.

On ne voit alors que confusion et desordre : les capitaines et les chefs guerroyent la bource des riches laboureurs; les soldats font la guerre aux filles et femmes des paysans, cependant que leurs goujats, au coin d'un buisson, attendent qu'il passe quelque pauvre poulle pour l'estropier, ou bien vont querir la poire d'angoisse[1] pour la mettre dans la bouche de quelque marchand ou bon bourgeois prisonnier

---

1. C'est la fameuse invention du voleur toulousain Palioli. Gouriet, dans son livre *les Personnages célèbres des rues de Paris* (t. 2, p. 27-28), en a parlé d'après l'auteur de *l'Inventaire général des larrons* (1555). Celui-ci décrit ainsi « cet instrument tout à fait diabolique, et qui a causé de grands maux dans Paris et dans toute la France. « C'estoit, dit-il, une sorte de petite boule qui, par de certains ressorts intérieurs, venoit à s'ouvrir et à s'eslargir, en sorte qu'il n'y avoit moyen de la refermer ni de la remettre en

de guerre, pour le contraindre à promettre de payer une bonne rançon, ou indiquer où il tient serré son argent. Manans, si vous eussiez mal traicté ces goujats, comme ont fait ès guerres passées les Piemontois et Savoyards, ils ne vous feroient pas tant de mal. Nous voudrions desirer la guerre encores une fois, et retourner endurer les maux que nous avons soufferts! Je ne le pense pas, quoy que les François soient de ce naturel qu'ils ne se souviennent plus du mal qu'ils ont enduré quand ils se trouvent un peu à leur aise, font bonne chère et gros feu. Tels François, en un mot, ne sçavent ce qu'ils demandent : ils sont changeans comme le temps, et font voile à tout vent. On a si long-temps desiré en cour le Ver[1], et à present plusieurs le voudroient mettre à la pille au verjus. Il me souvient d'avoir ouy un Tourangeois, habitant de la ville de Marseille, qui disoit trois jours auparavant qu'on tuast ce tyran de Casau[2], qu'il voudroit avoir donné un tiers de son capital et que

son premier état qu'à l'aide d'une clef faite expressément pour ce sujet. » Quand on vouloit faire quelque vol sans être inquiété par les cris de celui qu'on voloit, on lui mettoit dans la bouche cette poire d'angoisse, « qui, en même temps, s'ouvroit et se delaschoit, fesant devenir le pauvre homme comme une statue beante, et ouvrant la bouche sans pouvoir crier ni parler que par les yeux. »

1. Le président qui, en 1597, s'étoit rendu très populaire à Marseille par l'oraison funèbre qu'il avoit faite de Libertat.

2. Charles de Casaux, consul, et Louis d'Aix, viguier, tenoient et tyrannisoient Marseille pour le duc d'Epernon. V. Bouche, *Hist. de Provence*, 2, 812.

ce meschant fust assommé par quelque liberateur de la patrie ; qu'un tel homme seroit adoré des Marseillois. Et cependant, deux ans après le coup fait, baissant à Orleans avec ce mesme marchand, il me dit pis que pendre de Libertat[1], vray liberateur, vainqueur et dompteur de ce monstre, et luy envyoit sa mediocre fortune. Quel bourgeois de Paris et bon François n'eust donné volontiers chose de grand pris pour voir representer la tragedie qui se joüa naguères ! Et cependant, après la catastrophe, on commença d'envier les bien faits dont jouyssent ceux qui avoient combatu et abbatu ce monstre d'orgueil. Allez vous puis tourmenter pour le public, hazardez le pacquet pour le salut du peuple : tous joüent au mal content[2] après qu'ils ont eu ce qu'ils desirent ! La devise de feu ce brave Philippes de Commines, que j'ay leuë quelquefois en la chappelle des Augustins de Paris, est par trop recogneuë veritable : c'est un monde representé par une boule avec la croix et un chou cabus[3]. Au monde n'y a qu'abus, et parti-

1. Le Corse Pierre de Libertat, capitaine de la porte Royale, à Marseille, ouvrit la ville au duc de Guise, tua Casaux d'un coup d'épée dans le ventre, et fut ainsi le libérateur des Marseillois. Il mourut en 1597, bien récompensé et honoré. (V. Bouche, *id.*, p. 816-819.) Sa statue se voit encore à l'hôtel-de-ville de Marseille.

2. C'est un jeu de cartes, le même que Rabelais appelle jeu du *maucontent* (liv. 1, chap. 22). Celui qui est *mécontent* de sa carte cherche à la changer ; s'il n'y parvient pas, devient le *hère* ou le malheureux, comme on disoit dans le Languedoc.

3. Nous lisons dans les *Mélanges d'histoire et de littéra-*

culierement au royaume de France, où tous les mouvemens ne procèdent que d'une certaine envie que les courtisans ont les uns contre les autres, qui joüent à boute-hors[1], et chacun voudroit tenir le dez et gouverner son maistre. Lors que ces trois galans gentils-hommes jouyssoient d'une mediocre fortune, c'estoient, au dire de tous, les plus honnestes et courtois du monde ; tous les courtisans, du plus grand jusques au moindre, honoroient extremement leur vertu et merite. Maintenant qu'ils sont eslevez en grade et dignité, voyez comme l'envie decoche ses traicts aiguz de medisance contre ces fermes et asseurez rochers de constance, que les foudres d'une haine et commune indignation pourront bien toucher, mais non pas brecher! Nous autres gens de basse estoffe, qui nous laissons emporter aux passions des grands, qui bien souvent commencent par un petit manquement, comme seroit une certaine espèce de desobeïssance au roy, laquelle, opiniastrement defendue, se trouve, au bout du compte, une grande erreur, du quel, pour l'ordinaire, les petits compagnons sont chastiez et portent tousjours la penitence, et payent la fole enchère des fautes commises par les grands. Qui pense bien à ce qu'il

---

ture de Vigneul-Marville (Paris, 1699, in-12, p. 313), à propos de Commines : « On voyoit autrefois sur son tombeau, dans l'église des Grands-Augustins de Paris, où il est inhumé, un globe en relief et un chou cabus, avec cette devise, qui marque la grande simplicité de ce temps-là :
« *Le monde n'est qu'abus.* »

1. Jeu que nomme aussi Rabelais *ibid.*), et que son nom explique assez.

doit faire n'est pas oisif, et celuy qui pense le plus à une chose n'est jamais fautif. Il n'y a rien si aisé que de prendre les armes, donner des alarmes, troubler le repos public. Joüer et perdre, chacun le sait faire. Un fol qui cherche son malheur le trouve bien tost; il n'avance pas grand chose, car il est bien tost decouvert, et se laisse prendre à la parfin sans verd, parcequ'il s'est repeu de vaines esperances d'estre protegé de ceux qu'il a assistez, qui l'abandonnent incontinent qu'ils ont fait leur paix. Et cependant le roy, qui a du jugement, remarque ces factieux pour les chastier à la première occasion. C'est tousjours le plus seur de se retirer près de son maistre, embrasser son party : il y a, outre ce de l'honneur, il y a du profit. C'est un commun dire entre les courtisans que les fols aux eschets et les sages à la cour sont tousjours les plus proches du roy[1]. M. le mareschal de la Diguières dit qu'un bon courtisan ne doit jamais passer un jour sans voir le roy. Efforcez-vous donc, nobles qui tenez rang de seigneurs, ducs et pairs, officiers de la couronne, de recognoistre vostre devoir; gardez-vous de perdre par vos desservices les moyens et les honneurs que vos merites et ceux que vos pères et ancestres vous ont acquis dans les bonnes graces de nostre prince; monstrez par vos actions que vous avez du ressentiment en ses interests, et generalement tous bons François :

Prions de cœur le souverain

[1]. On sait le vers de Régnier dans sa 14e satire :
Les fous sont, aux échecs, les plus proches des rois.

Qu'il mette fin à ce discorde;
Que nostre roy, doux et humain,
Puisse vivre en paix et concorde;
Qu'il reçoive à misericorde
Ceux que l'envie a des-unis;
Que ce different tost s'accorde,
A fin que tous servent Louys.

Particularitez sur la conspiration et la mort du chevalier de Rohan, de la marquise de Villars, de Van den Ende, etc., tirées d'un manuscrit de l'abbaye royale de Sainte-Geneviève[1].

Par ma précédente, je me suis engagé à vous faire part de ce qui avoit causé la perte du chevalier de Rohan, de la marquise de Villars, du chevalier de Préault et de Van den Ende; j'en suis présentement si bien informé qu'on ne le sauroit être mieux, puisque j'ai parlé non seulement avec des personnes qui ont vu les pièces les plus secrètes du procès, mais qu'outre cela j'eus hier dans ma chambre, pendant trois heures, un gentilhomme de mes amis qui avoit été prié par le marquis de Bray, frère de madame de Villars, de prendre soin de son corps, et c'est de lui que j'ai appris des choses particulières, notre conversation n'ayant été que de cette triste aventure.

1. Cette curieuse lettre n'a été publiée qu'une seule fois, dans un recueil devenu très difficile à trouver, *le Conservateur* (avril 1758).

Vous saurez donc que, depuis le mois d'avril dernier, la Trueaumont[1], avec la participation du chevalier de Rohan[2], écrivit une lettre à Monterey[3] sans être datée ni signée. Par cette lettre, il lui marquoit que la Normandie étoit très disposée à se soulever, et que, s'il vouloit faire venir une flotte qui portât 6000 hommes, des armes pour armer 20000 hommes, des outils pour faire des siéges et deux millions de livres, qu'il y avoit un grand seigneur qui s'engageroit, pourvu qu'on lui assurât 30000 écus de pension, et dans cette lettre il demandoit 20000 écus pour lui, la Trueaumont, ce qui est plutôt, comme on peut remarquer, une façon d'adresse qu'une imprudence, se persuadant que son nom, qui

---

1. « Il étoit fils d'un auditeur de la Chambre des comptes de Rouen, lisons-nous dans l'*Histoire de la vie et du règne de Louis XIV*, publiée par le jésuite de La Motte sous le pseudonyme de La Hode. C'étoit un homme de résolution, d'un esprit souple et adroit pour le maniement des affaires, également capable d'une bonne et d'une mauvaise action... Depuis quelques années, il s'étoit fort attaché au chevalier de Rohan. L'un et l'autre, également ennuyés du mauvais état de leur fortune, que leurs débauches et leurs dérèglements avoient entièrement ruinée, cherchèrent à la rendre meilleure par toutes les mauvaises ressources que l'extrémité fait tenter à ceux qui ne savent plus où donner de la tête. »

2. Selon La Hode, c'étoit « l'un des hommes de France le mieux fait, hardi, mais sans jugement. »

3. Le comte de Monterei étoit un des généraux du prince d'Orange. Il commandoit, à Senef, un des corps de l'armée de 90,000 hommes que venoit de battre le prince de Condé.

étoit fort connu en ce pays-là, disposeroit plus facilement les choses suivant son dessein, et engageroit le comte de Monterey à former cette entreprise. On devoit s'obliger, par les conditions, de livrer une ville maritime, Quillebeuf ou autre, et avec le secours on se faisoit fort de se rendre maître de toute la Normandie, de telle sorte qu'on pouvoit venir de là jusques à Versailles sans être obligé de passer aucun pont ni ruisseau, et parceque les lettres pouvoient être interceptées ou déchiffrées, on ne demandoit point de réponse; on convint seulement que, pour marquer que la proposition étoit acceptée, l'on feroit mettre dans la Gazette d'Hollande que le roi alloit faire deux maréchaux de France, et qu'un courrier de Madrid étoit arrivé à Bruxelles [1]. Sur cette simple lettre non signée, on dépêcha cette flotte que nous avons vu rôder si long-temps autour de nos côtes, et qui passa enfin dans la Méditerranée, ne

---

[1]. Nous connoissons un autre exemple de cette transmission d'une réponse ou plutôt d'un signal à l'aide des gazettes. L'abbé Blache, ayant fait secrètement connoître au chancelier Le Tellier le projet qu'avoit la marquise d'Asserac d'empoisonner Louis XIV, le pria « d'ordonner, pour preuve que son avis étoit parvenu, que la première lettre de la prochaine *gazette* fût imprimée en encre rouge, ce que le chancelier fit exécuter pour la tranquillité de cet abbé. » (Barbier, *Examen critique des Dict. histor.*, p. 115.) Le numéro de la *Gazette* dont le G initial est rouge porte la date du 31 décembre 1683. (*Rev. rétrosp.*, 1re série, I, pag. 10, 187. Mém. de Blache.) Il est probable que l'abbé ne recourut à ce moyen que parcequ'il avoit eu connoissance du stratagème épistolaire de La Truaumont.

voyant point qu'il y eût apparence de faire rien en Normandie.

Cependant, dès que la Trueaumont vit dans la Gazette d'Hollande l'article qui parloit des deux maréchaux de France et du courrier de Madrid arrivé à Bruxelles, il partit de Paris pour aller faire soulever les Normands.

La misère de ces malheureux conjurés étoit si grande, que, depuis le mois d'avril jusqu'au mois d'août, ils n'avoient pu trouver un sol, sinon qu'enfin on leur prêta 2000 écus, dont ils donnèrent 1000 livres à Van den Ende[1], qu'ils envoyèrent à Bruxelles pour conclure le traité avec Monterey, lequel, se plaignant du retardement de l'exécution de l'entreprise, fut extrêmement satisfait d'apprendre qu'on avoit cru qu'il falloit attendre quelque heureuse conjoncture, et qu'il ne s'en pourroit jamais trouver une plus favorable que celle qui se présentoit du ban et arrière-ban, dont ils profiteroient, pouvant, sous ce prétexte, faire des assemblées sans donner de l'ombrage à qui que ce fût.

C'étoit à peu près au commencement du mois de mai qu'on faisoit cette négociation, et qu'on vit sur les portes de plusieurs églises de Rouen ces fameux placards dont il n'est pas que vous n'ayiez ouï parler. On trouva dans le même temps quantité de bil-

---

1. C'étoit un maitre d'école hollandois, dont le fameux Spinosa avoit été l'élève. Des persécutions pour cause d'impiété l'avoient forcé de quitter Amsterdam et de venir s'établir à Picpus, près Paris.

lets qu'on avoit semés en divers endroits de la ville, qui tendoient à faire soulever le peuple ; ce qui obligea M. Pelot, premier président, d'en faire informer et de s'appliquer fortement à découvrir les auteurs de ces dangereux billets.

Il sut que la Trueaumont, homme hardi, capable de tout entreprendre, séditieux et connu pour tel, étoit dans la province, et qu'il venoit souvent à Rouen, où il faisoit de grandes parties de débauche avec la noblesse du pays. Ayant pris garde qu'il étoit dans une perpétuelle agitation, il le soupçonna, et, pour s'éclairer de ses doutes, il en communiqua à un gentilhomme de ses amis très habile, qu'il pria de vouloir s'insinuer dans les compagnies avec lesquelles la Trueaumont se divertissoit, convenant qu'au fort de la débauche qu'il feroit avec lui il déchireroit le gouvernement, et témoigneroit adroitement qu'il étoit très mécontent ; ce qui fut ponctuellement exécuté par ce gentilhomme, lequel se conduisit si bien en cela deux ou trois mois qu'il s'acquit l'amitié de la Trueaumont. Quelque confiance cependant que ce dernier pût avoir en sa discrétion, il ne lui avoit néanmoins jusque là fait aucune part de son projet et secret, et tous deux s'étoient contentés respectivement de plaindre le malheur de la Normandie.

Mais il arriva un jour, dans la chaleur de la débauche, que, le gentilhomme s'emportant plus que de coutume contre le gouvernement, la Trueaumont s'échappa de lui dire qu'il ne suffisoit pas de connoître le mal si on n'y apportoit le remède. Ce gentilhomme en demeura d'accord, mais dit en même temps que pour lui il n'y en voyoit point. Sur cela, la Trueaumont sourit, et dit que les Espagnols et les Hollandois tendoient les bras aux Normands, et que, s'ils vouloient s'aider de la bonne sorte, il ne doutoit point qu'on ne secouât le joug. Le gentilhomme, de son côté, lui dit que, dans une affaire de cette importance, il falloit avoir un bon chef, et qu'il n'en connoissoit point. Ce fut l'instant où la Trueaumont, achevant de donner dans le panneau qu'on lui avoit tendu, nomma le chevalier de Rohan; et comme le gentilhomme dit que c'étoit une tête trop légère pour s'embarquer avec lui, la Trueaumont répliqua que les fous rompoient toujours la glace en ces sortes d'affaires, et que les sages, comme lui et ses amis, suivoient après sans hésiter. Le gentilhomme, feignant d'entrer dans son sentiment et s'étant séparé de lui, fut, à l'entrée de la nuit, trouver le premier président, à qui il rendit un compte exact de toute la conversation qu'il avoit eue avec la Trueaumont[1]. A l'instant même le premier président prit la poste, et se rendit à Versailles, où il découvrit au roi toute la conspiration. La nuit suivante, il s'en retourna à Rouen avec les mêmes précautions qu'il avoit tenues pour venir à Versailles.

Dès que le roi fut ainsi informé de cette trahison, il donna ordre au comte d'Ayen, capitaine de ses gardes, de dire au sieur de Brissac, major des gar-

---

1. Selon La Hode, la conspiration fut découverte soit par Londres, où le comte de Monterei avoit ordre de délivrer cent mille écus en divers paiements au chevalier de Rohan, soit par les papiers pris dans les bagages au combat de Senef.

des du corps du roi, d'arrêter à la sortie de la messe le chevalier de Rohan. La chose fut exécutée, et ce chevalier conduit dans la chambre du sieur de Brissac, auquel il demanda à manger. Ce major lui en fit apporter, mais après en avoir demandé la permission au roi.

L'après-dînée, on le mit dans un carrosse, et on le mena à la Bastille, d'où je le vis sortir le jour qu'il fut exécuté, à demi mort, les lèvres toutes bleues, pâle et défiguré comme un trépassé, s'appuyant sur les bras des PP. Talon et Bourdaloue, et ne pouvant presque pas se soutenir, quoiqu'il parût faire tout ce qu'il pouvoit pour se tenir ferme.

Je vous ai ci-devant écrit tout ce qui se passa à sa mort, mais j'ai appris depuis des choses que j'avois ignorées, et dont je vais vous informer ; et je vous dirai que, le propre jour qu'on l'exécuta, il communia à une heure après minuit, le P. Bourdaloue en ayant obtenu la permission de M. l'archevêque, ce qui n'a pas été approuvé des docteurs de Sorbonne. Deux heures avant que de mourir, il écrivit à madame de Guémené, sa mère, et l'on a cru qu'il avoit quelque espérance qu'on lui feroit grace [1], car on observa que, pendant qu'il écrivoit, il ne passa

---

1. Au dire de La Hode, « personne n'intercéda pour lui, pas même madame de Montespan, à qui l'on veut qu'il n'ait pas été indifférent. » Le président Hénault cite, au contraire, un fait qui prouve combien tout fut mis en usage pour tâcher de fléchir Louis XIV. « On représenta devant le roi, dit-il, quelques jours avant l'exécution, la tragédie de *Cinna*, pour exciter sa clémence ; mais ses ministres lui firent sentir la

personne sur le pont qu'il ne demandât avec empressement : Qui est-ce qui entre ?

Quant au chevalier de Préault[1], écuyer de M. de Rohan, et à madame la marquise de Villars[2], de Préault a été regardé par ses juges comme un très malhonnête homme, en ce que, croyant se sauver, la première chose qu'il dit sur la sellette fut qu'il n'étoit entré dans l'affaire que pour penetrer le secret de son oncle, de son maître et de sa maîtresse, son dessein étant de revéler le tout au roi. Comme cette marquise étoit en commerce de lettres avec ce neveu de la Trueaumont, et qu'elle avoit été engagée par lui dans cette malheureuse affaire, il s'en trouva trois dans la cassette de ce Préault, qui sont les seules preuves qu'on ait trouvées contre elle. L'une de ces lettres portoit qu'elle avoit parlé au Chevalier, qui lui avoit promis de lui donner vingt-cinq bons hommes bien armés quand elle en demanderoit. Il y en avoit une autre à peu près de même sens, et l'autre étoit en ces termes : *Il n'y fit jamais meilleur, et si l'on envoye dix mille hommes, on se rendra maître de tout.*

nécessité d'un exemple, etc. » Il est dommage que le *Journal* du marquis de Dangeau ne fût pas commencé à cette époque : nous saurions positivement par lui si la tragédie de Corneille fut en effet donnée devant le roi en novembre 1674.

1. Il étoit neveu de La Truaumont.

2. Elle étoit accusée d'avoir empoisonné deux maris dont elle étoit lasse, et de s'être donnée au chevalier de Préault. Limiers, dans ses *Annales de France*, l'appelle de Bordeville et aussi de Villiers. Le président Hénault lui donne ce dernier nom.

Après qu'on lui eut prononcé son arrêt, elle lui reprocha d'avoir gardé ses lettres, et, de Préault lui en demandant pardon, elle lui dit que cela n'étoit plus de saison, et qu'il ne falloit songer qu'à bien mourir.

C'est maintenant que vous allez apprendre des choses bien particulières, puisque c'est de la conversation qu'elle eut avec ce gentilhomme de mes amis que je vais vous entretenir.

Vous saurez que, trois heures avant qu'on l'exécutât, mon ami demanda à MM. de Besons et de Pommereuil, commissaires, la permission de parler à cette dame en présence du sieur le Mazier, greffier. Cela lui étant accordé, il fit dire son nom, et elle voulut bien le voir. Dès qu'il entra dans la chapelle, où elle étoit assise près du feu avec son confesseur, elle se leva et le reçut avec autant de civilité qu'elle l'auroit pu s'il fût venu dans sa chambre lui rendre une visite ordinaire. Il lui témoigna d'abord le déplaisir qu'il avoit de la voir dans l'état où elle étoit, et lui dit ensuite qu'il avoit jugé qu'il ne la toucheroit pas tant que si c'eût été son cousin de Sanra, comme elle avoit cru, ayant même cette pensée que son nom et son visage ne lui étoient pas connus. Elle lui repondit sans hésiter qu'elle connoissoit l'un et l'autre, et même sa famille, à qui elle étoit très humble servante. Ce gentilhomme lui dit, après cela, qu'il n'avoit pu refuser à monsieur son frère de la venir voir pour lui témoigner de sa part la douleur qu'il ressentoit de son infortune, et lui dire en même temps qu'il avoit été se jeter aux pieds du roi, et lui demander grace pour elle; que le roi lui avoit répondu que cela n'étoit point en son pouvoir, mais qu'il lui donnoit la confiscation de son bien. Alors elle prit la parole et lui dit : Je suis bien aise que mon frère ait mes biens. Je crois qu'il en usera bien avec mes enfants, et j'aime mieux qu'il les ait que s'ils avoient à les partager entre eux, parcequ'ils ne le pourroient peut-être faire sans entrer en procès. Et quant à la grace qu'on avoit demandée, elle dit que le roi, étant le maître, la faisoit à qui il vouloit. Le gentilhomme lui fit voir après un mémoire d'affaires domestiques dont le marquis de Bray l'avoit chargé. Elle répondit à chaque article avec une grande netteté et une présence d'esprit admirable. A mesure qu'elle y répondoit, il écrivoit avec un crayon sur le dos du mémoire, et, ayant mis le tout au net sur le papier, il le fit voir et le fit signer au greffier, afin qu'il pût faire foi.

Cela fait, elle luy dit qu'elle desiroit trois ou quatre choses : la première, que son frère fît bien prier Dieu pour son âme; qu'il se souvînt tendrement d'elle ; qu'on fît en sorte que son corps ne demeurât pas dans les rues; qu'on payât à M. Mannevillette, receveur du clergé, trente pistoles qu'elle lui devoit, dont il n'avoit pas d'écrit, et qu'elle prioit qu'on donnât à la demoiselle qui la servoit dans la prison non seulement les hardes qu'elle avoit sur elle, mais encore tout ce qui s'en trouveroit dans la maison.

Ce discours fini, elle se tourna vers M. le Mazier, et lui dit que, ne voulant rien garder sur sa conscience, elle avouoit que, dans le mois de mai dernier, elle avoit fait part de l'affaire à un gentilhomme qu'elle nomma, qui s'étoit engagé à lui envoyer, quand elle voudroit, une compagnie de cavalerie. Le greffier en dressa son procès-verbal, et lui fit signer. On a cru que son confesseur l'avoit obligée à faire cette déclaration.

Tout cela se passa en présence de mon ami, qui, prenant congé de cette dame, lui dit qu'il avoit été prié par son frère de prendre soin de son corps, et qu'il s'en acquitteroit bien.

Comme ce gentilhomme fut dans la Bastille depuis les neuf heures du matin jusqu'à trois heures après midi, qui fut celle de l'exécution, il vit et entendit tout ce qui se passa, dont il m'entretint; et je vais vous en dire tout ce que ma mémoire m'en pourra fournir pour satisfaire autant que je pourrai votre curiosité.

Un peu auparavant les dix heures du matin, on fut éveiller cette pauvre dame, qui dormoit profondément, ce qui est bien extraordinaire. On lui dit qu'on la demandoit à la chapelle, ce qui, joint aux larmes qu'elle vit sur le visage de sa demoiselle, lui fut un presage assuré de sa perte. Elle demanda ses habits sans donner aucune marque de foiblesse, et dit qu'elle voyoit bien qu'il falloit se résoudre à mourir. Elle pria qu'on fît retirer sa demoiselle, qui l'attendrissoit, et descendit en bas avec une assurance qui surprit tout le monde. Dès que l'arrêt fut prononcé à tous ces criminels, le chevalier de Rohan se tourna vers elle, et lui dit qu'il croyoit ne l'avoir jamais vue, et que le chevalier de Préault leur causoit la mort, mais qu'il lui pardonnoit. Elle lui dit qu'en effet elle ne l'avoit jamais vu, et qu'elle pardonnoit aussi sa mort au chevalier, lequel, regardant sa maîtresse et touché de ce reproche, ne put s'empêcher de pousser un grand soupir. Elle lui dit qu'il n'étoit plus temps, et que, bien que ces lettres lui coûtassent la vie, elle louoit Dieu de ce qu'il lui faisoit la grâce de la faire mourir de la manière dont elle alloit finir ses jours, parceque, ayant vécu dans le fracas et l'éclat du monde, elle n'avoit pas eu lieu de se promettre une meilleure et plus heureuse fin; et, s'adressant à ceux qui devoient subir le même supplice qu'elle, elle leur dit qu'il falloit que chacun tâchât de faire un bon usage de la mort qu'il alloit souffrir.

Lorsqu'elle sortit de la Bastille pour aller au supplice, son confesseur la pria de faire une action d'humilité chrétienne en montant sur la charrette, ce qu'elle fit incontinent, en disant qu'elle feroit bien d'autres choses pour Dieu. Son confesseur ne lui demanda cela que pour éviter la peine qu'elle auroit eue de voir executer M. de Rohan, qui devoit pourtant mourir le dernier, suivant ce qui avoit été ordonné; mais le P. Bourdaloue, le voyant au pitoyable état où il étoit réduit, fut demander par grâce aux commissaires qu'on le fît mourir le premier, ce qu'on lui accorda. Cette pauvre dame devoit mourir la première, et, par un effet du hasard, elle mourut la dernière, le bourreau ayant trouvé sous sa main le chevalier de Préault plutôt qu'elle. On vient de me dire tout présentement qu'après qu'on lui eut lu son arrêt, elle dit qu'elle mouroit innocente, ce que disent ordinairement les gens que l'on a condamnés.

Dès qu'on lui eut exécuté la tête, mon ami, qui avoit des gens tout prêts, la fit envelopper dans un drap de lit et porter incontinent dans un carrosse de deuil. Il jeta deux pistoles à l'exécuteur et quelques écus à ses valets pour avoir la liberté de la faire emporter chez lui sans qu'on la dépouillât.

Elle étoit fille d'un secrétaire du roi et nièce de M. de Sanra, conseiller au Parlement. Le lendemain de cette exécution, le roi envoya faire compliment à madame de Guémené, qui fut reçu avec effusion de larmes et beaucoup de respect. J'ai parlé au gentilhomme qui en avoit été chargé. M. Colbert, par ordre du roi, en fit un pareil à madame de Chevreuse et à madame de Soubise. Lorsqu'on fit le récit au roi de la mort du chevalier de Rohan, il dit que, quand il auroit attenté à sa propre personne, il lui auroit volontiers pardonné, mais qu'il n'avoit pu lui faire grâce à cause de ce qu'il devoit à ses peuples.

Voilà l'histoire de cette malheureuse affaire. Chacun la conte à sa mode, mais je puis vous protester que cette relation que je vous en ai faite est très sincère et très véritable. Toute la France a su comme quoi la Trueaumont s'étoit fait blesser à mort lorsque M. de Brissac fut à Rouen pour l'arrêter[1], et comme Van den Ende avoit été pris au Bourget en

---

1. Grièvement blessé, il déchira sa plaie avec ses dents, et en mourut le même jour.

allant à Bruxelles[1]; mais peut-être n'avez-vous pas su qu'un écolier qui étudioit chez lui l'a découvert. Ayant fait réflexion, après qu'on eut arrêté M. de Rohan, qu'il l'avoit vu souvent avec son maitre, il fut trouver M. de Louvois[2], qui le mena au roi, qui lui a donné 1,000 livres de rente pour récompense.

Vous observerez, s'il vous plaît, que, quand Madame de Villars dit qu'elle étoit innocente, c'étoit parcequ'elle a toujours protesté qu'elle croyoit que ces gendarmes qu'on lui devoit envoyer devoient être employés pour l'enlèvement de mademoiselle d'Alègre, qu'elle disoit que le chevalier de Rohan devoit faire enlever; mais il me semble que la teneur des trois lettres qui parlent de dix mille hommes détruit entièrement ce qu'elle a dit, et par conséquent qu'elle n'étoit pas innocente, comme elle le prétendoit.

---

1. Il fut pendu. On dit que, tout fier d'avoir décapité un Rohan, une marquise et un chevalier, le bourreau dit à ses valets, en leur montrant Van-den-Ende : « Vous autres, pendez celui-là. »

2. Louvois étoit un peu intéressé dans cette affaire, car c'étoit par haine contre lui que le chevalier de Rohan s'y étoit jeté.

Cartels de deux Gascons et leurs rodomontades, avec la dissection de leur humeur espagnole.

M. D C. X V. In-8.

A l'unique brave de ce temps.

La valeur et les braves exploitz quy ne sont icy que feintes, ainsy qu'en la representation d'une tragedie, se remarquent veritablement en vous à voile descouvert ; et comme des excès sans vices vous ont separé pour un temps (sans autre raison) de la compagnie de ceux quy s'estimoyent le plus en apparence, ainsy que d'autres Semella[1] quy ne pouvoyent souffrir la divinité et les foudres d'un dieu, comme creatures trop basses, c'est l'opinion de tous les vrayz François et ma resolution de mourir

Vostre plus humble serviteur, **L. L. B.**

1. Sémélé, la mère de Bacchus, qui, ayant voulu voir Jupiter dans toute sa gloire, fut embrasée par l'éclat du dieu.

Cartels de deux Gascons et leurs rodomontades, avec la dissection de leur humeur espagnole.

Deux prodiges de la nature, habillez à l'espagnole, que la Gascoygne a envoyé à pied à Paris pour la recognoissance ordinaire qu'elle luy a, se sont venuz loger avec une demy-douzaine de leur calibre, où pour paroistre dans le monde on faict en sorte de se pratiquer un habit, un bidet et un laquais, dont l'un faict parade à son tour pendant que les autres gardent la chambre sans avoir prins medecine; afin de se donner l'entrée aux meilleures compagnies par l'artifice de leur bonne mine, veulent que l'on croye qu'ils sont quelqu'un, et, se mirant dedans des plumes quy ne leur apartiennent pas, aussytost à se qualifier du nom de quelque arbre quy sera au carrefour de leur village ou de quelque pière ou morceau de vigne quy aura appartenu à quelques uns de leurs alliez dont on aura sceu tirer seulement les frayz du decret, puis, se relevant la moustache pour la meilleure contenance qu'ils ayent, pensent eblouir les yeux à tout le monde par l'eclat d'un diamant qui sera quelque happelourde du Palais[1], ou, en se retournant, comme par mespris pour

---

1. Fausses pierreries, qui se vendoient d'abord sous les galeries du Palais. V. plus haut, sur ce mot *happelourde*,

quelqu'un, feront mille discours de la diminution du revenu des champs, du peu de seureté qu'il y a de donner son argent à constitution de rente, à cause des banqueroutes, du peu d'envie qu'ils ont de bastir, à cause de la meschanceté des ouvriers, se contentant, à leur dire, de faire bastir à cinq ou six endroicts aux environs de leurs terres seulement pour s'exercer, et crachent rond parmy leurs discours comme s'ils vouloient jeter des perles par la bouche; après viendront sur leur quant-à-moy et feront une dissection de leurs braves exploitz quy seront encore à naistre, ou de nouvelles du temps, dont ilz seront asseurement les autheurs, et, pour s'en faire accroire davantage, changeront de nouveaux noms à leurs laquais adoptifs pour montrer qu'ilz se font servir par douzaine, et luy feront changer aussy de diverses lyvrées acheteez à la friperye, afin qu'on les tienne pour quelque chose de plus qu'ils ne croyent eux-mesmes.

Et si d'advanture le revenu de leur invention ne peut fournir au luxe du rang qu'ilz veulent tenir, vous les verrez prendre la sotane à la romaine pour sauver autant d'etoffe[1] et se faire dire partout gen-

une note des *Ordonnances d'amour*, p. 192. A la fin du XVIIe siècle, ces pierres fausses s'achetoient au Temple et dans les environs. « Les garnitures de pierres fausses, lit-on dans *le Livre commode des adresses*, se vendent dans le *quartier du Temple*. » Le nom de *diamant du Temple* leur en étoit venu.

1. Espèce de *soutanelle* qui n'alloit que jusqu'aux genoux. Les ecclésiastiques de Rome la portoient toujours; ceux de France ne s'en vêtissoient u'en voyage.

tilhommes servantz de quelque illustrissime, ou bien aumoniers d'un tel seigneur ou beneficiers resinataires[1] dont ilz ne sont encore pourveuz; bref, ilz feront des pions damez des nobles et des bravaches, eux quy ne furent jamais jusqu'à present que les moindres roturiers et les plus malotrus de leur contrée.

Mais si l'occasion leur rit le moins du monde que de les faire estre quelque chose auprès d'un grand, vous les verrez aussy tost vouloir aller du pair avec luy-mesme et tirer leur extraction des cendres des plus valeureux et renommez quy ayent jamais esté, et ne jurer que par les eaux de Siloë, par les cornes de Pluton, par la barbe de Mars, par la machoire de Samson et par l'Alcoran de Mahomet, ainsy qu'il se remarque en ces deux braves bestes quy, s'estant rencontrez avec autant d'heur que de sympathie en l'hostel d'un des grands princes de ce royaume, où y estant bien apointez pour la rareté de leur perfection dont ilz ont l'apparence, s'y sont aussy tost renduz autant redoutables qu'inimitables, et ne pouvoit-on juger lequel des deux estoit le plus accomply, jusqu'à ce qu'un de ces deux atlantiques, engendré de la generosité, surnommé par la fortune et le hazard d'ALCHIER (quy n'a jamais usé, à son dire, d'autre etoffe et habitz que de cuirasses, ne vit que des mousquetz et pistoletz qu'il faict mestre sur la grille ou à la saulce Robert; son lit n'est dressé que sur des costes de geants, le mastelat remply que de

---

[1]. *Résignataire*. Celui en faveur de qui un bénéfice ou une charge avoient été résignés.

moustaches de maistres de camp du grand Turc,
le traversin que de cervelles qu'à coups de soufflets
il a tiré de la teste de vieux capitaines, ses draps ne
sont tissuz que de cheveux d'amazones, sa couverture que de barbe de Suisses, ses courtines que
de sourcils ou paupières de hongres ; les murailles de
son logis sont basties de pieces, tant de casques que
de testes entières, des porte-enseigne de la royne
d'Angleterre, qu'il a trenché avec sa formidable espée ; les plancherz de sa maison (au lieu de carreaux)
sont pavez de dentz de jannissaires ; les tapisseryes
sont peaux d'Arabes et sorciers qu'il a escorché avec
la pointe de sa dague, et les tuiles quy couvrent sa
maison sont ongles de monarques et roys, les corps
desquelz il y a long-temps qu'en depit d'eux, et à
leur corps deffendant, il a mis à coups de pieds en
la sepulture), conceut neantmoins, à l'ombre des
moustaches de son compagnon (quy ressembloyent
plus tost à des defences de quelque sanglier furieux,
et quy eussent à la moindre action fait trembler la
terre, espouvanter le ciel, cesser les ventz, devenir
la mer calme, avorter les femmes grosses, fuir les
hommes, mesmes aux plus vaillantz les forcer de
dire d'une voix tremblante : *Libera me, Domine*), je
ne sçay quelle mauvaise impression, quy fust cause

---

1. Ces rodomontades, comme celles qui précèdent et qui
suivent, se retrouvent dans tous les rôles de matamores,
qui font si grand tapage aux principales scènes des comédies du commencement du XVIIe siècle. Chateaufort, le
fier-à-bras du *Pédant joué*, par exemple, les dit toutes, et
bien d'autres avec.

de le saluer d'une oreillade[1], suivy d'un tel desordre que les assistanz en tombèrent touz pamez, et les voisins si estonnez qu'ilz demeurèrent plus de huit jours sans oser sortir, croyant estre tous perduz ou que ce fust le jour du jugement quy commençoit, jusqu'à ce qu'un de ces furibonds, nommé Philippe le Hardy, fit appeler son ennemy et luy commander de se trouver près le chasteau de Vincennes pour tirer raison de la saluade qu'il avoit receüe, et luy escrivit ces motz :

« *Voto a Dios*, *messer Bardachino* (sans avoir égard à la grandeur de mon courage, qui ne peut estre limité), tu as esté si effronté que de regarder d'un œil de travers ma moustache furieuse, quy ne se relève qu'à coups de canons, que les dieux mesmes revèrent, pour menacer de sa pointe les cieux, d'où elle prend et tire son origine, foustre, et dont tu peux faire (te lardant un seul poil d'icelle) une telle ouverture à ton corps, que toute l'infanterie espagnole et la cavalerie françoise passeroit au travers sans toucher ny à l'un ny à l'autre costé. Le souvenir de cette presomption si temeraire me fait envoyer ce cartel, non que je desire et espère avoir à faire à toy seul, mais à demy-douzaine que tu choisiras, quand bien ce seroit des autres Morgands[2], Fiers-à-bras, ou toute la race des Othomans ou des Mammeluz ensemble ; j'en feray des ruisseaux de sang plus longs

---

1. Oreillade doit être ici pour *soufflet*.

2. Morgant le Géant, héros d'un poème chevaleresque fort connu. Ce nom est le participe du verbe *morguer*. Montaigne

que le Gange, plus larges que le Pô et plus terribles que le Nil, foustre; m'asseurant tirer telle raison de toy qu'il en sera parlé à la posterité, te redigeant avec tous les tiens en si petit volume, qu'un ciron les couvrira aisement de sa peau. Ce mien valet present porteur (quy seroit trop capable pour toy) te conduira où je t'attends avec deux espées et deux poignards, desquelz tu auras le choix, et si tu n'as ce combat pour agreable, un coup de petrinal[1], foustres, en fera raison. Ne viens donc, et tu feras que sage, quoy attendant tu me tiendras toujours pour ton maistre.

« PHILIPPE LE HARDY. »

Il despesche aussy tost un courrier à pied quy arryve incontinent au chasteau de cest autre Roland, pour estre tous deux logez sous une mesme li-

---

l'emploie dans le sens de *dédaigneux*, *fier* (liv. 3, ch. 8). Régnier a dit aussi (satire 3, v. 51-58) :

Puis que peut-il servir aux mortels ici-bas,
Marquis, d'estre savant ou de ne l'estre pas,
. . . .
Pourveu qu'on soit *morgant*, qu'on bride sa moustache,
Qu'on frise ses cheveux, qu'on porte un grand pennache.

1. Sorte d'arme à feu qui tenoit de l'arquebuse et du pistolet. Son nom lui venoit, selon Fauchet, de ce que, pour s'en servir, on l'appuyoit sur la poitrine « à l'ancienne manière ». Suivant l'auteur de *la Nef des fous*, c'est aux bandouliers des Pyrénées qu'il faudroit en attribuer l'invention. Le *petrinal* étoit d'un fort calibre, et si lourd qu'on le portoit suspendu à un baudrier. L'espingole, qui commença d'être en usage dans les armées de Louis XIV, l'a remplacé.

gne, quy fust cause d'espargner une chemise blanche pour un voyage de plus longue halaine ; puis, voyant la resolution de son ennemy à l'ouverture du cartel, redouble de defi par ceste repartie qu'il ne manque de luy envoyer par le mesme messager, attendu avec autant d'impatience quy se sçauroit dire au lieu asseuré par ce hardy Mandricard, armé comme un rhinoceros, quy faisoit sa prière pendant que le Roland prit le chemin des Tuilleryes, où il prend acte de ce que son ennemy ne s'y estoit trouvé, et lui faict encore d'autres menaces que vous ne voyez ici et quy n'avoient garde de l'offencer, pour la distance du lieu :

« Philippe trop Hardy, ta temerité redoublera ma gloire aujourd'huy, puisque tu oses entreprendre ce quy a fait trembler huict elephanz, sept dragons, dix tigres, vingt-deux lions et soixante-cinq taureaux en leur furie, pour avoir la nature du basilic, et quelque chose de plus, quy ne tuë qu'un homme à la fois de sa vue ; et moy, les regardant en cholère, je les fais tomber morts dix à dix, comme si mon regard estoit des balles d'artillerie, et pour n'avoir autre vice que la vaillance, ou je ne serois pas Gascon. Je reçois pourtant ton cartel farcy de rodomontades quy procèdent plus tost d'une ame effeminée que de quelque vaillant champion, et veux que tu sçache que si tost que j'auray endocé mon harnois enchanté et fabriqué de la propre main de Vulcain, mon ayeul, je te feray recognoistre que tu n'és reveré, chery et honoré des dieux comme tu penses ; que ta fière moustache relevée vers le pole de Jupiter ne te garentira de sentir la pesanteur de mon bras, quy ne se desploye (comme l'oriflamme françois) qu'aux extremitez et contre des demy-dieux et braves champions, foustres ; t'asseurant encore plus (de peur que tu ne m'attende) que je ne desire estre accompagné d'autres Fiers-à-Bras ny Morgantz que ma valeur seule, qui a dompté, faict descendre aux enfers et peuplé les champs elyseens d'un nombre infiny tant de ces braves Mammeluz que de ces fiers Othomans, te laissant tes espées et ne voulant qu'un baston pour donner quelque relasche à la mienne, à quy le temps defaudroit si elle pouvoit dire les exécutions qu'elle a faict en sa vie, et par quy j'ay tousjours esté redouté des hommes et aymé des dames, quy se reputent très heureuses de coucher avec moy, afin de pouvoir avoir un enfant de ma race. Je te pardonne comme ignorant de ce que je suis, car, si mon courage se pouvoit acheter à prix d'argent, il n'y auroit plus d'autre trafic au monde ; ou, s'il estoit desparty entre personnes poltronnes et esprits mutins comme toy, il y auroit une perpetuelle revolte sur la terre, quy faict que je me soucie moins des volées de canons et de tes coups de petrinal, foustres, que des mouches quy volent autour de mes oreilles quand je dors, puis que Jupiter mesme, me redoutant, m'a laissé la terre entière pour mon partage, prenant les cieux pour le sien, et ne se sentant encore bien asseuré, me garde de tous encombres, de peur que, quittant ces bas lieux, je ne l'aille sortir de son throne et le culbuter du haut en bas, foustres encore, belles escapades. Je te vay donc trouver encore, en deliberation de te ravir l'ame, et là vider tout ensemble, si tu es si aise que d'attendre ma fureur, laquelle tu emporteras moins que ne faict l'aigle les rayons du soleil, et tu verras le cruel supplice qui t'est preparé, te faisant estre à jamais le plus miserable des miserables serviteurs des serviteurs.

« D'ALCHIER. »

Ces avaleurs de charettes ferrées, estant de retour, se menacent de loing et protestent (avec blasphesme de mesme estoffe que leurs discours) qu'à la première rencontre ils se traicteront reciproquement d'une façon dont personne n'a jamais entendu parler, et cependant furent aussi honteux, lorsqu'ils se virent, que des loups quy sont pris au piége, et n'y eut autre carnage pour ceste fois.

Le Hazard de la Blanque renversé, et la consolation des marchands forains.
A Paris, chez la vefve d'Anthoine Coulon, ruë d'Escosse, aux trois Cramaillères.

M. D. C. XLIX.

Avec permission[1].

In-4.

Un fameux bourgeois de cette ville de Paris, qui ne fut jamais riche que par le hazard de la blanque[2], et heureux qu'à cause qu'il n'est pas sage, m'entretenant, un des jours de la semaine, des mal-heurs du temps et des calamitez que cause la guerre, respandant

---

1. Cette pièce, selon M. Moreau, est une des satires les plus piquantes de la Fronde. « Je m'étonnerois, dit-il, de ce qu'elle a été publiée avec permission, si je ne voyois qu'elle date à peu près du temps de la conférence de Ruel. » (*Bibliogr. des mazarinades*, t. 2, p. 43, n° 1619.)

2. Ces *blanques* étoient des espèces de loteries où le billet blanc (*blanque*) perdoit, où le billet *à bénéfices* faisoit gagner les sommes et les bijoux dont il portoit la désignation. C'étoit, selon Pasquier, une importation italienne, et l'expres-

des larmes grosses comme des citrouilles, me tesmoignoit les regrets qu'il avoit de ce que nous n'avions point eu cette année ny foire Sainct-Germain, ny de caresme-prenant, ny de masques, ny de comedies [1]. Il me disoit cecy à cause qu'en ces temps-là il avoit accoustumé de faire grand chère et beau feu, et mener une vie exempte de soin, d'inquiétude et de necessité. — Vrayement, luy respondis-je, vous avez grand tort de vous plaindre, puisque Paris n'eut jamais plus de divertissemens et les bourgeois plus de recreations : la ville est devenuë une foire, où l'on trouvè des pièces très curieuses et des raretez très recherchées. Les violons y sont

sion *entendre le numéro* en venoit. (*Recherches de la France*, liv. 8, ch. 49.) Ces *blanques*, sous Henri IV, étoient devenues de véritables académies de jeux. « On a vu, dit L'Estoille (18 mars 1609), un fils d'un marchand perdre dans une séance soixante mille écus, n'en ayant hérité de son père que vingt mille. » Les *blanques* faisoient rage à la foire S.-Germain. « Le nommé Jonas, ajoute L'Estoille, a loué une maison, pour tenir une de ces académies, au faubourg S.-Germain, pendant l'espace de quinze jours, durant la durée de la foire, et d'icelle maison il a donné quatorze cents francs. »

1. Il parut plusieurs autres *mazarinades* sur cette suppression forcée de tous les plaisirs du carnaval et de la foire S.-Germain en 1649. Nous citerons : *le Caresme des Parisiens pour le service de la patrie*, Paris, 1649 ; *le Grotesque Carême prenant de Jules Mazarin, par dialogue*, Paris, 1649 ; et surtout : *Plaintes du carnaval et de la foire S.-Germain, en vers burlesques*, Paris, 1649, in-4, pièce que Naudé place au troisième rang de celles « dont on peut faire estime. » (*Mascurat*, p. 283.)

devenus gazetiers[1] et leurs femmes boulangères[2] ;
et, comme ils sont fort dispos et legers du pied, ils
vont d'un bout de Paris à l'autre en quatre cabriol-
les; et, comme ils sont connus dans les grandes
maisons, au lieu de sarabandes ils y donnent des
pièces d'Estat, et courent mesme jusques à Sainct-
Germain porter nouvelles certaines de tout ce qui se
passe icy. Vous y voyez aussi des boutiques de peintres remplies de grotesques, de moresques[3] et mille
autres fantaisies qui changent à tous momens, et
qui, par un artifice merveilleux, prennent toutes
sortes de couleurs, de postures et de visages, selon
l'adresse du peintre, qui tantost les fait voir en
pourfil, tantost en face; tantost demie-face, et puis
incontinent après les couvre d'un voile desguisé. Vous
y voyez aussi un tableau qui d'un côté represente
l'image de l'Inconstance, et de l'autre celle de la
Mort, qui se mocque de ceux qui la regardent[4],

1. C'est-à-dire faiseurs de mazarinades. Tout le monde
s'en mêloit. (V. Leber, *De l'état réel de la presse et des pamphlets jusqu'à Louis XIV*, etc., p. 105.) Selon Naudé, la
pièce *les Admirables sentiments d'une villageoise à M. le
Prince* est de la servante d'un libraire, « qui en faisoit après
avoir écuré ses pots et lavé ses écuelles. » *Mascurat*, p. 8 et 9.
2. Le pain de Gonesse n'arrivant plus à Paris, à cause du
blocus, toutes les femmes étoient obligées de pourvoir à ce
manque de provision et de se faire boulangères.
3. C'étoient des meubles d'ébène, comme ces *guéridons à
tête de More* que Mazarin avoit, entre autres curiosités,
fait venir d'Italie. (Naudé, *Mascurat*, p. 72.)
4. Ces tableaux à double visage, qu'on a pu croire nouveaux de notre temps, ne l'étoient même pas à l'époque où

parce qu'elle les juge à leur maintien n'avoir pas assez de resolution pour se deffendre de sa tyrannie. Mais en autres vous y remarquez un pourtraict bien achevé, qui represente un grand navire au milieu des tempestes d'une mer courroucée, poussé des vents, agité des orages, sans arbre, sans voiles, sans timon, abandonné de son pilote et delaissé des autres, qui, prevoyant son prochain naufrage, n'ont autre esperance que de se sauver sur ses debris et de gaigner le havre. Vous voyez dans le mesme tableau quantité de personnes qui considèrent avec autant de pitié que d'estonnement la perte de ce prodigieux vaisseau, et semblent, à leur posture, estre entierement animés contre des traistres qui, ayant sous main couppé son mast, ont medité sa perte et procuré sa ruine. L'on voit aussi dans cette foire des tableaux qui representent des joüeurs de gobelets,

---

parut cette *mazarinade*. Dans *le Moyen de parvenir* (111), quand il est dit : « Lisez ce volume de son vrai biais. Il est fait comme ces peintures qui parlent d'un et puis d'autre », on entend parler de tableaux de la même espèce. Carle Vanloo perfectionna cette invention pour en faire une flatterie à l'adresse d'un roi qui n'en méritoit guère : « Il avoit peint toutes les vertus qui caractérisent un grand monarque. On engagea le roi (Louis XV) à regarder ce tableau au travers d'un verre à facettes; toutes ces figures se réunirent, et il ne vit plus que son portrait. » Gudin, *les Mânes de Louis XV*, p. 90. — Je crois qu'il est fait allusion à ces tableaux dans une autre mazarinade, *le Miroir à deux visages opposés, l'un louant le ministère du fidèle ministre, l'autre condamnant la conduite du méchant et infidèle usurpateur et ennemi du prince et de son état*, 1649, in-4.

des charlatans qui font mille tours de passe-passe et de souplesse, des fins couppeurs de bourses et d'autres gens qui se disposent à danser sur la corde; et tout auprès de ces tableaux vos yeux y en envisagent d'autres, presque de la mesme grandeur, qui portent la figure de personnes assez mal habillées, qui, avec un visage triste et morne, mettent le doigt dessus leur bouche, pour dire qu'elles n'oseroient se plaindre de ceux qui les joüent ou qui les volent, et qu'il faut celer un mal qui n'a point de remède, aussi bien qu'un tort que l'on ne peut vanger. Ne jugeriez-vous pas que cet homme, qui se plaignoit à moi de ce qu'il n'avoit point veu de caresme-prenant cette année, depuis le commencement de la guerre, estoit peu intelligent dans les affaires, ou pour le moins n'estoit pas grand politique du temps, puisque nous ne sçaurions mieux representer les choses comme elles se passent à present que sous la figure d'un jour de mardy-gras, où les uns font bonne chère cependant que les autres meurent de faim, où plusieurs s'engraissent aux despens d'autruy, où l'on voit plusieurs cuisines qui estoient auparavant mal eschauffées, et qui maintenant se bruslent en consommant les autres? N'est-ce pas estre à caresme-prenant, puisque chacun joüe son compagnon, et tasche de le piper au jeu? Mais ce qui est de plus deplorable, c'est que ceux qui joüent, après avoir bien battu et manié les cartes par une dexterité merveilleuse, ne laissent pas de les brouiller, et, par consequent, tousjours gaignent. D'ailleurs, ne sommes-nous pas veritablement à caresme-prenant, puisque nous ne voyons que fourbes et deguisemens, que visages empruntés et que masques colorés? Les plus adroits portent le masque de la devotion et de la complaisance, les autres de la pieté, de la vertu, de la religion; quelques uns portent une conscience masquée de zèle pour le service de leur prince, et ce n'est que pour couvrir leur ambition, leur avarice et leurs interests; les autres ont des paroles et des entretiens masqués de douceur, de civilité, de complimens, et ce n'est que pour surprendre les simples, afin de les jetter dans la medisance, de connoistre leurs pensées, leurs sentimens, leurs affections, et par ainsi juger quel party ils tiennent et de quel costé ils panchent. Les autres se couvrent et se masquent de la peau de lion, afin d'avoir de l'employ, et faire croire à ceux qui les voyent ou qui les entendent parler que l'on doit attendre de leur merite et de leur courage toutes les satisfactions imaginables, et qu'ils ne se destinent à la mort que pour le service du public. Enfin on ne vit jamais plus de comedies que l'on en voit à present, puis que les esprits les mieux sensez protestent hautement que tous nos desseins, nos entreprises, nos assemblées, ne sont qu'une veritable comedie, où les uns joüent le personnage de roy, les autres de prince, les autres de valets et les autres de fols. Mais certes, bien que cette comedie soit agreable aux uns, elle est pourtant ennuyeuse aux autres, parce qu'elle dure trop long-temps, et que l'on y laisse brusler la chandelle par les deux bouts, et que l'on fait payer double, bien que l'on ne soit placé qu'au parterre. Et ce qui est le plus à craindre, c'est que cette comedie ne se tourne enfin en une sanglante tragedie ou catastrophe funeste où le sang sera respandu, et où les spectateurs ne verront que des objets d'horreur, de larmes et de pitié. Dieu vueille, par sa bonté et ses misericordes infinies, mettre bientost à fin nos malheurs, et changer nos comedies et nos divertissemens en larmes de penitence, afin que sa colère irritée s'appaise, que les fleaux de la guerre se retirent de nous, et qu'au lieu de prendre les armes pour la destruction de nous-mesmes, nous les prenions pour vanger les blasphemateurs de son sainct nom!

Sermon du Cordelier aux Soldats, ensemble la responce des Soldats au Cordelier, recueillis de plusieurs bons autheurs catholiques.

Lisez hardiement, car il n'y a pas d'heresie.

A Paris, imprimé par Nicolas Lefranc, demeurant vis-à-vis les Cordeliers.

M.DC.XII.

In-8[1].

Sermon du Cordelier aux soldats.

Un cordelier tomba entre les mains
D'aucuns soldats, non pas trop inhumains,
Qui luy ont dit : Frère, qu'on se despeche :
Fay nous icy quelque beau petit presche
Pour resjouyr la compagnie toute.

---

1. Cette pièce a été réimprimée à Chartres, chez Garnier fils, en 1833, à trente exemplaires.

Le cordelier, qui leur parler escoute
Sans s'estonner, ne leur refusa poinct,
Et pour prescher commença en ce poinct :

Je ne sçaurois assez vous collauder,
Messieurs, dit-il; je veux bien asseurer
Que vostre train, pur, innocent et munde,
A cil de Christ ressemble estant au monde.

Premièrement, il hantoit les meschans :
Sy faictes-vous, et les allez cherchans ;
Il ne fuyoit les noces et banquetz :
A table on oit nuict et jour vos caquetz ;
A luy venoient paillards et publicains :
Avecques vous sont tousjours les putains ;
En croix pendu fut avec les larrons :
En tel estat de bref nous vous verrons ;
Puis vous sçavez qu'aux enfers descendit :
Vous aurez bien un semblable credit ;
Il en revint, puis au ciel s'envola :
Mais vous jamais ne bougerez de là.
Voilà sans faute, en oraison petite,
De vostre estat la louange deduicte.

La Responce des Soldats.

Ces bons soldats, ayant bien escouté
Du cordelier le sermon effronté,
L'un print propos, disant en ceste sorte :
Heu ! compagnons, que nul ne se transporte
Hors de ce lieu tant qu'auray respondu

Au bon sermon de ce moine tondu.
Escoutez tous. Premierement, il dict
Que les meschans ont vers nous grand credit.

Confesser faut que sommes mal vivans,
Que la plupart de ceux qu'allons cherchans
Aussi pour nous nous montrent les effects
De ce en quoy l'on nous tient pour suspects.

Mais qui commet des maux en plus de guise
Que vous, moines, vous disant gens d'eglise?
Soubz vostre habit marqué de saincteté,
Passans le temps en toute oysiveté,
Et si allez suivans les bonnes tables,
Estant assis en pères venerables,
Où vous vuidez tasses et gobeletz,
Où vous mangez les frians morceletz,
Chapons, perdrix sautant de broche en bouche[1],
Et en bruslant la langue qui les touche,
Vous vous plaignez (sans que je le deguise)
Qu'avez du mal à servir saincte eglise[2].

Après pastez, andouilles aux espices,
Les cervelats et les bonnes saucisses,

---

1. On trouve ici l'origine de cette locution connue, *manger de la viande de broc en bouche*, c'est-à-dire la manger toute chaude, sortant de la broche.
2. Dans ce vers et ce qui le précède, on trouve un souvenir évident de la jolie épigramme de Marot, *le Service de Dieu* :

> Un gros prieur sommeilloit en sa couche
> Tandis rôtir sa perdrix on faisoit ;
> Se lève, crache, esmeutit et se mouche.
> La perdrix vire au sel de broque en bouche

Les bons jambons et belles eschinées[1],
Qui sont pendus à l'air des cheminées,
Que vous nommez les aiguillons de vin,
Les arrousant de mainte beau latin :
Temoings en sont vos belles rouges trognes,
Vos beaux rubis et ces gros nez d'yvrognes,
Nez que tousjours ceste eau benite lave
Qu'on va querir au profond de la cave ;
Nez qu'on peut dire estre assez buvatif,
Nez coloré de teinct alteratif,
Nez dont je dis que mesme la roupie
Pisse tousjours vin de théologie,
Nez vrais gourmetz de vos très sainctz desirs,
Seuls alembics de vos plus beaux plaisirs.
Nez par qui sont seurement annoncez
L'aigre, le doux, l'esvent et le poussé[2].
Nez qui chantent les très grandes merveilles
Du vin hoché à deux ou une oreilles[3].
Nez suce-vin, vaillans roys des bouteilles,
Nez rougissans comme roses vermeilles,

> La devora : bien sçavoit la science ;
> Puis, quand il eut pris sur sa conscience
> Broc de vin blanc, du meilleur qu'on elise :
> Mon Dieu, dit-il, donnez-moi patience !
> Qu'on a de mal à servir sainte Église !

1. La pièce de chair qui se taille sur le dos du porc. C'est toujours le *terga suis* qu'Ovide nous montre pendu aux solives de la cabane de Philémon et Baucis. Au XVIIe siècle, « une échinée aux pois », c'étoit un des bons ragoûts des gens du peuple.

2. Le vin *poussé* est celui que le trop de chaleur a gâté.

3. C'est le *vin à une oreille* dont parle Rabelais (liv. 1er,

AUX SOLDATS.

Nez que je dis vrays nez de cardinal,
Vos heures sont et vostre doctrinal ;
Nez vrays miroërs de zèle sorbonique
Qui ne pensa jamais estre heretique ;
Nez vrays supports de nostre mère Eglise,
Très dignes nez, que l'on les canonise :
Le beau rebec, la belle cornemuse,
Dont la ronflante, harmonieuse muse,
Du blanc, du teinct et du clairet enflée,
Ose hardiement, voire d'une soufflée,
Le dieu Bacchus, avec tous ses enfans,
Je dis mesme jusqu'aux plus triomphans,
Ce dieu qui est assis sur un poinçon,
Desfier à beaux coups de gros flacons.

Voilà comment vous vivez en prelatz,
En regardant du monde les debatz ;
Et nous, soldats, portons les corseletz,
Tandis que vous vuydez les gobeletz ;
Avons en main harquebuses ou picques,
Et vous, messieurs, croix d'or ou des reliques ;
Couchons souvent sur paille ou terre dure,
Souffrant la faim, soif, chaleur ou froidure,
Puis assaillis dans quelque forte place,
Puis assaillans l'ennemy plein d'audace,
Nous endurons des maux en mainte guyse
Pour deffendre ces sainctes gens d'eglise,
Qui cependant meritez paradis,
Pour vous et nous chantans De profundis

---

ch. 5). Ce vers donne raison à Le Duchat, qui pensoit qu'on
appeloit ainsi le bon vin qui faisoit hocher de la tête sur
l'une et l'autre oreille en signe d'approbation.

En vos manoirs et plaisantes demeures,
Où soustenez, comme en cavernes seures,
Les grands larrons, meurtriers et parricides ;
Putiers, putains, perjures, homicides,
Incestueux, sodomites damnables,
Pour de l'argent vous sont tous agreables.
  Or, sus, allons : pendant que suis dispos,
Poursuivre faut ton troisième propos.
Tu nous as dict que les putains tousjour
Avec nous sont et y font leur sejour ;
Mais je voy bien, frater à rouge trogne,
Qu'en nous grattant tu n'as senti ta rongne.
Si quelque honte il te reste au museau,
Sçait-on trouver (dy-moy) plus grand bourdeau,
Où l'on commet d'ordures plus grand' somme,
Qu'en voz convens, vrays manoirs de Sodome ?
Vous, Cordeliers, Jacopins, Jesuites,
Carmes, Chartreux, Augustins hypocrites,
D'où vient cela qu'on vous nomme beaux pères ?
C'est qu'à l'ombre d'un joly crucifix
Gaignez souvent des filles ou des filz
En accoinctant vos sainctes belles-mères.
Quant aux parloirs et aux confessions,
Vous commetez vos dissolutions,
Attouchemens vilains et execrables,
Sales propos et faicts deraisonnables :
Là le peché s'abaisse jusqu'au centre,
Et les beaux fruits se font sentir au ventre
Que despescher faictes devant son jour
Avant que voir du beau monde l'entour,
Pour conserver la reputation
De l'ordre et de vostre religion,

Sçachant qu'il faut besoigner cautement,
Puis qu'on ne sçait soy tenir chastement.
Aussi avez au besoin vos novices
Qui ne sont pas ignorans de vos vices.
Hors des convens, bourgeoises, damoiselles,
Tombent aussi souvent dessoubz vos ailes;
Et si de là il en sorte quelque ange,
C'est peu de cas, il ne vous semble estrange;
Pas on n'accourt vous dire : « Tenez, frère,
Cest enfançon, vous en estes le père. »
La dame en rit, oyant crier : Papa !
Au pauvre Jean qui le père n'est pas.
Brief, frère gris, vous infectez le monde
Bien plus que nous de vostre ordure immonde,
Et pense bien que Sodome l'infecte
Auprès de vous sera dicte parfaicte.
 Quatriemement, je l'ai bien entendu
Quand tu as dit que nous serons pendu
Au beau milieu des voleurs et larrons,
Et qu'un gibet pour sepulture aurons.
Mais telle mort nous servira de gloire,
Par cestuy-là qui en a eu victoire,
Tournant la croix en benediction
A ce brigant dont eut salvation,
En invoquant humblement ce Jesus,
Qui lui donna sans vous, moines tondus,
De ses pechez pleine remission,
Dont avoit fait humble confession
A cil qui seul les pouvoit pardonner,
Et sans argent paradis luy donner,
Car en ce temps ces moines bigarrez
N'estoient encor parmy le monde entrez;

N'estoit sorty de l'abysme du puits
Ce saint François qui vous couva depuis,
Monstres malins, mordantes sauterelles,
Bruyant, portant partout playes mortelles :
Car sous un veu d'obeissance feinte
Tenez le monde en erreur et en crainte,
Et soubs couleur de fausse pauvreté
Mainte present au couvent est porté.

Mais, je vous pry, quels pauvres sont ceux-cy,
Tant bien logez, dormans sans nul soucy,
Très bien vestus et nourris gros et gras,
Sans travailler ni d'esprit ni des bras?
Voz revenus, voz menus fruicts et rentes,
Terres et prez et vos bestes errantes,
Telle abondance, est-ce pauvreté saincte
Que pretendez par devotion feinte?

Sy en larrons donc nous sommes pendus,
Vous, Cordeliers, devez estre esperdus,
Craignans qu'enfin ne soyons camarades,
Et que facions ensemble les gambades :
Car qui depend et dict n'avoir nul bien,
Ny d'en gaigner ne sçait aucun moyen,
Sy le nommer on veut par son droit nom,
Les payens mesme en feront un larron.
Sy ne pillez les vivans seulement,
Comme faisons; mais les morts seurement
N'ont au sepulchre un asseuré repos,
Par vous, gourmans, qui leur rongez les os,
Et devorez, sous ombre d'oraisons,
Leurs orphelins et entières maisons,
Dont vous chantez, joyeux en vos soulaz.
Mais quelque jour ensuivront les helas

Pour tant avoir trompé de femmelettes,
Et pour deux glands attrappé leurs toilettes[1],
Et pratiqué tant de fraudes pieuses
Qui sont enfin à Dieu tant ennuyeuses,
Qu'il a desjà ses bras forts estendus
Pour desoler ces gros frères tondus.
  Or, pour la fin, voicy le dernier poinct[2] :
Tu nous as dit qu'en enfer nous irons,
Et que de là jamais ne bougerons.
Mais, contemplant enfer au temps passé,
En son pourtraict j'y vis prestres assez.
Tu me diras : En quoy les as cogneus?
Je te respons : Pour les voir tous tondus,
Ainsi que vous, messieurs les cordeliers.
Mais les soldats, encor que par milliers
Soyent escrottez, regardant ces figures,
Pas un n'en veis mis en ces pourtraictures.
Trop bien j'y veis aussy des femmelettes,
Mais on me dict que ce sont beguinettes
Qui avec vous n'ont faict difficulté
De dispenser leur veu de chasteté,
Dont m'esbahis comment si sainctes gens
Sont reservé en ces lieux de tourmens.
  Et par ainsy je conclus que soldats

1. Ce passage, qui nous a fort embarrassé, fait sans doute allusion aux glands de cette sorte d'écharpe dont, par dévotion pour le patron des Cordeliers, saint François d'Assise, la reine Anne de Bretagne avoit fait l'insigne de son ordre de *la Cordelière*, et qui par là, à la plus grande gloire des frères de S.-François, étoit devenue une parure recherchée des dames de la cour.

2. Le vers qui doit rimer avec celui-ci manque.

Plustost sauvés seront que tels prelats.
Voylà, frater, quel est le tesmoignage
Que je donray à vostre parentage.

Epilogue.

Mais, pour chasser toute melancolie
Et resjouir la bonne compagnie,
Sus, sus, soldats! chantons joyeusement
Ces beaux huictains que nous apprit Clement,
Je dis Marot, qui le pot descouvrit,
Dont ces cagots creveront de despit.

Nos beaux peres religieux [1],
Vous disnez pour un grand mercy.
O gens heureux! ô demi-dieux!
Pleust à Dieu que fussions ainsy!
Comme nous vivrions sans soucy!
Car le veu qui l'argent vous oste,
Il est clair qu'il deffend aussy
Que ne payez jamais vostre oste.

Pause.

Voulez-vous voir un homme honneste?
Attachez-moy une sonnette
Sur le front d'un moine crotté,
Une oreille à chaque costé

---

1. Ce huitain n'est pas de Marot, mais de Brodeau, poète tourangeau, son contemporain. C'est son épigramme *à deux frères mineurs*. (V. *Œuvres* de Marot, édit. Lenglet-Dufresnoy, t. 2, p. 261.) L'autre huitain n'est pas non plus de Clément Marot.

AUX SOLDATS. 343

Au capuchon de sa caboche :
Voilà un sot de la basoche
Aussi bien peinct que sçauroit homme
Depuis Paris jusques à Rome.

Autre plus briefve response au sermon du Cordelier, contenant la conference ou plustost la difference de Jesus-Christ et de sainct François [1].

Sainct François a suyvi la trace
(Ce dict des Cordeliers la race)
De Jesus-Christ, et contrefaict
Tout ce que Jesus-Christ a faict,
Et ne s'est trouvé en ce monde
Qu'un sainct François qui le seconde.

Jesus-Christ fut bien povre icy,
Et sainct Françoys le fut aussy,
Qui nous delegua sa besace.

Jesus-Christ seul, à sa menace,
Fit taire les vents et les eaux,
Nostre sainct Francois les oyseaux.

---

1. Dans un de ses colloques, *Exequiæ Seraphicæ*, Erasme a fait aussi un parallèle entre Jésus-Christ et saint François. On y lit, entre autres choses : *Christus legem evangelicam promulgavit, Franciscus legem suam angeli manibus, bis descriptam, bis tradidit seraphicis fratribus.*

Jesus-Christ repeut cinq mille hommes,
Et sainct François, à qui nous sommes,
En entretient par son secours
Plus de dix mille tous les jours,
Gras, enbonpoinct, sans s'entremettre
De mestier où la main faut mettre.

Jesus aux enfers devala :
Saint Francois aussi y alla.

Jesus-Christ est monté en gloire,
Emportant d'enfer la victoire :
Ils sont differents en ce poinct,
Car sainct Francois n'en revint poinct.

L'Ouverture des jours gras, ou l'Entretien du Carnaval.
A Paris, chez Michel Blageart, rue de la Calandre, à la Fleur de Lys.
M. DC. XXXIV.
In-8.

Ceux quy nous apportent la muscade, le poivre et les clous de girofle qu'on met dans les pastez en ces jours gras, sçavent en quel climat sont situées les isles Moluques et combien il y fait chaud ; et cependant l'autheur de l'histoire de Quixaire[1], princesse de ce pays, fait une remarque digne d'admiration, disant qu'elle avoit le teint fort blanc et les cheveux blonds, ce quy est une merveille aussy bien que de voir les Italiennes ne cedder rien en blancheur aux dames françoises. La raison de cest estonnement est que, chaque chose ayant son lieu, il semble qu'il ne se doit pas rencontrer des visages blancs en ces con-

---

1. Cet auteur est Cervantès. Sa nouvelle *la Belle Quixaire* étoit alors célèbre. Gillet de la Tessonnerie en fit le sujet d'une tragi-comédie jouée en 1639, et publiée l'année suivante, Paris, G. Quinet, in-8.

trées. Ainsy on peut dire que le lieu naturel des filles de joie à Paris est les marests du Temple et le fauxbourg Sainct-Germain [1], comme le vray lieu de la comedie est l'hostel de Bourgongne.

Cela supposé, on peut dire aussy que chaque chose a sa proprieté, comme les pistaches ont la vertu d'eschauffer au huictiesme degré, les cervelas et les langues parfumées d'alterer au dernier poinct, le vin blanc de faire pisser, le pavot et le vin muscat d'endormir merveilleusement, et la beauté de charmer.

Par la mesme raison chaque chose a aussy son temps: il y a un temps pour coudre et filer, temps de manger et de boire, temps de chanter et de dancer, temps de pleurer et de rire, qui est premierement le temps de ceste quinzaine grasse. Or il faut croire que quand une chandelle se veut esteindre elle jette une plus grande flamme, ce quy est un presage de sa mort; aussi il semble que, par une antiperistaze des jours maigres quy approchent, les jours gras se renforcent et rassemblent toute la joie quy est esparse le tout au long et au large de l'année. C'est donc avec juste raison que toute l'antiquité a destiné ces jours aux plaisirs, à la volupté et aux ris.

Mais, pour vous faire rire, que pourroit-on vous representer maintenant? car, selon l'ancien proverbe, il ne se dit rien à ceste heure quy n'ait esté dit. Et

---

[1]. V., sur le grand nombre des courtisanes au Marais, notre volume de *Paris démoli*, 2ᵉ édit., p. 33 et 320, et, sur celles du faubourg S.-Germain, notre premier volume des *Variétés*, p. 207, 219.

vous sçavez comme les choses repetées et redittes sont ennuyeuses. Pour preuve de ceste verité, vous voyez combien c'est chose desplaisante de voir toujours une table chargée de mesmes viandes, d'ouyr toujours une mesme farce à l'hostel de Bourgogne, et de regarder toujours de mesmes tableaux à la foire Sainct-Germain.

Il faut donc inventer quelque sujet nouveau, et une methode nouvelle quy n'ait esté empruntée d'aucun livre, d'aucun autheur, où Aristote n'ait jamais pensé, où Platon n'ait jamais jeté les yeux ny l'esprit, que les orateurs n'eussent jamais deviné ni ne devineront jamais si on ne leur en montre le chemin, et où personne ne s'attend peut-estre.

Formez-vous donc, s'il vous plaist, hommes et femmes, filles et garçons, jeunes et vieux, grands et petits, pauvres et riches, car tous vous estes capables de rire; formez-vous, dy-je, dans l'esprit la plus agreable idée des choses les plus plaisantes et facetieuses quy soient dans la nature; peignez-vous toutes les grosses monstrousitez du monde grotesque, mais plus raisonnablement l'image amoureuse de l'incomparable mardy-gras; figurez-vous cest object comme un des plus grands et gros homme quy ait jamais esté, en comparaison duquel les geants ne soient que des nains, ayant la teste ombragée d'un arpent de vignes et couronnée de jambons, entouré d'une echarpe de cervelas et d'autres allumettes à vin, tout chargé de bouteilles, à quy le vin de Grave, de Muscat, de Espagne, d'Hipocras, font hommage comme à un grand seigneur, foulant desdaigneusement aux pieds les pots de confitures et les boetes de dragées, des pyramides de sucre et des flacons de sirop et forests de canelles, avec ceste infirmité naturelle, quy n'ose regarder derrière luy, non plus qu'Orphée, de peur d'y voir le caresme pasle et hideux.

Figurez-vous donc bien ceste image, si vous pouvez, et je croy que tout ce que les poètes ont dit des rencontres joyeuses de Momus, ce n'est rien au prix de cecy pour vous faire rire.

Que si vous estes difficiles à esmouvoir, allez-vous-en à pied ou en carrosse à la foire de Sainct-Germain, et là vous verrez des joueurs de torniquets, de goblets, de marionnettes, danceurs de corde, preneurs de tabac[1], charlatans, joueurs de passe-passe[2], et mille autres apanages de la folie[3], que l'on peut mieux penser que de dire; sur tout ne vous laissez pas piper aux dez ou tromper à la blan-

---

1. C'étoit alors une nouveauté, une mode. On fumoit et l'on prisoit dans les cabarets de la foire. Les cafés, qui leur succédèrent, eurent soin de conserver l'usage. Le Sage, dans sa *Querelle des théâtres*, scène 1re, nous montre un limonadier de la foire faisant avec grâce les honneurs de son café et de sa tabatière :

> Et l'obligeant Massy presente
> Le tabac aux honnêtes gens.

2. Jeu d'escamoteur qui s'appelle ainsi à cause des mots *passe, passe, disparais*, que le farceur adresse continuellement à son godenot. Alain Chartier a dit, parlant de la mort :

> Ce n'est pas jeu de passe-passe,
> Car on s'en va sans revenir.

3. Les charlatans divers, les enchanteurs, se treuvent
  Au grand cours d'alentour, les blanques, les sauteurs,

che¹, car cela troubleroit la joie et vous empescheroit de rire.

Ou si vous ne voulez aller si loin, il ne faut qu'aller à l'hostel de Bourgongne, et eussiez eu envie d'y achepter quelque chose, tant les marchands avoient de grace pour attirer le monde, veu qu'on representoit la foire de Sainct-Germain²; et comme on commence par mettre les fauxbourgs dans la ville³, Sainct-Germain et la foire estoit en l'hostel de Bourgongne.

Là vous eussiez veu et pouvez voir encore, si vous le voulez, une image parfaicte et accomplie de ceste dicte foire, une decoration superbe, des ac-

> Les monstres differends, les farceurs et menteurs.
> Le peuple s'y promène, et parmi la froidure
> Croque le pain d'epice et la gauffre moins dure......
> L'autre met son argent aux choses necessaires
> Que le marchand debite aux personnes vulgaires.
>
> (*Semonce à une demoiselle des champs pour venir passer la foire et les jours gras à Paris*, Paris, 1605, in-8.)

1. *A la blanque.* V. une des pièces qui précèdent.

2. Ceci prouve que, long-temps avant Regnard et Dancourt, qui, l'un au théâtre de la Foire en 1695, l'autre, l'année d'après, au Théâtre-François, en firent le sujet d'une comédie, la foire S.-Germain avoit été mise à la scène. En 1607, un ballet de la façon de M. le Prince, dont le sujet etoit *l'accouchement de la foire Saint-Germain*, avoit été dansé au Louvre (V. *Lettres de Malherbe à Peiresc*, p. 21, et *Recueil des plus excellents ballets de ce temps*, Paris, 1612, in-8, p. 55-58).

3. Allusion aux mesures prises, en 1634, pour *la closture et adjonction à la ville de Paris des faubourgs Saint-Honoré, Montmartre et Villeneuve.* V. *Archives curieuses*, 2ᵉ série, t. 6, p. 314, et notre *Paris démoli*, p. 243.

teurs vestuz à l'advantage, la naïveté dans les vers accommodez au subject; vous eussiez veu les plus exquises peintures de Flandres, où presidoit Catin, noble fille de Guillot Gorju ; vous eussiez veu Guillaume le Gros[1], dans une boutique d'orfèvre, apprester à rire à tout le monde, et dont vous ririez encore sans une fascheuse reflexion que l'on faisoit, voyant manger des dragées de Verdun à ceux quy estoient sur le theatre sans en manger, car il n'y avoit rien de si triste que de voir manger les autres et ne pas manger soy-mesme, et estre comme un Tantale dans les eaux.

Mais si vous avez perdu ceste occasion de rire, recompensez-vous-en par autre chose ; allez-y tout le long de ceste quinzaine, et vous n'y manquerez pas de rire, ou il faudra que vous ayez la bouche cousue. Vous y verrez le *Clitophon*[2] de Monsieur Durier, autheur de l'*Alcymedon*[3] ; ensuitte vous verrez le *Rossyleon* du mesme autheur[4], pièce que tout le

---

1. Gros-Guillaume. V., sur tous ces farceurs, les notes de notre édition des *Caquets de l'Accouchée*, p. 281-282.

2. *Clitophon*, tragi-comédie en cinq actes de Du Ryer, fut jouée en 1632, mais ne fut jamais imprimée. M. de Soleinne en possédoit un manuscrit. (*Catal.* de sa biblioth., n° 1003.)

3. *Alcimédon*, tragi-comédie en cinq actes, en vers, jouée en 1634, imprimée en 1635, Paris, T. Quinet.

4. *Les Aventures de Rosiléon*, pastorale en cinq actes, en vers, imitée de *l'Astrée*, fut représentée en 1629. Elle n'est pas de Du Ryer, comme on le dit ici, mais de Pichou, le même dont on a deux tragi-comédies, *les Folies de Cardénio* (1633) et *l'Infidèle confidente* (1631), et *la Filis de Scire*, comédie pastorale en cinq actes, traduite de l'italien du comte

monde juge estre un des rares subjects de l'Astrée ; après vous y verrez la *Dorise* ou *Doriste* de l'auteur de la *Cléonice*[1], et, pour la bonne bouche et closture des jours gras, l'*Hercule mourant* ou deifié de Mon-

Bonarelli (1631). En tête de cette dernière pièce se lit une préface d'un ami de l'auteur, Isnard, médecin à Grenoble. On y trouve de grands éloges sur la pièce dont il est parlé ici, ainsi que sur l'auteur, qui mourut assassiné, à l'âge de trente-cinq ans. Selon de Mouhy (*Tablettes dramatiques*, p. 205), ces éloges d'Isnard dans sa préface de la *Filis* prouveroient que le *Rosiléon* fut imprimé, puisqu'il méritoit tant de l'être. Il ne semble pas, toutefois, qu'on en ait jamais vu un exemplaire.

1. *Cléonice, ou l'Amour téméraire*, tragi-comédie pastorale en cinq actes, en vers, Paris, Nicolas Rousset, 1630, in-8. La pièce ne porte pas de nom d'auteur, mais la dédicace au roi est signée P. B.—De Mouhy soupçonna que la première de ces lettres pourroit bien être l'initiale du nom de *Passart*, auquel Beauchamps attribuoit une pièce du même titre dans sa table des *Recherches*. Il avoit raison ; du moins, ce qui le donneroit à penser, c'est que sur le titre de l'exemplaire possédé par M. de Soleinne se lisoit en écriture du temps : *par M. Passart*. (De Mouhy, *Abrégé de l'histoire du théâtre françois*, in-8, p. 96 ; *Catal. de la biblioth. de M. de Soleinne*, n° 1051.) Passart tenoit beaucoup à n'être pas connu. Ce qu'on lit ici prouve que ses contemporains n'avoient pas percé l'anonyme dont il se couvroit. Nous ne connoissons pas sa *Dorise* ou *Doriste* annoncée ici ; mais il se pourroit que l'auteur se trompât pour cette pièce, comme il l'a fait pour *Rosiléon*, et qu'il voulût parler de la *Doristée* de Rotrou, qui date en effet de cette époque. La première édition, qui est de 1634, a pour titre *Cléagenor et Doristée ;* en tête de la seconde, donnée l'année suivante, on lit seulement *Doristée*, tragi-comédie.

sieur de Rotrou[1], pièces quy sont autant d'aimans attractifs pour y faire venir non seulement les plus graves d'entre les hommes, mais les femmes les plus chastes et modestes, quy ne veulent plus faire autre chose maintenant que d'y aller ; ce quy fait qu'on ne s'estonne pas si les maris, par un si long tems, avoient deffendu et interdict l'entrée de l'hostel de Bourgongne à leurs femmes, quy perdent presque la memoire de leurs loges quand elles ont veu representer en ce lieu quelque pièce si belle, comme autrefois ceux quy avoient gousté une fois de lotes[2] perdoient entierement la memoire de leur pays et de leur maison.

Que si toutes ces agreables merveilles n'ont encore le pouvoir de vous faire rire, jetez-vous sur la lecture des autheurs facetieux; lisez le Songe et visions joyeuses du Gros-Guillaume[3], nouvellement

---

1. L'*Hercule mourant*, tragédie en cinq actes, de Rotrou, ne fut imprimé qu'en 1636. Ce qui est dit ici prouveroit que la représentation précéda de deux ans la publication.

2. Le *lotos*, plante d'Egypte, qui avoit la vertu de faire perdre la mémoire à ceux qui en mangeoient. On se rappelle la description du pays des *Lotophages* (mangeurs de lotos) dans l'Odyssée (liv. 9).

3. Plusieurs pièces parurent, en effet, sous le nom de ce farceur. Nous ne connoissons pas celles qu'on cite ici, mais nous pouvons mentionner en revanche : *les Railleries de Gros-Guillaume sur les affaires de ce temps*, 1623, in-8; *les Bignets de Gros-Guillaume envoyés à Turlupin et à Gautier-Garguille pour leur mardy-gras, par le sieur Tripolin, gentilhomme fariné de l'hôtel de Bourgogne*, etc. Mais, pour beaucoup de pièces, on dut le confondre avec maître Guillaume,

imprimés depuis la mort du predecesseur de Guillot Gorju[1], ou demandez aux colporteurs jurez son Apologie, et ils vous la donneront moyennant de l'argent. Repassez aussy surtout ce quy s'est dit, fait et passé dans les Champs-Elysées [2].

En un mot, lisez les Grotesques de tous les esprits romanesques.

Et si tout cela est encore trop fade, attendez à la cause grasse [3] : vous ne devez laisser eschapper ceste occasion de la voir plaider et de faire vos efforts d'entrer en ce lieu avec vos femmes, car il faut advouer

---

sous le nom duquel il en parut alors une si grande quantité. Celui-ci vendoit lui-même ses bouffonneries imprimées sur le Pont-Neuf. (L'Estoille, édit. Michaud, t. 2, p. 405.) On peut voir sur lui une note de notre édition des *Caquets de l'Accouchée*, p. 263.

1. Ce prédécesseur étoit Gautier-Garguille, mort en décembre 1633. Bertrand Haudrin, dit *Saint-Jacques*, et qui se donna au théâtre le nom de Guillot Gorju, avoit été admis, l'année suivante, à prendre sa place sur la scène de l'hôtel de Bourgogne. Il y jouoit les médecins et les apothicaires burlesques. Sa première profession l'avoit au mieux stylé à ces rôles. Il avoit été médecin, et même, selon Gui Patin, doyen de la Faculté de médecine, où il ne s'étoit pas fait faute de dérober. (*Lettre* 222e à Spon, t. 2, p. 173.)

2. Allusion probable à la pièce qui a pour titre : *le Testament du Gros-Guillaume et sa rencontre avec Gautier-Garguille en l'autre monde*, Paris, 1634, in-8 ; ou bien encore à celle-ci : *Conversation de maître Guillaume avec le prince de Conty aux Champs-Elysées*, Paris, 1631, in-8.

3. Cause plaisante que les clercs de la basoche plaidoient publiquement le jour du mardi gras, sur un fait inventé et

que plusieurs parlent de la cause grasse quy ne savent ce que c'est, et quy croyent que ce soit une chose quy se doive mespriser. Au contraire, si Ciceron et Demosthènes vivoient en nostre siècle, ils auroient bien de la peine d'y recognoistre leurs preceptes.

On void dans ceste cause l'eloquence paroistre toute nue, en chair et en os, vive, masle et hardie ; tous les boutons et les fleurs de bien dire repandues çà et là. Dans l'exorde on s'insinue dans l'esprit de l'auditeur par quelque chose quy frappe les sens ; la narration y est toujours de quelque coquette abusée ou de quelque oison plumé à l'eau chaude ; les raisons y sont toutes tirées de l'humanité ou des choses naturelles ; les mouvemens y sont frequens, et l'intention de celuy quy plaide est d'exciter à rire, et non à la commiseration : car quy ne riroit seullement de voir la posture de ceux quy sont les juges de ceste belle cause pisser dans leurs chausses à force de se contraindre et pour rire le moins qu'ils peuvent, et les advocats, clercs, quy ont l'honneur d'y plaider, parler gravement et serieusement des choses les plus bouffonnes du monde ? C'est là où la basoche est en triomphe, où le Mardy-Gras et Bacchus occupent chacun une lanterne pour escouter un plaidoyer si facetieux et si charmant, qu'on est contrainct

---

presque toujours choisi parmi les plus grivois et même les plus orduriers. C'est ce qui fit supprimer cet usage burlesque dans les premières années du XVIIIe siècle. Mais on continua d'appeler *causes grasses*, au Palais, toutes celles qui avoient un côté plaisant.

de confesser que tous les Zanni¹, les Pantalons, les Tabarins, les Turlupins et tout l'hostel de Bourgongne n'a jamais rien inventé quy approche de mille lieues loin de ceste facetie.

Après cela, si vous ne riez, il ne faut plus esperer de rire : tous les subjets sont espuisez, tous les esprits sont à sec, toutes les inventions bouchées, toutes les veines taries, toutes les plus agreables matières constipées ; en un mot, après ceste pièce de l'ouverture des jours gras ou du carnaval, il ne faut plus croire qu'il vienne rien de risible par cy après, et si vous n'en riez tout vostre soul aujourd'huy, on concluera de trois choses l'une, ou que vous avez esté faits en pleurant (chose quy seroit trop honteuse à dire), ou qu'ayant despouillé ceste propriété de rire quy distingue l'homme d'entre tous les animaux, vous n'estes plus que des bestes (ce qu'on ne voudroit pas seulement imaginer de vous); ou bien, pour plus vray semblable, que quelque pensée morne du caresme a forcé tous les corps de gardes des delices, a traversé mesme le pont-levis du palais de la Volupté, pour venir assieger vostre imagination par avance et vous rendre melancholiques devant le temps.

1. Personnage de la comédie italienne, dont le nom, dérivé du *Sannio* romain, s'est francisé sur la scène de Molière en celui de *Zannarelle* ou *Sganarelle*.

Histoire veritable du combat et duel assigné entre deux demoiselles sur la querelle de leurs amours.

Les douceurs de l'amour sont si grandes et les contentemens que nous trouvons aux caresses d'une belle maistresse ont tant de puissance sur nous, que ceux se peuvent dire insensibles, qui ne recherchent point les occasions de gouster un plaisir si doux ; mais comme nous ne pouvons nous promettre un contentement sans traverses, ny des douceurs sans amertume, nous voyons bien souvent ces delices suivies d'un puissant deplaisir pour n'en avoir pas bien usé ; nous courons ordinairement au change sans nous souvenir que la beauté de celle que nous adorons peut faire un grand effort en l'ame de quelque autre, que nous ne nous soucions pas de les conserver après qu'elles nous sont acquises. C'est de là que nous proviennent ordinairement tant de maux qu'on voit aujourd'huy dans le monde par les effets de cette passion. Un rival se rencontre avec un mesme desir d'amour que nous. La jalousie, commune peste des plus belles amours, coule insensiblement dans nos ames, et nous donne des mouvements si grands, que nostre repos precedant se change en des inquietudes quy, faisant naistre la cholère avec le depit, nous poussent bien souvent à des actions insensées. J'apporterois icy un grand nombre d'exemples d'antiquité que nous fournit l'authorité de nos pères; mais, ne me voulant pas empescher longuement, je me contenteray de celuy que ceste ville de Paris nous fournit aujourd'huy.

Isabelle et Cloris, deux belles filles, et parfaictes pour donner de l'amour aux plus retenus, ayant quelques correspondances d'humeurs, s'aymoient il n'y a que deux jours avec tant de passion qu'elles n'avoient point de repos que dans leurs entretiens : tout leur estoit commun, et elles ne se cachoient leurs pensées, de quelque consequence qu'elles fussent.

Isabelle estoit adorée de Philemon, jeune cavalier et digne veritablement des faveurs qu'elle luy donnoit; recherchoit avec soin toutes les occasions de le voir, et, lorsque les inventions luy manquoient, employoit l'esprit de Cloris et se servoit bien souvent de son assistance, de sorte qu'elle vivoit avec beaucoup de repos parmy la craincte que les femmes doivent avoir de perdre ce qu'elles ont acquis.

Cloris estoit aimable et donnoit tant de graces à ses actions, que sa beauté paroissoit avec plus de charmes que celle de son Isabelle : de sorte que Philemon, suivant l'humeur de quelques hommes de ce temps, qui se plaisent aux changements, ne la peut voir et frequenter si souvent sans avoir quelque particulière affection pour elle, quy, passant au delà de la bienveillance, se convertit en violent amour. Cloris, quy le trouvoit fort à son gré, et quy jugeoit sa compaigne heureuse en son eslection, et jugeant aux œillades continuelles qu'il luy jetoit qu'elle avoit une bonne part de son ame, et qu'il n'est retenu que par la crainte d'offenser l'amitié qu'elle avoit avec Isabelle, luy dit, un jour qu'elle l'estoit venu voir : Philemon, je ferois une faute contre la franchise que je garde en mes actions, et croirois encore faire tort à vostre vertu, si je vous cachois ma pensée. Vous croyez qu'Isabelle ne soit que pour vous, et, n'en voulant point aymer d'autres, vous sacrifiez tellement à ses passions que vous ne semblez vivre que pour son repos. Vostre amour vous aveugle : elle abuse de vostre patience avec trop de liberté, et croyez qu'elle fait partager les faveurs qu'elle vous donne à d'autres que le merite et la naissance vous rendent inferieurs. Je suis extremement marrie d'estre obligée à ce discours, car la confiance qu'elle prend en mon amitié me devroit empescher de luy nuire; mais, ayant trouvé tant de perfections en vous, je croirois encore faillir davantage ne vous advertissant point de cela. Que la raison soit la plus forte en vous, et que sa faute vous fasse sage. Je seray fort contente de vostre repos, et croyez que je le rechercheray tousjours comme estant votre très humble servante.

Un rival ne nous plaist jamais, et le courage n'en peut souffrir la cognoissance. Philemon, quy mouroit desjà d'amour pour Cloris, ayant entendu ce discours, fut bien ayse de trouver quelque couverture pour ne plus caresser Isabelle. Je suis, dit-il, tellement redevable à vostre franchise de l'advis que vous me donnez, que je ne m'en espargneray jamais pour vostre service. Cloris, puisque vostre compaigne est ingratte et volage, qu'elle se livre aux caresses de son amant nouveau, je ne la verray jamais, et, si vous me jugez digne de vous servir, je vous engageray les mêmes affections que j'avois pour elle. Quel besoin de m'estendre icy plus longtemps ? Philemon et Cloris se trouvèrent si bien d'accord qu'Isabelle fut mise en oubly : Philemon ne l'alloit plus voir; mais ne croyant que son ressentiment le peust contenter s'il ne luy en donnoit la cognoissance, prit du papier et luy escrivit une lettre dont voicy la teneur :

Lettre de Philemon à Isabelle.

Isabelle, vous m'obligez en vos inconstances : car, me changeant pour un rival, vous me laissez la liberté de chercher des douceurs autre part que chez vous. Si vous avez du regret en ma perte, je ne m'offenceray point de la vostre, et, me vengeant par un oubly, vous feray voir que vostre faute est la vraie cause de mon repos.

Ceste lettre meit Isabelle en une peine estrange : car, aymant Philemon plus que tout le reste des hommes, et n'en pouvant soupçonner Cloris, ne sçavoit à quy se prendre de son malheur. Elle pleuroit, et, se plaignant de sa fortune, nommoit les destins ses plus cruels ennemis; bref, elle s'affligeoit tellement que le desir de sa mort estoit le plus

doux de ses maux. Il faut (disoit-elle en soy-mesme)
que je meure ou que je sache plus amplement le
sujet d'une telle disgrace. Philemon me fuit à ceste
heure; mais la fidelité de Cloris ne me manquera
pas pour me le faire rencontrer; il me la faut voir,
et la supplier de m'estre à ce coup favorable. Alors,
essuyant ses yeux, elle s'en alla chez Cloris, où d'abord elle veit Philemon collé sur la bouche de ceste
nouvelle maistresse. O dieux! (dit-elle en mesme
temps) que vois-je maintenant! et que peut-on desormais esperer des personnes, puisque Cloris est
traistre? Ah! Philemon, que j'ay beaucoup plus
de sujet de vous accuser que vous de vous plaindre
de moy! Mais non, j'ay tort! Quy pourroit resister
aux affetteries d'une meschante? Les hommes prennent ce quy leur est offert! Cloris vous a seduit:
elle est cause de mon malheur; et sa malice plustost que ma faute me prive de ce que mon merite et
mon amour m'avoient acquis. Philemon, je ne
vous envie pas ce contentement; mais croyez qu'elle
m'en paiera l'usure, et vous souvenez que je feray
voir à toute la France qu'il est dangereux d'irriter
une femme par la perte de ce qu'elle ayme! Ce disant, elle sortit, s'en alla en sa chambre, où, après
s'estre longuement promenée avec une demarche
inégalle, elle prist du papier, sur lequel elle mist
ces paroles :

Cartel d'Isabelle à Cloris.

Je pervertis l'ordre du temps, et, contre la coustume des filles, vous envoie dire que je suis sur le pré avec une espée à la main pour debattre avec vous la possession de Philemon[1]. Si vous l'aymez, vous vous l'acquererez par ma mort ou je le possederay par la vostre.

Ce billet estant fait, elle prit un laquais en la fidelité duquel elle se vouloit asseurer, luy fit porter deux espées hors la ville, et, luy donnant le papier, luy commanda de le mettre entre les mains de Cloris, qui partit au moment qu'elle le receut avec autant de courage et d'amour qu'on peut dire, alla rechercher Isabelle, mit l'espée à la main et commença à se battre avec elle d'une telle façon qu'après luy

---

1. Ces duels entre femmes ne furent pas rares alors. Les prouesses de l'amazone Mme de Blamont, et de cette autre dont on raconta les hauts faits dans *l'Hérvine*, inspiroient ces dames et les rendoient belliqueuses. On sait par Tallemant l'histoire de la Beaupré et de son combat : « Sur le théâtre, elle et une jeune comédienne se dirent leurs vérités. « Eh bien ! dit la Beaupré, je vois bien, Mademoiselle, « que vous voulez me voir l'épée à la main. » Et, en disant cela, c'étoit à la farce, elle va querir deux épées point épointées. La fille en prit une, croyant badiner. La Beaupré, en colère, la blessa au cou, et l'eût tuée si l'on n'y eût couru.» (*Historiettes*, édit. in-12, t. 10, p. 49.) Les duels de Mlle Maupin, non pas avec des femmes (elle les aimoit trop pour

avoir donné quatre coups elle tomba sur la poussière, où elle ne vescut que deux heures.

Cest accident, me semblant peu commun parmy les personnes de ceste condition, me donneroit sujet de m'estonner si je ne savois par experience que la jalousie est une des plus fortes passions de nos ames, et qui reçoit moins de consideration. Voilà pourquoy je veux maintenant conseiller au monde de n'aymer jamais avec passion, et se reserver toujours un pouvoir sur soy, afin d'en disposer comme les sages, suivant le temps et les occasions.

cela), mais avec de véritables champions, sont encore plus fameux. Enfin Mme Dunoyer, dans ses *Mémoires* (t. 2, p. 75-79), nous a raconté toutes les particularités d'un combat entre deux dames qui fit grand bruit de son temps dans le Languedoc. Elles s'étoient assez gravement blessées. La question de savoir s'il falloit prendre des mesures contre elles fut agitée. M. de Basville, intendant de la province, en écrivit même à la cour. De tout cela il résulte qu'il n'y a rien d'invraisemblable dans l'aventure racontée ici, et que Dancourt faisoit, pour ainsi dire, une scène de circonstance, quand, au dernier acte de son *Chevalier à la mode*, il nous montroit la furieuse baronne, l'épée en main, défiant Mme Patin, sa rivale.

L'Innocence d'Amour, à Lysandre.

M. D. C. XXVI.

In-8.

Mainte fillette du quartier
Dit, en parlant de ce mestier,
Que tous deux en mesme bricolle
Nous avons gagné la verolle,
Dont ici j'en appelle en Dieu,
Car je ne fus jamais en lieu
Quy donnast ceste villenie;
Et plustost je lairrois la vie
Que d'aller aux endroits quy font
Porter des rubis sur le front;
Plustost eunuque me ferois-je,
Et pareil ainsy me rendrois-je
Aux hommes sans bas de pourpoint,
Que les dames ne cherchent point.

Si je voy quelque jeune fille
Quy soit agreable et gentille,

Et quy monstre je ne sçay quoy
Pour mettre le cœur en emoy,
Pourveu qu'elle ne soit farouche,
Incontinent elle me touche,
Et ne dis pas que mon desir
Ne soit d'en faire mon plaisir.

Mais une garce de louage,
Une fille de garouage [1],
Si vrayment je la regardois,
Soudain je m'en confesserois ;
Et si je l'avois desirée,
Ou tant seullement admirée,
Je voudrois sur les mesmes lieux,
M'arracher le cœur et les yeux.

Tel amour est digne de blasme,
Et son feu n'est que pour une ame
Ou sans merite ou sans honneur ;
Mais Lysandre, un homme de cœur,
Un amant digne de conqueste,
Ne dance pas à telle feste,
Et n'ayme, comme les pourceaux,
La fange au lieu de claires eaux.

Voyant toutefois que nous sommes
(Chose commune à tous les hommes)

---

1. Lieu de débauche où l'on n'alloit que la nuit, en cachette, comme un garou. La Fontaine s'est encore servi de ce mot :

. . . . Jupiter étoit en garrouage
De quoi Junon étoit en grande rage.

A LYSANDRE.

Presque en temps mesme indisposez ;
Et que n'estant des moinz prisez
Entre ceux qu'amour authorise,
Ensemble, à la rüe, à l'eglise,
On nous a veu, le plus souvent,
Comme deux frères de couvent,
Ces petites mal adviseez
(Sans dire le mot de ruseez)
Nous jugent de cœur et de voix
Tous deux assailliz à la fois
Du mal que je hay davantage
Qu'un vieux marmot, un jeune page
Et qu'un homme de Charenton,
Les sermons du père Cotton [1].
Mais voyez quelle medisance !
On a beau vivre en innocence,
L'on aura plus de mauvais bruicts
Que de galloper toutes nuicts
Les manteaux de soye et de laine [2].
O saison de misère plaine !

---

1. Le père Cotton, alors en polémique ouverte avec les protestants de Charenton. Le plus célèbre de leurs ministres, P. Du Moulin, alors en fuite, étoit soupçonné d'avoir fait le fameux livre *l'Anti-Cotton* contre ce confesseur du roi.

2. Les grands seigneurs, Gaston d'Orléans le premier, se faisoient un jeu de ces voleries sur le Pont-Neuf. Sandras de Courtilz, dans ses *Mémoires du comte de Rochefort*, p. 152, nous l'avoit appris. Sorel nous le confirme par un passage du *Francion*, 1663, in-12, p. 73.

Que les choses sont mal en poinct!
L'Antechrist ne viendra-t-il point[1]?

Un mal de teste, une saignée
Quy m'a la jambe scratignée,
Un feu pour mourir et brusler,
Est-ce le mal quy faict peler
Et quy faict, sortant de la couche,
Parler du nez[2] et de la bouche?

Quant à moy, je dy sainement,
Et le public asseurement,
Que la plus chaste et la plus fille,
Et dont moins la robbe fretille
De celles quy m'ont blazonné,
Telle verolle m'a donné,
Catherine, Jeane ou Michelle,
S'il faut que verolle on appelle
Ce quy m'a tenu plus d'un mois,
Depuis le voyage de Blois,
Et dans le lict et dans la chambre ;
Où toy, gaillard de chaque membre,
Desirant me donner secours,
Tu m'as visité quelques jours,

---

1. C'étoit une des grandes appréhensions de ce temps-là. Plusieurs pièces, dont l'une est citée par L'Estoille (mardi 8 décembre 1607), le prouvent assez. Nos volumes suivants en contiendront quelques unes.

2. Le Jodelet de l'hôtel de Bourgogne devoit à un pareil accident l'un des charmes de sa diction. « Jodelet, dit Tallemant, parle du nez pour avoir été mal pansé de la v....., et cela lui donne de la grâce. » (Edit. in-12, t. 10, p. 50.)

A LYSANDRE.

Avant que ta santé première
Eust suivy la mesme carrière.

 Mais pourquoy m'excusé-je ainsy,
Puisque les belles n'ont soucy,
La plupart, que d'estre cheries
De hanteurs de bordelleries,
Quy, presque en toutes les saisons,
Vont muant comme des oysons,
N'ayant pour sauce et pour bouteille
Que pruneaux et salsepareille?
Puis que ceux dont l'emotion
Ne cherche par affection
Que des genres de pucelage,
Affin d'esviter le naufrage,
Sont moins doux à leurs appetitz
Que des villageois apprentiz,
De quy la main noire et terreuse
Badine près leur amoureuse,
Tournant et grattant, les yeux bas,
Leurs chapeaux ou leurs bonnets gras?
Estant donc si plain de merite,
Ces nymphes de prix et d'elite,
Me voyant reparoistre un jour,
Me tesmoigneront plus d'amour.

 Ainsy discours-je, ô Lysandre !
Afin que l'on me sçache entendre
Et que les filles du quartier,
En devisant de ce mestier,
N'accusent plus mon innocence
Et l'honneur de ta conscience,
Dont tu sçauras de bonne foy

Te laver aussy bien que moy,
Laissant à des gens sans pratique,
Sans honneur et sans theorique,
Ce mal volontaire quy prent
Aux endroicts où chacun se rend,
Et non pas aux lieux de recherche
Où l'on defend mieux une bresche.

FIN DU TOME DEUXIÈME.

TABLE DES MATIÈRES

1. Mémoire sur l'état de l'Académie françoise, remis à Louis XIV vers l'an 1696. Page 5
2. Le Miroir de contentement, baillé pour estrenne à tous les gens mariez. 13
3. Le Patissier de Madrigal en Espagne, estimé estre Dom Carles, fils du roy Philippe. 27
4. Discours sur l'apparition et faits pretendus de l'effroyable Tasteur, dédié à mesdames les poissonnières, harengères, fruitières et autres, qui se lèvent le matin d'auprès de leurs maris, par d'Angoulevent. 37
5. La Destruction du nouveau moulin à barbe. 49
6. Dissertation sur la veritable origine des moulins à barbe. 53
7. Les cruels et horribles tormens de Balthazar Gerard, Bourguignon, vray martyr, souffertz en l'execution de sa glorieuse et memorable mort, pour avoir tué Guillaume de Nassau, prince d'Orenge. 61
8. Histoire des insignes faussetez et suppositions de Francesco Fava, medecin italien. 75
9. Histoire véritable et divertissante de la naissance de mie Margot et de ses aventures. 121
10. Le Caquet des poissonnières sur le departement du roy et de la cour. 131
11. La Moustache des filous arrachée, par le sieur du Laurens. 151
12. Accident merveilleux et espouvantable du desastre ar-

rivé le 7 mars 1618, d'un feu inremediable, lequel a bruslé et consommé tout le Palais de Paris. 159

13. Ordonnances generales d'amour. 169
14. L'Adieu du Plaideur à son argent. 197
15. Rencontre et naufrage de trois astrologues judiciaires, Mauregard, J. Petit et P. Larivey, nouvellement arrivez en l'autre monde. 211
16. Discours de l'inondation arrivée au fauxbourg S.-Marcel-lez-Paris, par la rivière de Bièvre, 1625. 221
17. La Permission aux servantes de coucher avec leurs maistres; ensemble l'arrest de la part de leurs maistresses. 237
18. La Muse infortunée contre les froids amis du temps. 247
19. Remonstrance aux nouveaux mariez et mariées et ceux qui desirent de l'estre, ensemble pour cognoistre les humeurs des femmes. 257
20. Le Tocsin des filles d'amour. 265
21. Plaisant galimatias d'un Gascon et d'un Provençal, nommez Jacques Chagrin et Ruffin Allegret. 275
22. Particularitez de la conspiration et la mort du chevalier de Rohan, de la marquise de Villars, de Van den Ende, etc. 301
23. Cartels de deux Gascons et leurs rodomontades, avec la dissection de leur humeur espagnole. 315
24. Le Hazard de la Blanque renversé et la consolation des marchands forains. 325
25. Sermon du Cordelier aux Soldats, ensemble la responce des soldats au cordelier. 333
26. L'Ouverture des jours gras, ou l'entretien du carnaval. 345
27. Histoire veritable du combat et duel assigné entre deux demoiselles sur la querelle de leurs amours. 357
28. L'Innocence d'amour, à Lysandre. 365

FIN.

www.ingramcontent.com/pod-product-compliance
Lightning Source LLC
Chambersburg PA
CBHW050255170426
43202CB00011B/1691